9.80

THÉÂTRE COMPLET I

Le théâtre grec dans la même collection

ARISTOPHANE, *Théâtre complet* (2 vol.).
ESCHYLE, *L'Orestie* (édition avec dossier). – *Théâtre complet.*
EURIPIDE, *Théâtre complet II* (à paraître).
SOPHOCLE, *Andromaque* (édition avec dossier). – *Théâtre complet.*

EURIPIDE

THÉÂTRE COMPLET I

ANDROMAQUE
HÉCUBE
LES TROYENNES
CYCLOPE

*Introduction générale, bibliographie
et chronologie par*
Monique TRÉDÉ

Traductions, notices introductives et notes par
Laurence VILLARD, Claire NANCY
et Christine MAUDUIT
avec la collaboration de
Monique TRÉDÉ

Postface par
Pierre VIDAL-NAQUET

*Traduit avec le concours
du Centre national du livre*

GF Flammarion

© Flammarion, Paris, 2000, pour cette édition.
ISBN : 2-08-070856-2

Avant-propos

Pourquoi une nouvelle traduction du théâtre d'Euripide ?

Plus de trente ans après la publication de la traduction de Marie Delcourt (1967) qui rendit accessible à toute une génération le charme et la séduction d'Euripide, après les progrès décisifs réalisés dans l'établissement du texte grec, il est temps de proposer une nouvelle traduction, plus proche du grec (car nous n'oublions pas les étudiants hellénistes), moins frileuse devant les contrastes heurtés du style d'Euripide, accessible aussi au lecteur non helléniste que l'Antiquité fascine à l'égal d'un monde exotique, et enfin – *last but not least* – susceptible d'être articulée aujourd'hui sur la scène d'un théâtre.

Pour ce public divers, un double appareil de notes :

– en bas de page des notes brèves indispensables à la compréhension, des éclaircissements historiques, géographiques, mythologiques ;

– en fin de volume des notes de commentaire historique ou littéraire destinées aux lecteurs curieux de décrypter le mode de fonctionnement du texte tragique : on y analyse la forme des relectures d'Homère ou d'Eschyle par Euripide, les jeux sophistiques, la réinterprétation des mythes, etc.

Le premier volume de cette nouvelle traduction inclut une présentation succincte de la tragédie grecque et du théâtre d'Euripide par Monique Trédé et se clôt sur une postface de Pierre Vidal-Naquet. Chaque pièce est précédée d'une brève introduction.

L'édition du texte grec sur laquelle s'appuient nos traductions est l'édition de J. Diggle, parue dans la collection « Oxford Classical Texts » (t. I, 1984, t. II, 1987, t. III, 1994). En tête de chacune des pièces est fournie la liste des passages où le traducteur s'est écarté du texte de l'édition Diggle, pour revenir d'ailleurs le plus souvent au texte des manuscrits. La numérotation des vers de l'édition J. Diggle a été partout maintenue.

Puisse cette traduction nouvelle conquérir et convertir au théâtre antique de nouveaux lecteurs.

Monique Trédé

Introduction générale

> *Qui nous rendra tout à la fois, l'agora, le théâtre et les couronnes ?*
>
> Constantin CAVAFY

I. Le théâtre tragique d'Athènes

Le théâtre est une invention grecque née à Athènes il y a un peu plus de deux mille cinq cents ans. Mais un abîme sépare le spectateur d'aujourd'hui de l'Athénien qui, au Ve siècle av. J.-C., assistait dans le théâtre de Dionysos à une représentation d'Eschyle. Pour nous le théâtre est une distraction. Le citoyen athénien qui se rendait, à dates fixes, aux concours de tragédie participait à une cérémonie religieuse et civique.

Chaque année, lors des fêtes de Dionysos, la cité organisait des concours dramatiques. La préparation de ces festivités était pour elle une tâche aussi importante que la préparation des expéditions militaires. Lors des Grandes Dionysies, le plus important de ces festivals, qui se tenait fin mars (au mois d'Élaphébolion), au début du printemps quand la navigation reprenait dans la mer Égée, l'archonte sélectionnait trois poètes tragiques qui présentaient chacun une *tétralogie* – trois tragédies et un drame satyrique – et trois (ou cinq, selon les périodes) poètes comiques. Il attribuait à chacun d'eux un chœur formé de citoyens et un chorège, citoyen particulièrement riche, mécène désigné, qui supportait les charges financières du spectacle [1] – sorte de producteur ou d'imprésario. Il choisissait aussi les acteurs et en particulier l'acteur principal, rémunéré sur fonds publics. À partir de Périclès, un fonds spécial, le *théorikon*, prit en charge le paiement des places pour les citoyens les plus pauvres. Assister au théâtre était un devoir civique ; le poète dont la voix s'adressait à la cité était l'éducateur du peuple [2].

Un simple regard sur les ruines des théâtres antiques permet d'imaginer les conditions de la représentation. Les pièces étaient jouées en plein air dans de vastes théâtres susceptibles d'accueillir plusieurs milliers de personnes. À Athènes les concours se tenaient au théâtre de Dionysos, sur la pente sud de la colline de l'Acropole, le centre cultuel d'Athènes, juste au-dessus du temple du dieu. Le public était assis sur les gradins de l'hémicycle, adossé à la colline, le *théâtron,* qui, si l'on en croit les archéologues, pouvait accueillir de quatorze mille à dix-sept mille spectateurs, c'est-à-dire une large part de la population. Le chœur évoluait en bas, sur l'espace de l'*orchestra* ou « place à danser », qui semble, à partir du IVe siècle [3], se présenter comme un un cercle de terre battue d'environ vingt-cinq mètres de diamètre, que fermait un bâtiment en bois amovible, la *skènè*.

Le festival commençait à l'aube, par une procession avec danses, chants et sacrifices au cours de laquelle on escortait la statue de Dionysos en son temple près de l'Académie sur la route d'Éleuthères à Athènes jusque dans l'enceinte du théâtre athénien, avec sacrifices, hymnes de célébration et libations. Après les concours de dithyrambe où les chœurs des dix tribus d'Athènes se mesuraient, trois jours entiers étaient consacrés aux concours tragiques et le dernier jour était réservé à la

---

1. Le monde grec antique ignorait l'impôt sur le revenu. La chorégie, comme l'entretien d'une trière ou le financement d'une ambassade était un « service public », un don fait à l'État (ou liturgie) dont s'acquittaient les citoyens les plus riches.
2. « Pour les enfants, l'éducateur c'est le maître d'école ; pour les adultes c'est le poète » (Aristophane, *Grenouilles*, 1054-1055).
3. La forme circulaire n'est pas assurée pour le Ve siècle.

comédie. Environ mille deux cents citoyens participaient ainsi aux chœurs chaque année [1].

Dix juges tirés au sort parmi une liste de noms proposés par chaque tribu étaient chargés de désigner les vainqueurs : sur les dix suffrages exprimés, cinq étaient à nouveau tirés au sort.

Rien n'était négligé pour magnifier Athènes et faire impression sur le public. Lors des Grandes Dionysies des visiteurs venant de l'ensemble du monde grec étaient accueillis. Des places d'honneur au premier rang – la *proédrie* – étaient réservées à ceux que la cité voulait honorer : archontes, stratèges, membres du conseil, éphèbes avaient ainsi des places réservées. Toute activité politique, à l'assemblée comme au tribunal, était interrompue : le théâtre occupait alors tous les esprits.

Dans ce cadre politique et religieux s'exprimait aussi l'esprit de compétition – l'idéal agonistique [2] – où l'on a souvent voulu voir le trait dominant de la civilisation grecque. Acteurs, poètes et chorèges qui avaient assumé les frais des spectacles célébraient leur victoire à grand renfort de banquets et d'offrandes commémoratives [3].

• Les conditions de la représentation

Les conditions matérielles de ces représentations en plein air réduisaient les possibilités de mise en scène. Aucun effet d'éclairage n'était possible. L'espace scénique se limitait à l'*orchestra* où évoluait le chœur. Les acteurs y accédaient par deux rampes : les *parodoi*. La *skènè* – le bâtiment de bois qui fermait cet espace – a dû assez vite être utilisée pour représenter maison ou palais. Il semble qu'à partir de Sophocle des panneaux peints aient pu en modi-

---

[1]. On mesure ici la distance entre la conception grecque du théâtre, activité civique et religieuse, et la conception romaine : à Rome aucun citoyen ne prend part au spectacle ; on se méfie des histrions.
[2]. Le substantif *agôn* désigne à l'origine un rassemblement, une assemblée et, en particulier chez Homère, l'assemblée pour des jeux ; d'où, par extension, le sens de « jeu, lutte, combat » et « procès », toutes occasions où l'on cherche à triompher de l'adversaire.
[3]. *Le Banquet* de Platon restitue l'atmosphère du banquet offert par le poète tragique Agathon pour célébrer sa victoire au concours des Grandes Dionysies.

fier l'apparence. Sur le toit en terrasse de la *skènè* pouvaient apparaître des personnages – souvent des dieux – d'où le nom de *théologeion* qui lui fut donné, « l'endroit d'où parlent les dieux ». Une machinerie rudimentaire, sorte de plate-forme sur roulettes – l'*eccyclème* – permettait de montrer au public ce qui s'était passé à l'intérieur. À l'époque d'Euripide, un genre de palan – la *mèchanè* – offrait aux personnages, des dieux le plus souvent, la possibilité d'arriver ou de partir par la voie des airs.

Très stylisée, la tragédie grecque reste cependant un spectacle total qui intègre étroitement parole, musique et danse. Le poète tragique est compositeur et chorégraphe : c'est lui qui « instruit le chœur[1]. »

Tous les rôles sont tenus par des hommes : le masque – clair pour les femmes, sombre pour les hommes – et le costume définissent le sexe et l'identité des acteurs. Chaussés de cothurnes, ils sont drapés dans de longues robes brodées, à larges manches, qui dissimulent leur corps. Euripide semble avoir été le premier à rompre avec cette tradition. Souhaitant vêtir ses héros de costumes en rapport avec leur situation matérielle, il n'hésite pas à affubler de guenilles ses rois exilés, mendiants ou blessés, Télèphe ou Ménélas par exemple.

Si l'on en croit Aristote, Eschyle porta de un à deux le nombre des acteurs et Sophocle mit en scène un troisième acteur : le *protagoniste*, qui interprète le rôle principal ou les rôles principaux ; le *deuteragoniste* et le *tritagoniste* devaient chacun jouer plusieurs rôles.

Règle des trois acteurs, sobriété du décor, absence de jeux d'éclairage : tout confirme ici que l'illusion dramatique n'exige pas de moyens matériels importants. Le pouvoir d'évocation des mots, souligné de quelques éléments symboliques, compense aisément les redondances des décors réalistes auxquels nos contemporains sont habitués. Aristote déjà l'affirmait dans sa *Poétique* (1450b 16) : après avoir dénombré les six parties constitutives de la tragédie – l'intrigue, le caractère, la pensée,

---

1. Le poète est le *didaskalos*, le maître qui « instruit le chœur » (*didaskei*) ; il ne fait pas appel à un « metteur en scène ».

l'élocution (ou expression), le chant et le spectacle –, il concluait :

> Le chant est le principal assaisonnement. Le spectacle, bien que de nature à séduire le public, est tout ce qu'il y a d'étranger à l'art et n'a rien à voir avec la poétique car le pouvoir de la tragédie subsiste même sans concours dramatiques ni acteurs. Et pour l'exécution même du spectacle (*i.e.* ce qui frappe la vue), l'art du fabricant d'accessoires est plus important que celui des poètes [1].

Aristote constatait ce que confirment aujourd'hui les spectacles d'amateurs : le public du théâtre est bon enfant ; il accepte aisément changements de lieu, changements d'époque et consent à croire ce qu'il ne peut pas voir si l'on sait solliciter son imagination.

• La structure de la tragédie

Autre originalité de la tragédie grecque : elle se caractérise par l'alternance de parties chantées et de parties récitées. La composition des chants – la *mélopoiia* – (nous parlons aujourd'hui de « parties lyriques ») est un aspect essentiel de l'art dramatique. Une pièce tragique s'ouvre sur un *prologue*, qui précède l'entrée du chœur dans l'*orchestra* ; récité par un acteur ou dialogué par deux d'entre eux, il présente au public la situation du drame. Suit le chant d'entrée du chœur (ou *parodos*) souvent composé sur un rythme de marche (les *anapestes*). Le premier épisode (*ep-eis-odion*) après l'entrée du chœur est notre « premier acte ». Épisodes et chants du chœur (*stasima*) alternent en nombre variable selon les tragédies jusqu'à ce que le chœur quitte l'*orchestra* : c'est l'*exodos* ou « sortie » que suit parfois un épilogue (*epi-logos*).

Le mètre des parties dialoguées de la tragédie est généralement le trimètre iambique et son dialecte l'ionien attique. Les parties chantées, qui sont aussi dansées par le chœur, sont en dorien – le dorien littéraire de la poésie lyrique – et composées dans des mètres très variés.

On le voit, la tragédie grecque consacre l'union intime du genre lyrique (chant accompagné de musique) et du

---

1. Nous traduisons.

genre dramatique. Ainsi, la littérature grecque caractérisée dès l'origine par sa dimension musicale – il suffit de lire Homère pour se convaincre que poèmes, thrènes, chants d'hyménée ou Parthénées sont bien connus de l'épopée[1] – apporte un démenti à la théorie hégélienne des genres : en Grèce la poésie chantée précède la poésie épique et apparaît indissociable du genre dramatique.

• Le genre tragique avant Euripide

La question des origines de la tragédie a gardé son mystère ; on a rattaché la tragédie tantôt aux rituels initiatiques, tantôt aux rites funéraires de célébration des héros ; tantôt on l'a interprétée comme la mise en scène de la crise sacrificielle ; le lien avec le culte de Dionysos semble évident, mais on n'en comprend pas vraiment les raisons. Quand il s'interroge sur les origines du genre, Aristote, dans la *Poétique*, évoque au fil de son exposé plusieurs influences : Homère, les auteurs de dithyrambes, le drame satyrique... (1449a). Les concours tragiques semblent, de fait, s'inscrire dans le prolongement des concours de poésie qui remontent jusqu'au VIIIe siècle. On a longtemps admis que, à Athènes, ils furent institués par Pisistrate en 534 av. J.-C. D'aucuns estiment aujourd'hui qu'ils n'apparurent qu'avec la démocratie en 501[2].

Les Anciens citent plusieurs noms pour l'inventeur du genre : Thespis, venu de Lesbos, aurait été le premier à ajouter aux chants du chœur prologue et tirades (*rhèsis*) ; mais il n'est pour nous qu'un nom. Arion fut, selon Hérodote, le premier poète à composer des dithyrambes (I, 23). Le premier poète tragique sur lequel nous possédons des renseignements est Phrynichos. Ce contemporain d'Eschyle emprunta la plupart de ses sujets aux cycles légen-

---

1. Les études de métrique comparée conduites dans les diverses langues indo-européennes confirment que les mètres de la poésie chantée appartiennent à une tradition antérieure à celle de l'hexamètre dactylique.
2. Sur les liens entre théâtre et démocratie à Athènes, voir par exemple, outre les études classiques de J.-P. Vernant et P. Vidal-Naquet, C. Meier, *De la tragédie grecque comme art politique*, trad. fr. Paris, Les Belles Lettres, 1991.

daires (Pélops, Héraclès, Méléagre...) ; mais il fut aussi l'un des rares poètes tragiques à s'inspirer de l'histoire la plus contemporaine : en 492, sa *Prise de Milet* évoquait le saccage de Milet par les Perses, survenu deux ans plus tôt, en 494. Hérodote indique que, lorsqu'il présenta sa pièce, le public fondit en larmes à ce spectacle et que l'on condamna le poète à une amende de mille drachmes pour avoir rappelé des malheurs récents (Hérodote VI, 21). En 476, Phrynichos dépeignit la défaite perse dans ses *Phéniciennes*, avec Thémistocle comme chorège. Eschyle reprit le sujet quatre ans plus tard dans les *Perses* (472) avec Périclès comme chorège. Mais ces pièces restent l'exception. La plupart des tragédies empruntent leur sujet aux grands cycles légendaires comme le cycle de la guerre de Troie, le cycle thébain, la légende d'Héraclès, etc. Euripide lui-même est resté fidèle à la tradition sur ce point.

Plusieurs centaines de tragédies furent ainsi présentées au public athénien au cours du Ve siècle. Or seules trente-deux d'entre elles nous sont parvenues, sept d'Eschyle, sept de Sophocle et dix-huit attribuées à Euripide. La date de ces pièces est souvent incertaine, mais elles passent pour avoir été composées dans la maturité ou la vieillesse de ces auteurs.

Les sept pièces d'Eschyle (526-456) que nous lisons encore – les *Perses* 472, les *Suppliantes*, les *Sept contre Thèbes*, l'*Orestie* 457 (*Agamemnon*, les *Choéphores*, les *Euménides*) et *Prométhée* – appartiennent à la dernière partie de la vie du poète. Elles semblent cependant encore proches de l'origine chorale de la tragédie. Les chœurs ont, chez Eschyle, une ampleur, un éclat et une complexité parfois dignes de Pindare. Ils donnent souvent son titre à la pièce : les Perses, les Suppliantes, les Euménides, les Choéphores... Les drames d'Eschyle gardent beaucoup de la solennité et de la grandeur d'un rituel religieux. Ils conduisent à travers les souffrances expiatoires des générations successives, de la faute originelle (crime d'Atrée et de Thyeste, faute de Laïos, etc.) à la restauration de la paix et de la justice que consacrent les dieux.

Avec Sophocle (496-406), qui renonça à la trilogie liée et introduisit le troisième acteur, l'art tragique atteint sa maturité. La part accordée au chœur diminue ; le dialogue perd de sa solennité et gagne en naturel. Aristote a reconnu en Sophocle un maître dans l'art de construire une intrigue : il considérait *Œdipe roi* comme le paradigme de toute tragédie. Sophocle se centre non sur l'histoire d'une race ou d'une lignée expiant une faute de génération en génération, mais sur un destin individuel. Il célèbre la grandeur de l'homme. Le titre même de ses pièces en témoigne : *Ajax* (445), *Antigone* (442), *Électre* (date inconnue), *Œdipe roi* (avant 425), *Philoctète* (409), *Œdipe à Colone* (représentation posthume).

On constate au fil de cette énumération que ce qui nous est parvenu de l'œuvre de Sophocle est contemporain des créations d'Euripide. Toutes ces pièces se succèdent au cours de la seconde moitié du Ve siècle durant la guerre du Péloponnèse (431-404). Ainsi les deux successeurs d'Eschyle, malgré les différences de ton et d'esprit de leur théâtre, furent le plus souvent rivaux sur la scène athénienne.

> *Un poète que Socrate appelait son ami, qu'Aristote mettait fort haut, qu'admirait Ménandre et pour lequel, apprenant sa mort, Sophocle et la cité d'Athènes prirent le deuil, devait bien avoir quelque valeur.*
>
> GOETHE, *Conversations avec Eckermann*, 21 mars 1827.

II. Euripide

La tradition nous indique que Socrate n'allait jamais au théâtre, sauf en un seul cas : quand s'y donnait une pièce d'Euripide. Pourtant, à lire Aristophane, on mesure d'abord l'impopularité du poète : des *Acharniens* (425) aux *Grenouilles* (405) en passant par les *Thesmophories* (411), Euripide est l'une des « têtes de Turcs » préférées du poète comique ; intellectuel décadent à la mode, ennemi des femmes dont il a souvent mis en scène les passions mortifères, ce poète, inventeur de rythmes et de mélodies inouïes, est le fossoyeur de la tragédie. Cible des comiques, Euripide reçut de ses contemporains un accueil mitigé. Sur les quatre-vingt-douze drames qu'il est censé avoir composés, quatre seulement obtinrent un prix. Cependant, son œuvre connut dès le IVe siècle et durant toute l'époque hellénistique un succès croissant.

Comment rendre compte de ce paradoxe ? C'est l'un des buts de cette présentation succincte de la poétique d'Euripide.

• La vie d'Euripide (484 ?-406)

Bien que les *Vies* d'Euripide soient nombreuses[1], nous savons peu de choses sur le poète. Il serait né à Salamine autour de 480 ; en 484 selon le marbre de Paros ; mais d'autres sources ne résistent pas au plaisir de le faire naître l'année même de la victoire de Salamine, du combat illustre auquel avait pris part Eschyle pour libérer la Grèce et que célébra Sophocle (né autour de 496 selon la même source) en conduisant, tout jeune homme, le chœur qui chantait le péan de la victoire.

Euripide était le fils d'un certain Mnèsarchos, ou Mnèsarchides, dont les comiques nous disent qu'il faisait du commerce. Il semble plutôt avoir été propriétaire terrien, non seulement à Salamine, mais peut-être aussi dans le dème de Phlya, au nord d'Athènes. Le nom même d'Euripide, qui évoque l'Euripe et se rencontre dans l'onomastique d'Érétrie, donne quelque vraisemblance à l'hypothèse d'un exil en Béotie que mentionnent deux de nos sources. Sa mère Clito, qu'Aristophane présentait comme une marchande de légumes, aurait été de haute naissance selon Philochore, historien attique du IVe siècle.

---

1. La « Vie et généalogie d'Euripide » qui figure en tête de six manuscrits (V, G, H, Q, U, W) est présentée dans le tome I de l'édition de la Collection des universités de France (Paris, Les Belles Lettres, 1925) ; en 1912, ont été publiés les fragments papyrologiques de la *Vie d'Euripide* de Satyros qui doivent remonter à la fin du IIe siècle av. J.-C. S'y ajoutent encore une notice de la *Souda* et un chapitre des *Nuits attiques* d'Aulu-Gelle. Ces textes ont récemment été réunis par D. Kovacs dans le volume *Euripidea* (*Mnémosynè*, Supplément 132, Leiden, Brill, 1994) introduction à la nouvelle édition d'Euripide en cours de publication dans la collection Loeb (texte original et traduction anglaise).

Il semble avoir reçu une éducation soignée et a fréquenté au cours de sa vie les philosophes et les penseurs de son temps : Anaxagore, Protagoras, Socrate, etc. Une anecdote rapporte que Protagoras aurait choisi la maison d'Euripide pour y donner la première lecture de son traité *Sur les dieux*, traité où il avouait son agnosticisme[1]. Du reste de sa vie nous ne savons à peu près rien. Le poète paraît s'être tenu à l'écart de la vie publique; il possédait une bibliothèque, chose rare à cette époque. Solitaire, il se réfugiait, dit-on, pour composer dans une grotte donnant sur la mer, à Salamine. En 408, il quitta Athènes pour se rendre à Pella, chez le roi Archélaos de Macédoine où il mourut en 406. L'un de ses fils fit représenter à Athènes, après sa mort, les pièces qu'il avait composées là-bas : *Iphigénie à Aulis*, *Alcméon à Corinthe* et les *Bacchantes*, trilogie non liée qui obtint le premier prix.

La nouvelle de sa mort parvint à Athènes, peu avant les Grandes Dionysies de 406. Lors de la cérémonie de présentation des pièces qui allaient concourir – le *proagon* –, Sophocle, dit-on, lui-même âgé de près de quatre-vingt-dix ans, se présenta dans l'Odéon, en vêtements de deuil, avec ses acteurs et ses choreutes privés des couronnes traditionnelles, et l'assistance fondit en larmes.

• Le théâtre d'Euripide

Entre 455, date du début de sa carrière, et 406, Euripide aurait composé quatre-vingt-douze drames dont dix-huit nous sont parvenus. Seuls huit d'entre eux sont datés avec précision : *Alceste* (438), *Médée* (431), *Hippolyte* (428), les *Troyennes* (415), *Hélène* (412), *Oreste* (408), *Iphigénie à Aulis* et les *Bacchantes*, ses dernières œuvres. La datation des autres pièces est sujette à caution. En combinant l'analyse des allusions à l'actualité de la guerre, l'étude littéraire et les critères métriques, on s'accorde à penser que les *Héraclides*, les *Suppliantes*, *Andromaque* et *Hécube* remontent aux premières années de la guerre du Pélopon-

---

1. La citation est bien connue : « Sur les dieux je ne puis savoir ni qu'ils existent, ni qu'ils n'existent pas, ni quelle forme est la leur ; bien des circonstances empêchent de le savoir : l'absence de données sensibles et la brièveté de la vie » (*Protagoras*, D.K. B 4).

nèse alors qu'*Héraclès furieux, Ion, Électre* et *Iphigénie en Tauride* seraient postérieurs à 420.

Le tableau ci-après résume ces conclusions.

Chronologie vraisemblable des pièces conservées d'Euripide		
Alceste	438	(2e prix) 4e pièce de la tétralogie, tenait lieu de « drame satyrique »
Médée	431	
les **Héraclides**	~ 430-428 (?)	
Hippolyte	428	(1er prix)
Andromaque	~ 426-424 (?)	
Hécube	~ 424 (?)	
les **Suppliantes**	entre 424 et 421	
Héraclès furieux	entre 420 et 414 (?)	
Électre	avant 412 (?)	
les **Troyennes**	415	3e pièce de la trilogie (2e prix)
Iphigénie en Tauride	avant 412	
Ion	avant 412	
Hélène	412	
le **Cyclope**	412 (?)	
les **Phéniciennes**	~ 410-409	
Oreste	408	
les **Bacchantes**	406 (?)	(représentation posthume) 1er prix
Iphigénie à Aulis	406 (?)	(représentation posthume) 1er prix

La seule lecture des titres des pièces conservées d'Euripide montre que les grands cycles légendaires de la tradition – la guerre de Troie, Argos et les Atrides, le cycle thébain, les légendes d'Héraclès ou de Jason – contribuent à fournir la matière de ses tragédies. Résumons-les brièvement :

Alceste raconte comment la jeune épouse d'Admète, qui avait accepté de mourir à la place de son mari, est finalement arrachée à l'Hadès par Héraclès.

Médée met en scène la vengeance de Médée la magicienne qui tue la nouvelle épouse de Jason et jusqu'à ses propres enfants pour punir l'infidélité de l'époux.

Les *Héraclides* célèbrent l'aide salutaire qu'apporta Athènes aux enfants d'Héraclès menacés par Eurysthée.

Hippolyte, modèle de la *Phèdre* de Racine, évoque la passion de Phèdre, épouse de Thésée, pour son beau-fils.

Andromaque décrit les efforts d'Hermione et de son père Ménélas pour éliminer Andromaque, l'esclave qui partage le lit de Néoptolème, fils d'Achille.

Hécube présente un tableau pathétique des malheurs de la reine de Troie : la mort de Polyxène, sacrifiée sur le tombeau d'Achille, la découverte du cadavre de son fils Polydore, assassiné par son hôte Polymestor, et la vengeance horrible qu'elle en tire.

Les Suppliantes, comme les *Héraclides*, chantent l'héroïsme d'Athènes qui sut contraindre les Thébains à accorder une sépulture à leurs ennemis vaincus.

Héraclès furieux montre le retour du héros en vainqueur après ses travaux, puis la folie qui le saisit, par la volonté d'Héra, et le conduit à massacrer son épouse et ses enfants.

Électre reprend le thème des *Choéphores* d'Eschyle, *i.e.* de la vengeance des enfants d'Agamemnon qui tuent Égiste et Clytemnestre.

Les *Troyennes* renouent avec le pathétique d'*Hécube* et mettent en scène les souffrances des captives troyennes après la chute de Troie.

Iphigénie en Tauride fait assister aux retrouvailles d'Iphigénie et d'Oreste, dans le lieu exotique où les dieux ont transporté Iphigénie.

Ion, pièce romanesque, évoque les difficiles retrouvailles entre Créuse et le fils, né d'Apollon, qu'elle avait dû abandonner.

Hélène raconte comment Ménélas, naufragé en Égypte, y retrouve son épouse qui jamais n'est allée à Troie : les Grecs ont combattu pour un fantôme !

Les *Phéniciennes*, variation sur le thème des malheurs des Labdacides, font assister à la mort des fils d'Œdipe, Étéocle et Polynice, au suicide de Jocaste et au départ d'Œdipe pour l'exil.

Oreste réinterprète le thème des *Euménides* en transportant à Argos le jugement d'Oreste qui, condamné par le tribunal argien, échappe à la mort grâce à l'intervention inespérée d'Apollon.

Iphigénie à Aulis reprend l'épisode du sacrifice d'Iphigénie.

Les *Bacchantes*, ultime pièce de la vengeance, met en scène la revanche de Dionysos sur ceux qui l'ont méprisé.

Comme ses devanciers, Euripide puise donc ses sujets dans le répertoire épique traditionnel. Pourtant son œuvre a déconcerté aussi bien ses contemporains, qui lui accordèrent rarement la victoire, que les critiques des âges postérieurs.

Une tradition transmise par Aristote (*Poétique* 1460b 33) veut que Sophocle ait prétendu, pour sa part, représenter les hommes « tels qu'ils devraient être », tandis qu'Euripide les aurait représentés « tels qu'ils sont ». Sans doute la différence entre les deux poètes ne se résume-t-elle pas dans cette seule formule; mais il est de fait que les quelques années qui séparent les deux tragiques ont suffi pour modifier complètement l'état des esprits à Athènes et l'esprit même du théâtre. Sophocle a ressenti adolescent l'exaltation héroïque des années des guerres médiques, où la jeune démocratie athénienne galvanisait les énergies pour défendre la liberté grecque contre les assauts des Barbares. Euripide n'a rien connu de l'enthousiasme héroïque des marathonomaques. Il a grandi dans une Grèce triomphante, toute à l'orgueil de ses succès, optimiste, et en proie à une grande effervescence intellectuelle[1] : c'est l'âge des sophistes, un âge de libre examen et de critique rationaliste. Mais il a composé la plupart de ses pièces au cours de la guerre du Péloponnèse

---

1. Aristote encore en témoigne : « Comme après les guerres médiques ils étaient remplis d'orgueil après leurs exploits, ils se mirent à s'engager dans toutes sortes d'études, sans discernement, toujours en quête de nouvelles connaissances... »

(431-404), ce long conflit fratricide qui affaiblit et appauvrit l'ensemble de la Grèce, non sans fragiliser la démocratie athénienne. Il a assisté à la fin d'un empire.

Son théâtre reflète donc une époque de crise et son art, à l'image de l'époque qu'il traversa, est riche en contrastes ; *poiêtès sophos*[1], poète de l'âge des lumières[2] et du libre débat pour les uns, mais poète du *pathos*[3], de la passion et de la souffrance pour d'autres ; sceptique, voire athée, pour certains, dont Aristophane qui l'accusa de rejeter les dieux ; ou esprit religieux[4] ? misogyne ou féministe ? metteur en scène de l'Athènes bourgeoise et poète réaliste, ou chantre inspiré des espaces lointains ? Celui qui pour Aristote reste « le plus tragique des poètes » (*Poétique* 1453 a 30) est sans doute tout à la fois. Car au fil de ses créations le poète n'a cessé d'innover et de renouveler le genre dont il hérita.

Un jeu de variations sur les thèmes et les formes de la tragédie

Au IVe siècle, le poète comique Antiphane voyait dans la reprise et la réinterprétation perpétuelle des données des cycles mythiques – les Atrides, les Labdacides, les Priamides – l'une des grandes facilités de la tragédie :

> La tragédie, écrivait-il, est un art béni des dieux, à tous points de vue. Avant même que quiconque ait ouvert la bouche, le public connaît l'histoire. Il suffit au poète d'une simple mention. Je n'ai qu'à dire, par exemple « Œdipe », et on sait tout le reste : le père – Laïos ; la mère – Jocaste ; qui sont les fils et les filles ; ce qu'il a fait et ce qui va lui arriver...[5].

De fait, parmi les quelque six cents tragédies dont les titres sont parvenus jusqu'à nous, on compte douze *Œdipe* (dont six furent produits au cours du Ve siècle), huit *Thyeste* (dont

---
1. R.P. Winnington-Ingram, « Euripides, poiêtès sophos », *Arethusa 2*, 1969, p. 127-142.
2. W. Nestle, *Euripides, der dichter der Griechische Aufklärung*, Stuttgart, 1901.
3. Ch. Segal, *Euripides and the Poetics of Sorrow*, Durham-Londres, Duke UP, 1993.
4. Comme le suggérait le P. A. Festugière dans son étude sur la spiritualité d'Euripide dans *L'Enfant d'Agrigente*, Paris, 1950.
5. Antiphane, fr. 191, Kock, 1-5 (notre traduction).

un de Sophocle et un d'Euripide), sept *Médée*, six *Philoctète* (dont un de chacun des trois grands tragiques), etc.

L'art d'Euripide consiste, en puisant dans ce répertoire de sujets, de thèmes et de procédés, à explorer sans cesse des voies nouvelles. Son œuvre défie ainsi toute forme de classification. Quels points communs découvrir entre des tragédies de la passion criminelle comme *Médée* ou *Hippolyte*, des pièces patriotiques à la gloire d'Athènes comme les *Héraclides* ou les *Suppliantes*, des pièces pathétiques dénonçant les horreurs de la guerre et de la servitude comme *Hécube* ou les *Troyennes*, des drames romanesques d'un lyrisme poétique délicat comme *Hélène*, *Iphigénie en Tauride* ou l'*Ion*, et la réinterprétation bourgeoise et désenchantée des vieux mythes que l'on rencontre dans *Électre*, *Oreste*, les *Phéniciennes* ou *Iphigénie à Aulis* ? Tout est soumis à l'arbitraire du poète qui, avec un savoir-faire rarement en défaut, multiplie les jeux de variation et s'emploie à déjouer l'attente du public [1].

Le « philosophe de la scène » : tragédie et sophistique

Première originalité d'Euripide et premier paradoxe : le poète, que ses biographies présentent comme un intellectuel solitaire, sceptique et désenchanté, qui, contrairement à Sophocle [2], n'a jamais consenti à assumer la moindre charge officielle à Athènes, semble avoir profondément ressenti les succès, les erreurs et les épreuves de sa patrie. Aucune œuvre tragique ne reflète autant que celle d'Euripide l'actualité historique et politique.

Contemporain d'une guerre longue et douloureuse (431-404), le poète a d'abord exalté la justice de la cause athénienne dans les *Héraclides*, non sans fustiger, dès *Andromaque*, l'esprit perfide et la traîtrise des Spartiates (v. 445 sq.). Mais très vite le thème des malheurs et des souffrances de la guerre l'emporte sur toute autre considé-

---

1. Cf. S. Saïd, « Euripide ou l'attente déçue », *Annali della Scuola Normale Superiore di Pisa*, S. III, vol. 15, 2, 1985, p. 501-527.
2. Sophocle n'a cessé d'assurer des charges politiques : il fut notamment hellénotame, *i.e.* trésorier de la ligue de Délos en 443-442, stratège lors de l'expédition de Samos en 440 et, en 413 encore, il fut l'un des dix conseillers chargés de prendre des mesures après l'échec de l'expédition de Sicile.

ration. L'évocation pathétique des catastrophes dues à la guerre, déjà présente dans *Hécube* et *Andromaque*[1], passe au premier plan dans les *Troyennes*. L'absurdité de la guerre est encore réaffirmée dans *Hélène*, où l'on découvre que Grecs et Troyens ont combattu, dix ans durant, pour un fantôme, autant dire « pour du vent ». Et les *Phéniciennes*, peu après 411, dénoncent une fois encore les combats fratricides où s'épuise la cité, avant les ultimes condamnations d'*Oreste* et d'*Iphigénie à Aulis*.

Mais ce théâtre, en prise directe sur l'actualité de la guerre, se fait aussi l'écho des débats d'idées dont discutaient les contemporains. La tradition biographique fait d'Euripide l'élève de Prodicos et de Protagoras et veut qu'il ait bien connu Anaxagore, l'ami de Périclès. Les Anciens soulignent ainsi le lien qui unit son théâtre et l'enseignement des sophistes. Ce lien réside moins dans le choix d'une doctrine philosophique précise que dans la sensibilité aux idées qui étaient dans l'air et aux questions dont on débattait, dans le goût du paradoxe et de l'analyse qui entraînent une évolution notable du ton et du style de la tragédie.

Dans les pièces qui nous sont parvenues, plus de deux mille vers sont ainsi consacrés à des réflexions générales, des *gnômai*, tantôt réduites à une brève réflexion, simple lieu commun, tantôt atteignant la dimension d'une tirade[2].

Dans *Hippolyte*, Phèdre, après avoir avoué la passion qui la mine, se lance dans une analyse des conditions dans lesquelles on commet des fautes :

> Souvent déjà, dans les longues heures de la nuit, j'ai réfléchi à ce qui détruit la vie des mortels.

Ce n'est pas par manque de jugement que les hommes commettent des fautes, poursuit-elle,

> car nous connaissons le bien et nous le discernons, mais nous ne parvenons pas à le mettre en pratique (375 *sq.*).

---

1. Voir en particulier le deuxième stasimon d'*Hécube*, 650 *sq.*, où les souffrances de Troie et celles de Sparte sont évoquées en parallèle : « Mais on gémit aussi au bord de l'heureux cours de l'Eurotas... »
2. Sur ces maximes, cf. M Friis-Johansen, *General Reflection in Tragic Rhesis*, Copenhague, 1959, et J. de Romilly, « Les réflexions générales d'Euripide », CRAI, avril-juin 1983, p. 405-418.

Et les dix vers qui suivent analysent encore les raisons de cette impuissance à faire le bien. Le point de vue de Phèdre s'oppose évidemment à la thèse socratique qui veut que toute faute se ramène à une erreur de jugement. Le problème était d'actualité et Euripide s'en est emparé.

Même détour, peut-être encore plus surprenant, dans l'*Hécube*. Au moment où la vieille reine vient d'entendre le récit de la noble mort de Polyxène, immolée sur le tombeau d'Achille, elle interrompt sa plainte (593 *sq.*) pour une méditation :

> N'est-ce pas étrange : la terre, / même mauvaise, dès que les dieux la favorisent, porte de beaux épis ; / la bonne, privée du nécessaire, / donne de mauvais fruits ; les humains, eux, ne changent pas. / L'homme de rien ne peut être qu'un lâche, / le valeureux sera toujours valeureux […]. Est-ce l'hérédité qui fait la différence, ou bien l'éducation ?

On reconnaît ici le thème du débat entre Socrate et Protagoras : la vertu peut-elle s'enseigner ? Euripide est plusieurs fois revenu sur cette question qui lui semblait importante ; il a créé cette digression et se plaît à la souligner par la bouche même d'Hécube qui s'interrompt soudain : « Mais ce sont là des traits que mon esprit décoche à vide » (603).

Ailleurs, les personnages déplorent la triste condition des femmes (*Médée*, 230 *sq.*) ou leur perversité intrinsèque (*Hippolyte*, 616 *sq.*) ; Amphitryon et Lycos s'interrogent sur la définition du courage et le rôle des archers, au moment même où la femme et les enfants d'Héraclès, réfugiés à l'autel de Zeus, sont en danger de mort (*Héraclès*, 190 *sq.*). Ici on dénonce l'influence pernicieuse des démagogues beaux parleurs (*Hécube*, 131-132 ; 254), ou celle des jeunes citoyens, avides de guerre et d'honneur (*Suppliantes*, 231 *sq.*). Là on fait l'éloge des classes moyennes (*Suppliantes*, 244 ; *Électre*, 367), etc.

Toutes ces réflexions peuvent paraître manquer d'à-propos ; mais elles se rattachent bel et bien à des débats d'actualité dans le domaine politique ou dans le domaine philosophique et moral. Euripide fait dire aux héros du drame ce qu'un Athénien de son temps, éduqué par les sophistes, aurait pu dire. Selon Nietzsche, c'est la « médiocrité bourgeoise » qui prend alors la parole :

> Pour l'essentiel, écrit-il, ce que le spectateur voyait et entendait sur la scène euripidienne, c'était son propre double qu'il se réjouissait d'entendre si bien parler. D'ailleurs on n'en restait pas au plaisir : on apprenait aussi à parler avec Euripide[1].

Ce changement dans le ton et le style tragiques est plus net encore dans les fantaisies poétiques que sont les tragédies romanesques – *Alceste, Ion, Hélène* ou *Iphigénie en Tauride*. L'ironie préside à l'intrigue[2] ; d'Admète à Ménélas la stature du héros se réduit à la taille de l'homme de la rue ; le drame est domestique avec ses incompréhensions, ses identités usurpées ou perdues et la réconciliation finale qui fait suite à une scène de reconnaissance. Tout préfigure ici la comédie nouvelle.

Mais, au cœur même de la tragédie la plus sombre, Euripide se plaît – en poète subtil qui écrit pour des « connaisseurs », souvent eux-mêmes auditeurs des sophistes à la mode – à multiplier les clins d'œil et à introduire des contrepoints comiques. Dans les *Troyennes*, un *agôn* surprenant sépare la fin pathétique du deuxième épisode (qui fait assister au départ d'Andromaque, loin du petit Astyanax que le héraut vient lui arracher pour le précipiter du haut des remparts de Troie) de la déploration d'Hécube sur le cadavre d'Astyanax qui emplit l'*exodos*. Cette scène du troisième épisode oppose Hécube à Hélène, face à un Ménélas faible et décontenancé : c'est une scène de dérision d'un comique parfois appuyé qui peut surprendre le public moderne[3].

---

1. Cf. F. Nietzsche, *Naissance de la tragédie, op. cit.*, chap. XI.
2. Sur l'ironie considérée comme le trait majeur de la poétique d'Euripide, voir Ph. Vellacott, *Ironic Drama, A Study of Euripides Method and Meaning*, Cambridge, Cambridge UP, 1975.
3. Voir en particulier, v. 1049-1050, l'échange entre Hécube et Ménélas :
« HÉCUBE : Ne la laisse pas embarquer sur le même bateau que toi.
« MÉNÉLAS : Pourquoi ? Pèserait-elle plus lourd qu'avant ? »
Le lien entre comique et tragique chez Euripide a été étudié par B. Seidensticker, *Palintonos Harmonia. Untersuchen zu komischen Elementen in der griechischen Tragödie*, Göttingen, Vandenhoeck und Ruprecht, 1982.

Dans les *Bacchantes* même, la scène de déguisement des deux vieillards, Tirésias et Cadmos, qui, revêtus d'une peau de faon et le thyrse en main, dansent en l'honneur de Dionysos, introduit une note burlesque digne d'Aristophane. D'où une dissonance dans ce théâtre, une sorte de polytonalité qu'on ne doit confondre ni avec le réalisme, ni avec un pur intellectualisme. Ces innovations, ce changement du ton même de la tragédie sont soulignés par Aristophane dans les *Grenouilles* : il y montre un Euripide tout fier d'avoir appris aux Athéniens « à réfléchir, voir, comprendre, retourner les arguments, soupçonner le mal, tout examiner » et qui affirme sa satisfaction d'avoir introduit dans l'art tragique « le raisonnement et l'examen [*logismos* et *skepsis*] si bien que désormais l'Athénien sait concevoir [*noein*], distinguer [*dieidenai*] et examiner [*anaskopein*] » (*ibid.* 973-975).

Autre trait sans doute hérité de la double influence de la dialectique de Protagoras[1] et de la rhétorique judiciaire : l'ampleur et la fréquence chez Euripide de ces scènes de débat ou scènes d'*agôn*[2]. L'action s'interrompt et le théâtre se fait soudain tribunal. Entre Hécube et Polymestor, Agamemnon doit trancher après avoir écouté les parties (*Hécube*, 1130 sq.). De même dans les *Troyennes*, Ménélas entre Hécube et Hélène : qui est responsable des malheurs de Troie ? Est-ce Hélène, la Grecque séduite par Pâris, ou Hécube, qui osa donner vie à Pâris ? Les tirades s'opposent avec un art consommé du débat dialectique : discussion des vraisemblances, analyse des causes et des mobiles, remontée à l'origine des événements, etc.

Dans les *Suppliantes*, Thésée et un héraut venu de Thèbes débattent des mérites respectifs de la monarchie et de la démocratie ; dans les *Phéniciennes*, Étéocle et Jocaste s'affrontent : Étéocle fait l'éloge de l'ambition, déesse à laquelle il a consacré sa vie, tandis que Jocaste plaide pour l'égalité. La scène tragique dresse un tribunal

---

1. Diogène Laerce désigne Protagoras comme celui qui le premier a dit « que sur tout sujet il y a deux discours opposés » et a écrit « des débats oratoires » (*agonas logôn*).
2. Sur l'*agôn* dans la tragédie grecque, voir l'étude de J. Duchemin, publiée sous ce titre à Paris, en 1946, et l'ouvrage plus récent de M. Lloyd, *The Agôn in Euripides*, Oxford, 1992.

au service des discussions en vogue[1] dont on trouve l'écho chez Thucydide ou Aristophane. Peut-être le mouvement dramatique en est-il ralenti, mais ces confrontations devaient charmer les Athéniens, ces « spectateurs de discours[2] », si volontiers grisés par le charme de la parole.

L'influence de l'intellectualisme sophistique que, d'Aritophane à Nietzsche, tous les détracteurs d'Euripide se sont plu à dénoncer, ne se limite nullement à ce goût du jeu sur les tons, des débats intellectuels et des maximes. Elle imprègne tout l'esprit de ce théâtre et inspire, en particulier, la critique des traditions religieuses.

Les dieux, chez Euripide, ne garantissent plus aucune sorte d'ordre ou de justice. Les malheurs qui frappent les humains ne s'inscrivent plus désormais dans un plan divin. Les dieux ne se soucient que de leurs privilèges. Aphrodite, pour manifester sa puissance à Hippolyte et le punir de ses mépris, sacrifie Hippolyte et Phèdre. Héra, pour se venger, déchaîne Lyssa, la rage meurtrière, contre Héraclès et fait du héros civilisateur l'assassin de sa femme et de ses enfants. Apollon, dans *Andromaque*, cautionne la mort de Néoptolème, le fils d'Achille. Ces dieux qui manifestent leur courroux, refusent qu'on les méprise ou qu'on les brave, mais ne garantissent plus ni justice ni ordre, sont souvent critiqués et contestés. À la fin d'*Électre*, les Dioscures qualifient de « peu sage » l'oracle d'Apollon qui conduisit Oreste à tuer sa mère ; et Oreste, dans la pièce éponyme, accuse à son tour le dieu de lui avoir imposé un crime impie (*Oreste*, 286). « Extraordinaire richesse du talent critique » du poète que

---

1. Les critiques s'accordent dans l'ensemble pour identifier treize grandes scènes d'*agôn* dans ce théâtre : *Alceste*, 614-733 ; *Médée*, 446-622 ; *Héraclides*, 120-283 ; *Hippolyte*, 902-1089 ; *Andromaque*, 147-273 et 547-746 ; *Hécube*, 1109-1292 ; *Suppliantes*, 399-580 ; *Électre*, 988-1138 ; *Troyennes*, 895-1059 ; *Phéniciennes*, 446-635 ; *Oreste*, 470-629 ; *Iphigénie à Aulis*, 317-414.
2. Thucydide (III, 38, 4) qui dénonce la fascination athénienne des paroles : « Vous vous faites toujours spectateurs des paroles et auditeurs des faits ; vous voyez les faits à venir d'après les beaux parleurs qui les présentent comme possibles et les faits passés d'après les critiques brillamment formulées. »

Nietzsche n'a pas manqué de saluer[1], mais qui aurait, selon lui, tué la tragédie.

De fait, c'en est fini du tragique eschyléen de la justice divine, aussi bien que de la tragédie du héros solitaire chère à Sophocle : la tragédie d'Euripide illustre le tragique de la condition humaine abandonnée à elle-même, dans un monde où illusion, mensonge et hasard se sont substitués aux dieux comme forme du destin. Dans un univers désormais privé de sens, le « philosophe de la scène » se révèle aussi le grand poète de l'irrationnel[2] et reste à nos yeux ce qu'il était déjà pour Aristote, « le plus tragique » des poètes (*Poétique* 1453a 30).

« Le plus tragique » des poètes : une tragédie centrée sur les passions et les souffrances humaines

Euripide s'est plu, en effet, à mettre en scène la partie sombre, irrationnelle, violente de l'âme humaine, la folie, l'amour destructeur, la haine. Non seulement il n'a pas hésité à présenter des personnages en proie à des délires meurtriers comme Héraclès ou l'Agavé des *Bacchantes*, mais il fait même assister sur scène au réveil douloureux de ces héros après leur crise de folie. Au début d'*Oreste* encore, réinterprétation euripidienne des *Euménides* d'Eschyle, nous découvrons Oreste malade étendu sur un lit, veillé par Électre qui essuie la sueur sur son front. Les Érynies ne sont plus que des fantômes, simples visions engendrées par les remords du héros, qui dérangent son esprit et épuisent son corps. À la question de Ménélas « Quelle maladie te consume ? » il ne peut que répondre : « La conscience [*sunesis*]. J'ai le sentiment de l'atrocité de mon action. »

Cet accent mis sur l'instabilité et la fragilité psychiques pourrait expliquer, selon certains critiques, le choix de privilégier les figures féminines : Médée, Phèdre, Hécube, Électre, Iphigénie… ; ni Eschyle, ni même Sophocle n'avaient laissé aux femmes une telle place. Aristophane ici encore est un guide sûr. Dans les *Grenouilles* (1040-1044)

---

1. Cf. F. Nietzsche, *Naissance de la tragédie*, *op. cit.*, chap. XI. Dans le même chapitre Nietzsche poursuit : « L'agonie de la tragédie, c'est Euripide. »
2. Cf. E.R. Dodds, « Euripides, the irrationalist », *Classical Review*, 43, 1929, p. 97-104.

il campe Eschyle opposant avec véhémence « les nombreuses vertus des Patrocles et des Teucros au cœur de lion » aux « Phèdres prostituées et aux Sthénébées » de son rival. De fait, Phèdre qui fuit dans la mort son amour criminel et dévastateur pour Hippolyte, Médée qui succombe à sa jalousie meurtrière, Hécube ou Électre enfermées dans leur obsession de vengeance sont parmi les grandes figures de ce théâtre. Mais ni la passion ni le meurtre ne sont plus là l'effet de la volonté divine. Il n'y a plus guère que le conventionnel Jason pour expliquer la conduite de Médée selon les canons anciens, en imaginant un démon vengeur, un *alastor* acharné à punir le sang versé.

Et si, dans *Hippolyte*, le chœur s'interroge et croit voir en Phèdre une possédée :

> N'es-tu pas possédée par le Pan ou par Hécate ? égarée par les augustes Corybantes ?... N'est-ce pas quelque faute envers l'ardente chasseresse qui te consume et te détruit...

si Phèdre, elle-même, un temps se demande :

> Suis-je donc folle, victime du vertige envoyé par un dieu ?

c'est pour bientôt se reprendre et avouer que l'être humain connaît certes le bien mais lui préfère son plaisir, se laisse entraîner par ses désirs.

Pour Euripide comme pour les plus éclairés de ses contemporains, l'allusion à la malédiction divine n'est plus que l'expression vide de sens d'un symbolisme traditionnel. L'homme est seul face à ses passions[1]. Le débat entre Hécube et Hélène dans les *Troyennes* ne laisse aucun doute sur ce point. À Hélène qui impute son départ pour Troie avec Pâris à l'intervention d'Aphrodite :

> Une déesse [...] l'accompagnait [...]
> Prends-t'en à la déesse, fais-toi plus fort que Zeus (940-948).

Hécube réplique sans hésitation :

---

1. Rappelons qu'Aristote (*Éthique à Nicomaque* 1147a 11 *sq.*) compare l'être en proie à la passion à une personne endormie, démente ou ivre.

> Ne prête pas de sottise aux déesses
> pour habiller ta faute ; tu n'as aucune chance de convaincre les gens avertis.
> Tu as dit que Cypris (il y a vraiment de quoi rire !) était venue avec mon fils chez Ménélas. [...]
> Mon fils, en fait, était d'une beauté exceptionnelle et c'est ton propre esprit qui, à sa vue, est devenu Cypris. La frénésie sexuelle, chez les mortels, c'est toujours Aphrodite (981-989).

Le mal n'est plus, dès lors, conçu comme une force étrangère ; il est installé au cœur de l'homme : « le destin, pour chacun, c'est son caractère[1] » que l'intelligence ne peut contrôler. Si le mal n'est plus envoyé par les dieux, il n'en reste pas moins mystérieux et terrifiant car il a sa source en l'homme même. Médée sait que les mobiles de son acte sont cachés au plus profond d'elle-même, là où ni raison ni compassion ne peuvent atteindre :

> Oui, je sens le mal que je vais oser, mais la passion est plus forte que mes résolutions. C'est elle la cause des plus grands maux pour les mortels.

Avec cette affirmation de l'impuissance morale de la raison, le tragique s'enracine au cœur de la condition humaine.

Les héros positifs se font rares ; la plupart des personnages perdent leur grandeur[2]. Le traitement de la légende des Atrides que propose Euripide dans *Électre* et *Oreste* en apporte une éclatante confirmation.

---

1. Héraclite, fr. 119 D.K. (Stobée, *Florilège* IV, 140).
2. Ici encore Aristophane a touché juste : il n'y a plus trace chez Euripide de la pompe et de la grandeur eschyléennes. Euripide s'en fait gloire : « dès que je reçus de toi [d'Eschyle], en héritage, la tragédie, alors bouffie de termes emphatiques et de mots énormes, d'abord je la fis maigrir et lui ôtai tout ce poids [...] je ne radotais pas au hasard ni ne fonçais sur la scène en brouillant tout, mais le premier personnage qui entrait en scène exposait aussitôt l'origine de l'action [...] et dès les premiers vers, je ne laissais rien dans l'inaction ; mais je faisais parler et la femme et l'esclave aussi bien, et le maître et la fille et la vieille le cas échéant [...]. Je leur ai appris à bavarder [...] en introduisant sur la scène les affaires de la maison, dont nous nous occupons, dans notre vie, chaque jour... » (Aristophane, *Grenouilles*, 939 sq.) Nietzsche lui fait écho : « Avec lui c'est l'homme de tous les jours qui passe des gradins à la scène [...]. La médiocrité bourgeoise [...] se mit alors à prendre la parole » (*Naissance de la tragédie, op. cit.*, chap. XI).

Dans *Électre*, Euripide rivalise avec la pièce canonique des *Choéphores* d'Eschyle.

Cadre de l'action, personnages, intrigue, tout est bouleversé. La pièce ne se passe plus devant le palais où vivent Clytemnestre et Égisthe, mais à la campagne, devant la ferme que tient le mari d'Électre. Car Électre est mariée. Son mari, le fermier, prononce le prologue : il révèle au public son identité et le mariage où Égisthe a contraint Électre ; mariage blanc car il a respecté la princesse. Électre apparaît alors, « princesse en haillons[1] » ; elle sort de la ferme, un pot sur la tête, pour aller puiser de l'eau à la fontaine. Sur ces entrefaites, arrivent, sans se faire reconnaître, Oreste et Pylade. Ils sont accueillis en hôtes par le fermier, au grand dam d'Électre, inquiète de la pauvreté de leur humble demeure et de la modestie de leur hospitalité. Le dialogue se poursuit sur le ton d'une conversation familière et domestique, sans plus rien d'héroïque. Et bientôt Euripide pousse l'ironie jusqu'à mettre en scène une parodie critique et comique de la fameuse scène de reconnaissance des *Choéphores* d'Eschyle (509 *sq.*). Dans un tel contexte les meurtres d'Égiste et de Clytemnestre n'apparaissent plus comme une malédiction du destin, mais comme l'acte ultime d'un règlement de comptes familial dénué de toute grandeur, dénué même de sens. La tragédie de la vengeance consacre la rupture entre justice et vengeance. Seule demeure l'horreur du talion, l'horreur du crime, soulignée tout au long de la pièce.

> 973 – Ah Phoïbos, quelle folie ton oracle.
> 1051 – Tu as plaidé le droit mais ce droit est honteux.
> 1093 – Si le droit exige qu'on rende un meurtre pour un meurtre, nous devons porter la mort, Oreste et moi, venger notre père. Si le premier meurtre est juste, celui-ci est juste.

Le dispositif scénique accroît encore la violence du pathos : Clytemnestre, attirée dans un guet-apens, entre

---

1. Cf. *Grenouilles* (1063) : « Tu as affublé les rois de haillons pour qu'aux gens ils paraissent plus dignes de pitié. » Aristophane n'a pas manqué de critiquer « les rois en haillons » d'Euripide, qui lui semblaient caractéristiques d'un pathétique tout extérieur et appuyé.

sans méfiance dans la demeure où elle va trouver la mort. Et l'on entend ses supplications :

> 1165 – Par les dieux, mes enfants, n'assassinez pas votre mère...
> 1167 – Malheur, malheur à moi !

Oreste, lorsqu'il réapparaît, ne peut que confesser :

> Ô Phoïbos, le droit que tu as proclamé est obscur mais éclatante est la souffrance que tu mènes à son terme et sanglant est le tribut (1190 *sq.*).

Et le poète confie aux Dioscures le soin de dénoncer l'injustice de l'ordre d'Apollon :

> Phoïbos, oui, Phoïbos [...] tu es sage, sans doute, mais tu as rendu un oracle peu sage (1246).

Dans *Oreste* l'invalidation du mythe est peut-être plus radicale encore. Le héros, Oreste, n'est plus qu'un malade rongé par les remords ; Hélène, une coquette hypocrite ; Ménélas, un lâche, d'une bassesse de caractère inouïe[1] ; Tyndare, un vieillard colérique et vindicatif. Oreste, Électre et Pylade, mettant au point leur plan pour tuer Hélène et Hermione, évoquent irrésistiblement de jeunes délinquants méditant un mauvais coup.

Le dilemme moral auquel était confronté Oreste chez Eschyle n'existe plus : si l'on en croit Tyndare, Oreste aurait dû poursuivre Clytemnestre pour meurtre devant un tribunal (494-500) ; un autre tribunal doit donc lui faire payer son crime. Pour Oreste, en revanche, la guerre de Troie fut le premier crime puisque l'expédition visait à sauver, au prix du sacrifice de l'innocente Iphigénie, une femme criminelle, Hélène. Et cette première faute a entraîné les autres. Il le rappelle à Ménélas dont il souhaite recevoir l'appui (*Oreste*, 646 *sq.*) :

> Sans doute ma cause est injuste, et injuste l'aide que je te demande ; mais ce n'est qu'un échange ; car mon père

---

1. Cf. Aristote, *Poétique*, 1454a 23.

> Agamemnon violait la justice en conduisant les Grecs contre Troie, sans être coupable lui-même, mais afin d'effacer la faute de ta femme et le crime qu'elle a commis, service pour service, c'est ce que tu me dois.

Le mythe, on le voit, n'illustre plus le sens des lois divines : ce n'est qu'une coquille vide. Seule demeure l'horreur du sort de la victime abandonnée au désordre du monde.

Car dans l'univers d'Euripide l'inattendu est toujours le plus probable. Comme le rappelle le couplet qui conclut cinq des pièces conservées : « l'attendu n'arrive pas à son terme et à l'inattendu la divinité fraie passage [1] ».

Dans ce monde instable, riche en péripéties et en « coups de théâtre », l'héroïsme, qu'aucune gloire assurée ne saurait récompenser, se fait rare. Seuls quelques êtres jeunes et purs sont prêts à sacrifier leur vie pour une cause qui les dépasse : Polyxène, Macarie, Ménécée, Évadné ou Iphigénie préfèrent la mort à une vie de douleur et acceptent de s'immoler en espérant rester dans le souvenir des humains. Ils retrouvent alors très naturellement le vocabulaire héroïque, piteusement délaissé par les chefs qui, eux, rivalisent d'ambition, d'égoïsme et de lâcheté.

Pathos de la souffrance et cruauté de la vengeance vont de pair : partout règnent chez Euripide la douleur et le deuil. Le poète multiplie les tableaux pathétiques : adieux d'Alceste ou de Médée à leurs enfants, femmes et enfants prêts pour le sacrifice comme dans *Andromaque*, *Héraclès* ou les *Héraclides* ; vieille femme gisant à terre, effondrée sous l'ampleur des maux qui s'abattent dans *Hécube* ou dans les *Troyennes* ; dans *Héraclès*, on découvre le héros, lié à une colonne, prostré au milieu des cadavres de ses enfants, la tête recouverte de son manteau ; dans *Hécube*, c'est Polymestor sortant aveuglé de la tente où l'on vient de tuer ses enfants – autant de scènes d'un pathétique presque insoutenable [2].

---

[1]. Telle est la conclusion d'*Alceste*, de *Médée*, d'*Andromaque*, d'*Hélène* et des *Bacchantes*.
[2]. Sur le pathétique d'Euripide, voir l'étude pénétrante de J. de Romilly, *L'Évolution du pathétique d'Eschyle à Euripide*, Paris, PUF, 1961.

Quel réconfort reste-t-il à l'homme ainsi confronté à la cruauté du monde, à une violence de sentiments qui n'a d'égale que la fragilité des volontés ? Rien d'autre que le lien, fragile lui-même, mais d'autant plus précieux, de l'amitié – la *philia* – qui seule est susceptible de préserver quelque îlot de mutuelle assistance dans une société perdue et démoralisée par la guerre. La *philia* chez Euripide n'est pas la force cosmique que célébrait Empédocle ; elle est, elle aussi, laïcisée ; elle devient un trait original du monde humain : « Quand la divinité accorde ses faveurs, il n'est nul besoin d'amis », rappelle le poète [1]. Dans le monde en crise morale et politique que connaît Euripide, la *philia* prend bientôt le statut de concept politique. Et le thème revient avec insistance dans les dernières pièces [2].

Dans les premières tragédies, il n'est pas rare que les femmes du chœur jouent ce rôle de refuge et d'écoute amicale. « Amies » (*philai*), dit Médée lorsqu'elle confie au chœur des femmes de Corinthe ses alarmes et ses tourments. Hécube, elle aussi, compte sur l'aide des esclaves troyennes qui l'entourent : « Amies, chères compagnes… », répète-t-elle dans *Hécube* et dans les *Troyennes*. Dans *Oreste*, les femmes d'Argos compatissent aux malheurs d'Électre et d'Oreste. Une complicité compréhensive se tisse ainsi entre le personnage central – souvent une femme elle aussi [3] – et ces chœurs de femmes [4] qui sont souvent des étrangères – exilées privées de soutien ou captives de guerre – des femmes en marge de la collectivité des citoyens. Ce fait contribue lui aussi au rejet du monde héroïque, qui devient ainsi plus ou moins étranger à l'action. Dénoncé tantôt comme violent et destructeur, tantôt comme méprisable et privé d'honneur, ou encore présenté comme si distant qu'il

---

1. Cf. *Héraclès furieux* (1337-1338), ou *Oreste* (667).
2. Voir par exemple *Électre* (605, 1131, etc.) ; *Oreste* (450-455, 652, 665-667, 727, 802-806, 1095, 1155) ou encore les *Phéniciennes* (536-539), où le thème de la *philia* est concurrencé par celui de la communauté (*koinon*), cf. 239-240, 450, 692, 1016, 1222, etc.
3. Dans dix sur dix-sept des tragédies conservées une femme joue un rôle central.
4. Le chœur est constitué de femmes dans quatorze tragédies. Dans *Alceste*, les *Héraclides* et *Héraclès*, le chœur est formé de vieillards qui maudissent leur faiblesse et leur incapacité à agir.

en devient incompréhensible, le monde des valeurs héroïques est ainsi subtilement mis à l'écart.

Apollon et Dionysos : la skènè *et l'*orchestra

Témoin impuissant, mais jamais indifférent, le chœur, fermement enraciné dans le contexte mythique de la pièce, est entraîné dans un déchaînement de forces cataclysmiques et de passion qui le dépasse. Cette présence essentielle du chœur, témoin de la mémoire et de la tradition, « contextualise » en quelque sorte le tragique [1] et oppose l'expérience partagée d'une communauté à l'individualité du héros tragique. Loin de nous l'idée, trop souvent reprise par les critiques, que les chants du chœur tendraient à devenir chez Euripide de simples ornements, des temps de divertissement choral ou de repos, sans lien réel avec le contexte dramatique. Certes le chœur n'est plus le personnage principal du drame comme il avait pu l'être chez Eschyle. Mais la voix du chœur reste essentielle. Car le contrepoint de ces voix de femmes – voix du chœur et voix de l'héroïne – qui plaident sans relâche pour l'ouverture et la réconciliation – réconciliation entre les valeurs de la cité, de la *polis*, et les valeurs de la famille, de l'*oikos*, simples valeurs d'humanité –, réconciliation que la guerre impérialiste, le jeu destructeur des ambitions et des factions semblent rendre impossible, ce contrepoint est au cœur de l'interprétation tragique. En ce sens, le chœur des *Phéniciennes*[2] préfigure en quelque sorte le Dionysos des *Bacchantes* dans la révélation d'un ailleurs, d'une autre dimension de l'existence, où la nouveauté rejoindrait la tradition, où le sauvage se confondrait avec le civilisé, et le Grec avec le Barbare. L'aspiration qui s'exprime avec une force accrue dans les pièces des dernières années de la guerre du Péloponnèse correspond au désir d'ouvrir la cité crispée dans un repli mortifère sur elle-même. Cette aspiration culmine dans les *Bacchantes*, si l'on veut bien admettre avec

---

1. Nous empruntons cette expression à l'article suggestif de J. Gould, « Tragedy and Collective Experience », *Tragedy and the Tragic*, édité par M. Silk, Oxford University Press, 1996, p. 217-243.
2. Sur le chœur des *Phéniciennes* voir l'article de Cl. Nancy, « La voix du chœur », *Annali della Scuola Normale Superiore di Pisa*, XVI, 2, 1986 p. 461-479.

J.-P. Vernant que cette tragédie « montre les dangers d'un repli de la cité sur ses propres frontières [1] ».

La signification de ce drame, sans doute présenté d'abord à la cour d'Archélaos de Macédoine et qui ne fut donné à Athènes qu'après la mort du poète, reste mystérieuse. Certains, comme Nietzsche, sensibles à la ferveur dionysiaque qui s'y exprime, ont imaginé une conversion du poète :

> Cette ultime tragédie fait appel contre sa propre tendance. Lui-même en tant que Penthée s'y laisse déchirer par les Ménades et finit par célébrer, sur ses propres restes lacérés, la toute-puissance du dieu. Ainsi le poète mena sa propre rétractation avec la même énergie terrifiante qu'il avait mise jusque-là à combattre Dionysos [2].

D'autres, au mépris de toute vraisemblance, ont voulu y voir une ultime dénonciation des méfaits de la religion [3]. C'est tenir pour rien l'exaltation rayonnante qui émane des chants du chœur des Ménades lydiennes dans cette pièce. C'est négliger aussi la passion pour le chant, la lyrique dont témoigne le théâtre d'Euripide. Au fil des œuvres les parties chantées y ont occupé une place de plus en plus importante. Tout moment d'émotion intense tend à se traduire en chant. Qu'on songe aux monodies lyriques de Cassandre, Évadné, Créuse ou Jocaste, aux dialogues lyriques entre chœur et acteur qu'Euripide multiplie en virtuose, et aux grandes odes chorales qui assurèrent la célébrité du poète dans la Grèce entière [4].

---

1. Cf. J.-P. Vernant, « Le Dionysos masqué des *Bacchantes* », in *L'Homme*, 93, 1985, chap. XXV, p. 31-58 ; repris in *Mythe et tragédie en Grèce ancienne* II, p. 237-269.
2. Cf. F. Nietzsche, *Naissance de la tragédie, op. cit.*, chap. XII.
3. Ces critiques interprètent la question d'Agavé, à la fin de la pièce, « Les dieux, dans leur rancune, doivent-ils imiter les hommes ? », comme une condamnation de Dionysos.
4. La réputation d'Euripide comme poète lyrique était immense. Aristophane ironise dans les *Grenouilles* sur sa passion pour le chant et ses innovations. Mais Plutarque raconte dans sa *Vie de Nicias* qu'après la défaite des Athéniens en Sicile certains des fuyards obtinrent la vie sauve pour avoir chanté des chœurs d'Euripide. Et dans la *Vie de Lysandre*, il révèle qu'en 404, au moment même où l'on débattait du sort à réserver à Athènes et où certaines voix s'élevaient pour prôner la destruction de la cité, un chœur chanta lors du banquet qui réunissait les stratèges vainqueurs la Parodos d'*Électre* : « Tous, nous dit Plutarque, sentirent alors qu'il serait barbare de rayer de la carte une cité qui avait produit de tels talents. »

Les *Bacchantes* ne peuvent être comprises comme le reniement du dieu de la *mousikè* et de l'harmonie, ce dieu symbole de la conciliation et de l'accueil de l'autre [1]. C'est bien plutôt la crise de la conciliation entre Apollon et Dionysos que dénoncerait la tragédie des *Bacchantes*. La cité triomphante avait risqué sur la scène tragique la conciliation d'Apollon et de Dionysos, des héros de la *skènè* et des chœurs. Refuser de reconnaître le dieu de l'harmonie, ou le reconnaître trop tard, c'est pour Penthée signer la perte de la cité. Pour Euripide, prendre acte de la conciliation désormais impossible entre Apollon et Dionysos, c'est choisir Arès contre Dionysos; c'est peut-être aussi, en dénonçant le caractère mortifère d'une entité politique trop repliée sur elle-même, la cité athénienne enfermée dans le culte de l'autochtonie, annoncer la fin de cette cité.

Ainsi, avant Xénophon et Isocrate qui, conscients de l'incapacité des institutions civiques à résoudre les problèmes de l'heure, méditent sur les qualités du chef, rêvent d'un homme providentiel et élaborent de nouvelles définitions de l'hellénisme, avec une intuition plus juste que Platon et Aristote qui espèrent encore trouver une voie de salut dans le renforcement des barrières censées protéger la cité et garantir son unité, Euripide a souhaité en ouvrir les frontières, a aspiré à des horizons plus vastes. Le monde hellénistique né des conquêtes d'Alexandre allait bientôt reconnaître en lui « son » poète et lui assurer la gloire que lui avaient chichement comptée ses contemporains.

*
**

---

1. Voir, outre la contribution de J.-P. Vernant, citée *supra* (p. 37), l'article suggestif de Michel Bourlet (« L'orgie sur la montagne », *Nouvelle Revue d'ethnopsychiatrie*, 1, 1983, p. 9-44) qui après une étude minutieuse des variantes du mythe, conclut : « Pratiquer l'orgie dionysiaque, c'était tenter de vivre selon le mouvement ascendant du désir, en dépassant les antinomies qui fondaient et limitaient l'expérience de l'homme grec – aussi bien en tant qu'individu (unisexué, etc.) qu'en tant qu'animal "politique" (citoyen ou étranger, homme libre ou esclave, etc.). L'adepte de Dionysos, s'il devient un vrai bacchant, doit sentir tomber la barrière qui l'isolait de l'autre. »

L'évolution des sensibilités a assuré le succès posthume d'Euripide et sa postérité. Le théâtre de Ménandre (342-292) en est, par bien des aspects, l'héritier direct : filles séduites, enlèvements, enfants abandonnés, reconnaissances émouvantes se rencontrent déjà chez Euripide. À l'époque impériale Sénèque l'adapta, en reprenant sa conception de l'homme victime de forces qui le dépassent et en aggravant le côté sombre et macabre de ses tragédies. Et par l'intermédiaire du poète latin, c'est Euripide qui inspira le renouveau de la tragédie en Europe.

Chez nous Racine l'admira et l'imita ; dans sa préface à *Iphigénie à Aulis* (1674), il précise :

> J'avoue que je lui dois un bon nombre des endroits qui ont été le plus approuvés dans ma tragédie et je l'avoue d'autant plus volontiers que ces approbations m'ont confirmé dans l'estime et la vénération que j'ai toujours eues pour les ouvrages qui nous restent de l'Antiquité [...]. Le goût de Paris s'est trouvé conforme à celui d'Athènes ; les spectateurs ont été émus des mêmes choses qui ont mis autrefois en larmes le plus savant peuple de la Grèce et qui ont fait dire qu'entre les poètes, Euripide était extrêmement tragique – *tragikôtatos* – c'est-à-dire qu'il savait merveilleusement bien exciter la compassion et la terreur qui sont les véritables effets de la tragédie.

Goethe, avec son *Iphigénie*, affirmait son désir de « se rapprocher de la forme antique ». Sans doute rivalisait-il aussi avec Racine...

Notre époque a souvent abordé la tragédie grecque à travers Nietzsche qui, dans sa *Naissance de la tragédie* (1872), cherchait à réinsuffler dans l'art la force de l'inspiration dionysiaque, selon lui condamnée par le talent critique d'Euripide et de Socrate. Il fit donc d'Euripide, on l'a vu, le fossoyeur de la tragédie antique. Wilamowitz eut beau, dans la préface de son édition commentée d'*Héraclès furieux*, opposer l'analyse du philologue aux jugements tendancieux du philosophe, rien n'y fit. Euripide n'est pas encore, à ce jour, libéré des lectures héritées de Nietzsche.

On redécouvre aujourd'hui pourtant la force et l'originalité du dramaturge qui s'est ingénié à exploiter toutes les possibilités de la scène tragique[1], du penseur qui a su mettre en scène une nouvelle forme du tragique humain et a pressenti la fin du monde qui avait donné naissance à la tragédie athénienne, et du poète enfin qui réussit à unir si étroitement puissance critique et puissance tragique, ou, pour le dire autrement, Apollon et Dionysos :

> Ainsi le drame euripidéen est-il une chose tout ensemble froide et brûlante, capable aussi bien de glacer que d'enflammer[2].

• Note sur le texte et sa transmission

Des pièces d'Euripide – comme de toute œuvre de l'Antiquité classique – aucun original ne nous est parvenu. Nous savons par Aristophane que le texte de ses pièces était disponible à Athènes, chez les libraires, aussitôt après la représentation[3]. À la fin du IVe siècle, autour de 330 av. J.-C., Lycurgue fit établir une édition officielle de l'œuvre des trois grands poètes tragiques ; cette édition

---

1. Au cours des dernières décennies ce point a été justement souligné par plusieurs études. Voir en particulier :
– J. Roux, « À propos du décor dans les tragédies d'Euripide », *Revue des études grecques* 74, 1961, p. 25-53.
– J. Jouanna, dans deux études sur les *Phéniciennes* : « Texte et espace théâtral dans les *Phéniciennes* d'Euripide », *Ktèma*, 1, 1976, p. 81-97, et « Remarques sur le texte et la mise en scène de deux passages des *Phéniciennes* d'Euripide », *Revue des études grecques* 89, 1976, p. 40-56.
– N.C. Hourmouziades, *Production and Imagination in Euripides. Form and Function of the Scenic Space*, Athènes, 1965.
– M. Halleran, *Stage-craft in Euripides*, Londres, 1985.
– S. Said, « L'espace d'Euripide », *Dioniso* 59, 1989, p. 107-136.
2. Cf. F. Nietzsche, *Naissance de la tragédie*, *op. cit.*, chap. XII.
3. Cf. Aristophane, *Grenouilles*, 52-53.

devait être déposée aux archives et les acteurs devaient s'y conformer[1]. Cette copie dut servir de base au texte des tragiques conservé dans la bibliothèque d'Alexandrie. La première édition critique des tragiques semble avoir été établie par Aristophane de Byzance au IIe siècle av. J.-C. On connaissait alors encore soixante-sept tragédies et huit drames satyriques (dont un apocryphe) d'Euripide. Un premier choix de dix pièces (incluant *Rhésus*, dont l'authenticité est aujourd'hui contestée) fut constitué à l'époque d'Hadrien ; il comptait *Hécube*, *Oreste*, les *Phéniciennes* (les trois seules pièces conservées par les Byzantins), *Hippolyte*, *Médée*, *Alceste*, *Andromaque*, les *Troyennes*, les *Bacchantes*.

Un second groupe de pièces fut préservé ; les titres s'y succèdent dans l'ordre alphabétique de E à K. Ce sont *Hélène*, *Électre*, *Héraclès*, *Les Héraclides*, *Les Suppliantes* (*Iketides*), *Ion*, *Iphigénie en Aulide*, *Iphigénie en Tauride*, *Le Cyclope*.

Ces « pièces alphabétiques » sont transmises par une seule famille de manuscrits, sans scholies :

– Le manuscrit L (*Laurentianus* 32-2), manuscrit de papier du début du XIVe siècle (1315), enrichi des corrections de l'érudit byzantin Démétrios Triclinios ;

– Le manuscrit P (*Palatinus Vaticanus* fr. 287), manuscrit de parchemin légèrement plus récent que L (premier tiers du XIVe siècle).

Les pièces du premier choix (elles-mêmes ensuite réunies dans L) ont été transmises par une autre famille de manuscrits beaucoup plus riches en commentaires :

– M, le *Marcianus* 471, manuscrit du XIIe siècle, qui appartint à la bibliothèque du cardinal Bessarion ;

– A et B (*Parisinus* 2712 et *Parisinus* 2713), manuscrits de la Bibliothèque nationale à Paris ;

– V, le *Vaticanus* 909, bombycin du XIIIe siècle.

---

1. Sur les interpolations d'acteur, voir, par exemple, Ed. Fraenkel, *Sitzb. Bayer. Ak*, 1963.

Aucun manuscrit ni aucun groupe de manuscrits n'a suffisamment d'autorité à lui seul pour servir de critère dans les cas douteux. L'apport des papyri reste donc précieux [1].

Monique TRÉDÉ

---

[1]. Sur l'histoire du texte d'Euripide on consultera :
– A. Turyn, *The Byzantine Manuscript Tradition of the Tragedies of Euripides*, Urbana, Illinois UP, 1957.
– G. Zuntz, *An Inquiry into the Transmission of the Plays of Euripides*, Cambridge, 1965.
– V. di Benedetto, *La Tradizione manoscritta euripidea*, Padoue, 1965.
– J. Diggle, *Studies on the Text of Euripides*, Oxford, Oxford UP, 1981.

ANDROMAQUE

« Andromaque, je pense à vous ! » telle est l'apostrophe célèbre qui ouvre le poème de Baudelaire, « Le Cygne » : un cygne « le cœur plein de son beau lac natal », Andromaque « des bras d'un grand époux tombée » symbolisent tous deux, l'un dans la vie, l'autre dans la littérature, ce mélange de « ridicule et [de] sublime » qui caractérise les exilés. C'est donc bien la veuve d'Hector que Baudelaire voit dans Andromaque, exactement comme l'avait fait Racine avant lui, quand il attribuait à l'héroïne de sa pièce une fidélité sans faille à son époux mort qui l'empêchait de céder aux instances amoureuses de Pyrrhus.

De fait, dans sa première préface, Racine évoque brièvement Euripide à propos d'« Hermione dont la jalousie et les emportements sont assez marqués dans l'*Andromaque* » et donne au contraire, comme sa source majeure, une longue citation du chant III de l'*Énéide*, dans lequel Andromaque parle avec réticence et amertume de son union avec Pyrrhus et ne fait guère que mentionner d'un bref *enixae* (v. 327) l'enfant qu'elle a eu de lui, ce qui contraste avec les nombreuses questions qu'elle pose à Énée sur son fils Ascagne.

Dans sa seconde préface en revanche, Racine poursuit plus avant le rapprochement avec Euripide et analyse les libertés qu'il a prises avec son modèle : « C'est presque la seule chose que j'emprunte ici de cet auteur. Car, quoique ma tragédie porte le même nom que la sienne, le sujet en est cependant très différent. Andromaque, dans Euripide, craint pour la vie de Molossus, qui est un fils qu'elle a eu de Pyrrhus et qu'Hermione veut faire mourir avec sa mère. Mais ici il ne s'agit point de Molossus : Andromaque ne connaît point d'autre mari qu'Hector, ni d'autre fils qu'Astyanax. J'ai cru en cela me conformer à l'idée que nous nous faisons maintenant de cette princesse. »

Le travail de réécriture auquel s'est livré Racine, qui revendique pour les poètes le droit d'« accommoder la fable à leur sujet », Euripide l'a fait avant lui. Et dès lors la question se pose de savoir quel était auparavant l'état de la légende, et quelles innovations il lui a apportées.

I. Les données de la légende avant Euripide

Le personnage sur lequel les sources sont les plus nombreuses est sans doute Néoptolème, et Euripide a pu leur emprunter plusieurs éléments qui figurent dans sa pièce : son mariage frappé de stérilité avec Hermione ; la présence, dans le butin troyen qui lui échoit, d'Andromaque dont il a ensuite des enfants ; son règne sur la Molossie ; enfin son meurtre à Delphes où il est enterré. Mais l'analyse succincte de ces sources permet de voir à la fois la sélection qu'a opérée Euripide parmi des données riches et parfois divergentes et la mise en relation de sources jusque-là indépendantes les unes des autres, afin d'obtenir un plus grand effet dramatique.

En effet, si l'*Iliade* ne mentionne qu'une fois le fils d'Achille, Néoptolème « semblable aux dieux » (XIX, 327), son nom est évoqué à plusieurs reprises dans l'*Odyssée* : on retiendra surtout qu'il est l'époux auquel Ménélas donne sa fille Hermione, comme il le lui avait promis à Troie (IV, 6-7), et que ses talents de conseiller, mais surtout la valeur guerrière dont il a fait preuve lors de la prise de Troie apportent quelque réconfort à Achille aux Enfers[a]. Cependant, on assiste, dans les épopées postérieures à Homère, à un durcissement du personnage, puisque certaines font de lui le meurtrier impitoyable du jeune Astyanax qu'il précipite du haut des remparts[b], d'autres le meurtrier sacrilège du vieux Priam[c].

---

a. Cf. *Odyssée*, XI, 506-540 : ce passage appartient à la Nékuia, c'est-à-dire à la visite que fait Ulysse au pays des morts ; il y rencontre notamment l'ombre d'Achille, pleine d'amertume et regrettant la vie.
b. *Petite Iliade*, fr. 18 Kinkel.
c. Il existe deux versions du meurtre de Priam : dans la *Petite Iliade* (cf. Pausanias, X, 27, 2 = fr. 15 Kinkel), Néoptolème arrache Priam de l'autel avant de le tuer ; dans l'*Ilioupersis* d'Arctinos en revanche (Kinkel, p. 49), Néoptolème le tue alors qu'il s'est réfugié sur l'autel de Zeus Herkeios (protecteur de la maison).

Au reste, ce meurtre perpétré sur l'autel d'Apollon est une des causes de sa chute ; car si l'on en croit un péan de Pindare [a], Apollon a voulu par sa mort venger celle de Priam. Selon d'autres sources au contraire, le meurtre de Néoptolème à Delphes est purement accidentel et apparaît comme l'issue malheureuse d'une bagarre fortuite [b].

Et l'on retrouve la même diversité concernant les mobiles de son séjour à Delphes : pour l'un, il voulait offrir à Apollon des dépouilles prélevées sur son butin troyen [c], pour l'autre il souhaitait consulter l'oracle du dieu sur la stérilité d'Hermione [d], comme le fait Créuse dans *Ion* ; pour Sophocle enfin, auteur d'une pièce intitulée *Hermione* dont on connaît seulement les grandes lignes [e], Néoptolème entendait demander au dieu réparation pour la mort de son père, dans laquelle Apollon, on le sait, avait trempé [f]. Mais on ignore la date de l'*Hermione* de Sophocle, et notamment si elle fut jouée avant ou après l'*Andromaque* d'Euripide ; on est donc dans l'impossibilité de savoir si ce thème de la visite à Delphes pour demander des comptes au dieu remonte à Euripide ou lui est antérieur. Ce qui est sûr en tout cas, c'est que l'absence d'enfant d'Hermione est une donnée attestée avant Euripide.

Cependant, entre le sac de Troie et la visite à Delphes, quelle est la vie de Néoptolème ? On possède sur cette période deux informations : Andromaque, qui apparaît dans l'*Iliade* portant dans ses bras le fils d'Hector ou pré-

---

a. Pindare, *Péan*, VI, 112-117.
b. Le partage des victimes sacrifiées aurait engendré une dispute au cours de laquelle Néoptolème aurait trouvé la mort : cf. Pindare, *Néméennes*, VII, 42, et *Péan*, VI, 117-120 ; Phérécyde, *FrGH*, I, 78, 64a.
c. Pindare, *Néméennes*, VII, 40-41.
d. Phérécyde, *FrGH*, I, 78, 64a = scholie à *Oreste*, 1655.
e. Cf. Eustathe, *Comm. ad Od.*, IV, 3, p. 1479, 10 : Hermione, d'abord promise à Oreste par son grand-père Tyndare, pendant que son père Ménélas est retenu à Troie, se voit ensuite donnée par ce dernier à Néoptolème. Mais après le meurtre de Néoptolème, Hermione retrouve Oreste.
f. Cf. *Iliade*, XXII, 359 : prédiction d'Hector mourant à Achille, selon laquelle Pâris et Phoïbos-Apollon lui donneront la mort devant les portes Scées.

parant à son époux un bain qu'il ne prendra pas[a], Andromaque, la mère attentive et l'épouse aimante, fait partie du butin de Néoptolème dans une épopée post-homérique[b], et lui donne même un ou plusieurs enfants selon les sources[c]. Par ailleurs, si l'on en croit Pindare[d], Néoptolème, à son retour de Troie, ne rentre pas à Phthie mais en Épire, chez les Molosses, où lui-même règne peu de temps, mais où sa race continue d'exercer la souveraineté.

Tels sont donc les éléments de la légende dans lesquels puise Euripide, procédant tantôt par élimination, tantôt par adjonction : ainsi, il n'est plus trace de violence dans le caractère de Néoptolème[e], au point qu'Andromaque, sa captive, peut exprimer l'entière confiance qu'elle lui porte[f]; de même, l'aspect accidentel de la mort de Néoptolème est abandonné au profit d'un renforcement des mobiles.

II. Les innovations apportées par Euripide

L'innovation principale est sans doute d'avoir mis au cœur de sa pièce l'opposition de deux femmes, l'une d'Asie, l'autre de Grèce, l'une esclave, l'autre reine, l'une concubine, l'autre épouse, l'une mère, l'autre pas. Cette opposition prend une tournure aiguë à la faveur d'une circonstance fortuite, l'absence des hommes hors du palais : c'est le cas de Néoptolème vers lequel converge l'attente des deux femmes, mais dont le séjour à Delphes se prolonge plus que prévu[g]; c'est le cas aussi de Pélée auquel

---

a. Cf. *Iliade*, VI, 399-496 : c'est la scène fameuse des adieux d'Hector et d'Andromaque, durant laquelle l'enfant passe des bras de la servante à ceux d'Hector puis à ceux d'Andromaque ; *ibid.*, XXII, 437-449 : Andromaque, qui ignore encore la mort de son époux, est en train de lui préparer un bain chaud pour son retour du combat.
b. *Petite Iliade*, fr. 18 Kinkel, 1-2, et *Ilioupersis* (Kinkel, p. 50).
c. Voir scholies à *Andromaque*, 24.
d. Pindare, *Néméennes*, VII, 38-40.
e. C'est le parti inverse qu'adoptera Racine, dont l'héroïne ne peut oublier « cette nuit cruelle/Qui fut pour tout un peuple une nuit éternelle » (*Andromaque*, 997-998).
f. Cf. Euripide, *Andromaque*, 269.
g. *Ibid.*, 49-51.

Andromaque fait appel sans succès[a]. Reste bien sûr Ménélas qui complote avec sa fille la mort de l'enfant bâtard, mais qui, lâche et vantard comme il est, n'a d'homme que le nom[b]. Cette machination que le père et la fille ourdissent ensemble s'explique moins par la jalousie – car Hermione n'éprouve guère d'amour[c] – que par la vanité outragée et la crainte que cette disparité dans la descendance de Néoptolème ne soit préjudiciable à la femme légitime.

Cette opposition entre les deux femmes prend une forme complexe : tout d'abord, elle s'exprime dans de longs dialogues, véritables débats où les arguments s'échangent soit entre les deux rivales[d], soit entre leurs champions respectifs – Ménélas défendant les droits de sa fille face à Pélée défendant, à travers Andromaque, ceux de son petit-fils[e]. Ensuite, elle détermine la structure de la pièce, une pièce « en diptyque », avec une première partie dominée par Andromaque, et une seconde davantage consacrée à Hermione.

En effet, jusqu'au vers 765, Andromaque est, à une quarantaine de vers près[f], toujours présente sur scène, et sa misère d'aujourd'hui non seulement est accentuée par ses fastes d'autrefois qu'elle rappelle d'emblée[g], mais se dégrade encore dans cette première partie, puisque, déjà captive, elle est bien près de mourir[h]. Mais ce complot qui la vise en même temps que son fils est heureusement déjoué par l'arrivée opportune de Pélée[i], auquel le départ sans gloire de Ménélas laisse le champ libre[j].

Mais du même coup le danger se déplace, et c'est le tour d'Hermione d'être en péril : elle qui, dans la première partie de la pièce, étalait son faste d'aujourd'hui et écrasait Andromaque de sa superbe, est totalement affolée

---

a. Cf. *Andromaque*, 79-81.
b. *Ibid.*, 590-591.
c. *Ibid.*, 209-212.
d. *Ibid.*, 155-268.
e. *Ibid.*, 547-746.
f. *Ibid.*, 463-501.
g. *Ibid.*, 1-5 et 64-65.
h. *Ibid.*, 501-544.
i. *Ibid.*, 545.
j. *Ibid.*, 746.

à l'idée que Néoptolème va rentrer et punir ses tentatives criminelles : elle cherche à attenter à sa vie, avant que l'arrivée opportune d'Oreste, dont elle embrasse en suppliante les genoux exactement comme Andromaque l'avait fait avec Pélée[a], ne lui apporte un secours décisif. Voilà donc Hermione sauvée à son tour et prenant la fuite avec son cousin qui est aussi son premier fiancé.

Cette donnée – les fiançailles d'Hermione et d'Oreste préparées par Ménélas puis défaites par lui quand le mariage de sa fille avec Néoptolème lui paraît plus opportun[b] – va permettre un dernier rebondissement. Car Oreste, plein de rancune pour son heureux rival, trame sa mort à Delphes[c] où Néoptolème effectue un second séjour : lors d'un premier voyage, il prétendait demander au dieu réparation pour la mort de son père ;

---

a. Comparer *Andromaque*, 572-574 et 891-894.
b. *Andromaque*, 966-970 : à ses différents défauts, Ménélas ajoute donc le non-respect de la parole donnée.
c. Oreste n'est-il que l'instigateur du complot ou bien fait-il partie des conjurés sur place ? L'impression est différente selon qu'on envisage les paroles d'Oreste révélant l'imminence du meurtre ou celles du messager annonçant sa réalisation. Dans la tirade d'Oreste en effet (995-1008), le complot paraît en cours, et son auteur s'attend à être bientôt informé de son exécution par ses alliés. On n'est donc pas surpris d'apprendre cette funeste nouvelle moins de soixante vers après le départ d'Oreste (1070).
Mais certains éléments du récit du messager suggèrent au contraire une participation active d'Oreste à la mise à mort du prince (cf. 1074-1075 et 1115-1116), ce que Thétis semble confirmer par la suite quand elle affirme, au v. 1242, que la présence du tombeau de Néoptolème à Delphes proclamera « le meurtre violent perpétré par Oreste ». Cette interprétation, qu'illustre sans doute un cratère à volutes apulien du peintre de l'Ilioupersis datant des environs de 370 (cf. *LIMC*, I, *s. v. Apollo*, n° 890, p. 293, pl. 263), montrant Oreste jaillissant de derrière l'omphalos et s'avançant l'épée en main contre Néoptolème déjà blessé et réfugié sur l'autel, au pied du temple de Delphes et en présence d'Apollon (tous les personnages sont identifiés par une inscription), suppose qu'en moins de soixante vers Oreste soit allé de Phthie à Delphes pour exécuter son projet. Une telle invraisemblance chronologique n'était sans doute pas de nature à choquer les spectateurs d'Euripide. Mais on peut se demander si le personnage d'Oreste ne gagne pas en noirceur à avoir tramé l'intrigue et calomnié le prince, puis à s'être tenu soigneusement à l'écart du danger, laissant à d'autres la tâche redoutable d'affronter le fils d'Achille.

aujourd'hui, il s'est rendu à Delphes avec des offrandes, espérant que le dieu lui pardonnerait son outrecuidance passée[a]. Ce deuxième voyage à Delphes, qui est une innovation d'Euripide, lui permet d'opposer plus violemment encore les caractères : notre sympathie allait déjà vers les opprimés et les faibles, Andromaque et Pélée, tandis que les puissants pleins d'arrogance, Hermione et Ménélas, attiraient notre mépris. Les contrastes désormais sont poussés à l'extrême, avec d'un côté un Néoptolème pieux et désarmé, et de l'autre un Oreste vindicatif et fourbe.

Mais les hommes ne sont pas seuls responsables de ce meurtre : Apollon, aussi rancunier qu'Oreste[b], participe au complot, ranimant l'ardeur des conjurés quand celle-ci vient à faiblir[c]. Aussi le récit circonstancié de la mort de Néoptolème par le messager fait-il naître de la colère non seulement pour Oreste, qui décidément n'en est plus à un crime près[d], mais aussi pour le dieu de Delphes. Et sans doute le transport du cadavre de Néoptolème, de Delphes à Phthie, qui constitue une autre innovation d'Euripide, est-il lui aussi destiné, par la scène de déploration navrante qu'il suscite[e], à renforcer chez les spectateurs la pitié qu'ils éprouvent pour les vaincus, et l'horreur qu'ils ressentent pour les actes criminels.

Euripide réussit donc à montrer à la fois que vainqueurs et vaincus sont pris dans la même tourmente, comme l'indique sur scène le rapprochement des destins d'Andromaque et d'Hermione, et comme le rappelle l'évocation des morts sanglantes des familles royales de Troie et d'Argos[f], et qu'un violent contraste oppose les

---

a. *Andromaque*, 51-55 et 1006-1008.
b. *Ibid.*, 1161-1165.
c. *Ibid.*, 1140-1149.
d. Sur ce noircissement du personnage d'Oreste, qui à certains égards est plus proche de la Clytemnestre d'Eschyle, fourbe et cynique, que de son Oreste, décidé à tuer mais hésitant à le faire, cf. *infra*, la note au v. 997. Il est vrai qu'ici Oreste n'en est plus à son coup d'essai, et qu'il a déjà tué sa mère : cf. *Andromaque*, 977 et surtout 999.
e. Cf. *Andromaque*, 1173-1225 ; cette scène, qui montre l'anéantissement du vieux Pélée, prend fin avec l'arrivée d'un *deus ex machina*, dans la personne de Thétis.
f. *Ibid.*, 1010-1046 et spécialement 1022 et 1028.

personnages dignes et loyaux et les gens retors qu'il charge à plaisir.

III. *Date présumée de la pièce*

Or, parmi ces portraits qu'il noircit à dessein, il y a Hermione, mais surtout Oreste et Ménélas, tous gens de Sparte ou apparentés. De fait, la ville de Sparte et ses habitants sont la cible d'une attaque très violente[a], tant de la part d'Andromaque que de celle de Pélée[b]. Ces sentiments antispartiates qu'Euripide prête aux personnages sympathiques de la pièce reflètent, sans doute avec outrance, les sentiments qui devaient être ceux de nombreux Athéniens pendant la guerre du Péloponnèse.

Peut-on en dire davantage sur la date de composition d'*Andromaque*, pour laquelle les *Arguments* ne sont d'aucun secours[c]? Différentes observations sur les mètres employés et sur les libertés plus ou moins grandes prises dans la versification conduisent la plupart des éditeurs à avancer la date de 425, et c'est la date qu'après eux nous retiendrons, même si certaines attaques contre Sparte se trouveraient peut-être mieux illustrées et justifiées par des faits un peu plus récents[d].

Le texte que nous avons traduit est celui de l'édition Diggle : J. Diggle, *Euripidis Fabulae*, I, Oxford, 1984. Mais nous nous sommes montrée plus conservatrice que l'éditeur anglais en supprimant moins de vers qu'il ne le fait : c'est le cas notamment des vers 154, 273, 321-323, 330-333, 397-398, 699-702, 743, 810, 878, 937, 1151, 1206 et 1279-1283 qu'il juge interpolés. Il nous est arrivé aussi de ne pas adopter certaines corrections qu'il fait siennes ou propose : ainsi, aux vers 73 (qu'il déplace), 137, 346, 427, 672, 784, 848, 929, 984, 990, 1001, 1059 et 1132 ; à quoi s'ajoutent les lacunes qui existent, selon

---

a. Cf. *Andromaque*, 435-438 et surtout 445-452.

b. *Ibid.*, 595-601.

c. Cf. *infra*, p. 55.

d. Voir *infra*, les notes aux v. 445 et 456-457.

lui, après les vers 333 et 364. Enfin, aux vers 711 et 962, nous n'avons pas fait le même choix que lui entre les deux leçons des manuscrits. Cependant, pour faciliter la consultation du texte grec, nous avons maintenu la numérotation des vers de l'édition Diggle.

L'*Andromaque* d'Euripide a fait l'objet de deux bons commentaires en anglais, celui de P.T. Stevens, *Andromache*, Oxford, 1971, et celui de M. Lloyd, *Euripides Andromache*, Warminster, 1994, ainsi que d'une traduction récente en français : J. et M. Bollack, *Andromaque*, Paris, 1994. Nous devons beaucoup à ces ouvrages.

Laurence VILLARD

ANDROMAQUE

ARGUMENT

Néoptolème qui, à Troie, avait reçu comme part de guerre Andromaque, l'épouse d'Hector, eut d'elle un enfant. Par la suite, il épousa en outre Hermione, fille de Ménélas. Dans un premier temps, il réclama justice à l'Apollon de Delphes pour la mort d'Achille [a], puis il se repentit et se rendit de nouveau auprès de l'oracle, afin d'apaiser le dieu. Cependant, jalouse d'Andromaque, la reine projetait sa mort, et avait fait venir Ménélas ; Andromaque fit partir secrètement l'enfant et se réfugia pour sa part au sanctuaire de Thétis. Mais les hommes de Ménélas découvrirent l'enfant, et par ruse lui firent quitter son siège. Ils s'apprêtaient à les égorger tous les deux quand l'apparition de Pélée les en empêcha. Ménélas repartit donc pour Sparte, et Hermione se repentit, car elle appréhendait la présence de Néoptolème. Mais voici qu'arriva Oreste qui la persuada de partir avec lui, et organisa un complot contre Néoptolème. De fait, il fut assassiné, et l'on porta son cadavre sur scène. Pélée s'apprêtait à le déplorer, quand apparaît Thétis, qui lui enjoint de l'enterrer à Delphes et d'envoyer Andromaque et son fils chez les Molosses [b] ; quant à lui, il recevrait l'immortalité. Lorsqu'il l'eut obtenue, il alla habiter dans les îles des Bienheureux.

<ARGUMENT D'ARISTOPHANE DE BYZANCE>

La scène du drame est à Phthie [c] ; le chœur est composé de femmes de Phthie ; le prologue est dit par Andromaque. Le drame est de second ordre [d]. Le prologue est clair et de bonne facture. Il en va de même pour les vers élégiaques dans le thrène [e] d'Andromaque. Dans la deuxième partie, la tirade d'Hermione montre qu'on a affaire à une reine, et son dialogue avec Andromaque n'est pas mauvais. Le personnage de Pélée quand il délivre Andromaque est lui aussi bien venu.

---

a. Sur le rôle d'Apollon dans la mort d'Achille, cf. *infra*, v. 53.
b. Peuple du sud de l'Épire, à l'entrée de l'Adriatique.
c. Cf. *infra*, v. 16.
d. Le sens de la tournure *tôn deutérôn* a été débattu ; mais le contexte du passage, où l'auteur établit une série de jugements de valeur, et la comparaison qu'on peut faire avec d'autres génitifs qualifiant *to drama* ne plaident pas en faveur d'une interprétation de type chronologique (le drame serait alors « du second groupe »). L'auteur formule ici une appréciation globale sur la qualité de l'œuvre, avant d'en apprécier les différentes parties.
e. Chant de deuil, lamentation. Le grammairien fait ici allusion aux v. 103-116, monodie élégiaque qui n'a pas son équivalent dans les tragédies grecques conservées.

Personnages

Andromaque
Une servante
Le chœur
Hermione
Ménélas
Molossos[a]
Pélée
La nourrice
Oreste
Un messager
Thétis

---

a. Nom du fils d'Andromaque ; il n'est jamais mentionné dans la tragédie elle-même.

Prologue

À Phthie, en Thessalie[a], devant le sanctuaire de Thétis voisin du palais de Néoptolème, Andromaque se tient près de l'autel de la déesse.

ANDROMAQUE

Splendeur de la terre d'Asie, ville de Thèbe[b],
d'où je suis venue autrefois fastueusement parée d'une dot riche en or
au foyer royal de Priam,
pour y être l'épouse d'Hector et lui donner des enfants :
5 elle était vraiment digne d'envie en ce temps-là, Andromaque,
mais maintenant, de toutes
celles qui sont nées ou naîtront un jour[c],
elle est la plus malheureuse.
Oui, j'ai vu Hector, mon époux, tué par Achille
10 et l'enfant que j'avais donné à mon époux, Astyanax[1],
jeté du haut des murailles[d],
quand les Grecs se furent emparés du sol de Troie.
Moi-même, issue d'une maison réputée libre entre toutes,

---

a. Patrie d'Achille.
b. Petite cité de Mysie proche de Troie, à ne pas confondre avec les grandes villes homonymes de Béotie et d'Égypte.
c. Vers absent de la version la plus ancienne, et de construction difficile : il a été jugé, dès l'Antiquité, comme une interpolation d'acteur.
d. La traduction affaiblit sans doute la tournure grecque qui évoque le saut d'Astyanax « des hautes murailles ».

c'est esclave que je suis venue en Grèce, donnée à l'insulaire Néoptolème[a],
15 comme sa part de choix du butin troyen.
J'habite ici, en Phthie[b], dans les plaines
qui entourent la ville de Pharsale, là où Thétis la marine
demeurait avec Pélée, loin des hommes,
fuyant la foule. En souvenir des noces de la déesse,
20 le peuple thessalien appelle ce lieu Thétideion ;
le fils d'Achille a installé ici sa demeure,
et laisse Pélée régner sur la terre de Pharsale :
il refuse de recevoir le sceptre tant que le vieillard est en vie.
Et moi, dans cette demeure, j'ai donné naissance à un enfant mâle
25 né de mon union avec le fils d'Achille, mon maître.
Autrefois, malgré le malheur où j'étais,
un espoir toujours me poussait à trouver,
dans le salut de mon enfant, une protection, un recours à mes maux.
Mais depuis qu'il est l'époux d'Hermione la Laconienne,
30 et qu'il a rejeté, lui le maître, ma couche d'esclave,
je suis la victime de ses attaques cruelles.
Car elle prétend que grâce à des drogues secrètes
je la prive d'enfant et la rends odieuse à son époux,
que je veux, moi, la supplanter dans cette demeure,
35 et la jeter, par la force, hors du lit conjugal.
Pourtant, au départ, j'ai accepté ce lit à contrecœur,
et maintenant, j'y ai renoncé. Que le grand Zeus le sache,
c'est à contrecœur que j'ai partagé cette couche !
Mais elle ne me croit pas, elle veut me tuer,
40 et son père Ménélas agit de concert avec elle.
Aujourd'hui il est dans le palais, arrivé de Sparte
tout exprès pour cela. Et moi, saisie d'effroi,
je suis venue au sanctuaire de Thétis voisin du palais,
et j'y demeure assise[c] : peut-être m'évitera-t-il la mort.

---

a. Né dans l'île de Skyros, proche de l'Eubée, des amours d'Achille et de Deidamie.
b. Nom d'une ville et de la région qui l'entoure ; elles sont situées au sud de la Thessalie dont la capitale est Pharsale.
c. Le texte permet de reconstituer non seulement le décor de la scène, mais aussi la position du personnage : Andromaque est assise sur l'autel de la déesse, en suppliante, ce qui la protège de toute violence.

45 Car Pélée et les descendants de Pélée vénèrent ce lieu
qui symbolise le mariage de la Néréide[a].
Le fils qui seul me reste, je le fais sortir en cachette,
et l'envoie dans une autre demeure, par crainte qu'il ne meure.
Car celui qui l'a engendré n'est pas là pour me prêter secours
50 et ne peut être d'aucune aide pour l'enfant : loin d'ici,
sur la terre de Delphes, il offre à Loxias[b] réparation
de la folie qui, un jour à Pythô[c], l'a poussé à venir
demander des comptes à Phoïbos pour le meurtre de son père[d];
il espère d'une manière ou d'une autre effacer par ses prières
55 les fautes d'autrefois, et se concilier le dieu pour l'avenir.

Une servante sort du palais.

LA SERVANTE

Maîtresse – moi je n'hésite pas à te donner ce nom,
puisque aussi bien je t'en jugeais digne quand nous étions
dans ton palais et vivions sur le sol de Troie ;
je t'étais dévouée là-bas ainsi qu'à ton mari tant qu'il vivait.
60 Aujourd'hui je suis venue t'apporter des nouvelles,
partagée entre la crainte qu'un de mes maîtres ne l'apprenne
et la pitié que j'éprouve pour toi ; car ce sont des projets terribles
que Ménélas et sa fille forment contre toi : tu dois y prendre garde.

ANDROMAQUE

Ô ma très chère compagne de servitude (oui, tu es la compagne d'esclavage

---

a. Thétis est en effet l'une des nombreuses filles de Nérée, dieu de la mer.
b. Surnom de Phoïbos-Apollon.
c. Synonyme de Delphes.
d. Sur la participation d'Apollon à la mort d'Achille, cf. *Iliade*, XXII, 359.

de celle qui autrefois fut ta maîtresse et qui connaît aujour-
d'hui l'infortune),
que veulent-ils faire ? Quelles machinations trament-ils
encore
pour me tuer, moi dont le malheur est complet ?

La servante

C'est ton fils qu'ils veulent tuer, malheureuse,
lui que tu fis sortir du palais en cachette.

Andromaque

Hélas ! On sait[2] que j'ai éloigné mon fils ?
Comment donc l'a-t-on appris ? Ô malheureuse, je suis
perdue !

La servante

Je l'ignore, mais voici ce que j'ai entendu dire là-bas :
Ménélas a quitté le palais ; il est à sa recherche.

Andromaque

Alors, je suis perdue. Ô mon enfant, ils vont te prendre
et te tuer, ces deux vautours ; et celui qu'on appelle
ton père prolonge à Delphes son séjour.

La servante

Oui, ta situation, je crois, ne serait pas aussi mauvaise
s'il était ici. Mais à présent, tu es seule, sans amis.

Andromaque

Et concernant Pélée, nulle nouvelle non plus annonçant
sa venue ?

La servante

Il est bien vieux pour que sa présence te soit utile.

Andromaque

Pourtant j'ai envoyé chez lui bien des gens.

La servante

Crois-tu donc qu'un messager se soucie de toi ?

Andromaque

Pourquoi en effet ? Veux-tu donc y aller, et être ma
messagère ?

La servante

Et que dirai-je, si je reste longtemps hors du palais ?

Andromaque

Tu pourras trouver bien des astuces : tu es une femme enfin !

La servante

C'est risqué, car Hermione monte la garde en permanence.

Andromaque

Tu vois ! Tu fais défaut à tes amis qui sont dans le malheur.

La servante

Non, jamais ! Ne me fais pas cette injure.
Eh bien ! Je vais y aller, puisque après tout la vie d'une esclave passe
inaperçue, même s'il doit m'arriver un malheur.

Elle sort.

Andromaque

Va donc. Et nous, nous allons déployer vers le ciel
les thrènes[a], les lamentations et les larmes
qui sont notre lot continuel. Car il y a pour les femmes,
dans les malheurs qui les accablent, une douceur innée
à les avoir toujours à la bouche et sur les lèvres.
Et moi, ce n'est pas un seul mais une foule de malheurs
que j'ai à déplorer,
ma patrie perdue, la mort d'Hector
et l'inflexible destin auquel je suis assujettie,
depuis qu'indignement je suis tombée dans l'esclavage.
Il ne faut jamais dire d'aucun mortel qu'il est heureux,
avant d'avoir vu, après sa mort,
comment il a franchi le dernier jour pour descendre aux Enfers[3].

---

a. Par ces mots – et notamment par la mention du thrène qui est un chant de deuil – Andromaque annonce la monodie élégiaque qui va suivre.

Monodie plaintive d'Andromaque [a]

Dans la haute Ilion [b], *ce n'est pas une épouse, c'est un fléau que Pâris a introduit dans sa couche, quand dans sa chambre il a mené Hélène.*
105 *À cause d'elle, ô Troie, l'Arès grec* [c], *vif de ses mille vaisseaux, s'est emparé de toi, livrée à la lance et aux flammes ennemies,*
il a pris mon époux Hector – ah, comme je suis malheureuse!
Et le fils de Thétis la marine, avec son char, l'a traîné autour des remparts [4].
Quant à moi, on m'a fait sortir de ma chambre et conduite sur le sable de la grève,
110 *la tête ceinte d'une odieuse servitude.*
Des larmes abondantes coulaient sur ma peau, quand je quittais
ma ville et ma chambre et mon mari dans la poussière.
Hélas! Comme je suis malheureuse! Pourquoi devrais-je voir encore la lumière,
moi, l'esclave d'Hermione? Elle m'accable,
115 *et je suis venue en suppliante vers cette statue de la déesse, je l'enserre de mes bras,*
et, telle une eau de source jaillissant des rochers, je m'épuise à pleurer.

Parodos

Entre le chœur, formé de femmes de Phthie.

Le chœur

Strophe 1

Ô femme, toi qui dans le domaine et le sanctuaire de Thétis es assise,

---

a. Début d'un solo en distiques élégiaques, qui constitue une véritable originalité de la pièce, puisque ce type de vers n'est pas attesté dans les autres tragédies conservées : la nouveauté du procédé a sans doute été perçue par l'auteur du second *Argument* (cf. *supra*, p. 55) qui y fait allusion. Pendant plus d'une dizaine de vers, Andromaque chante, seule, sa douleur, et y trouve une amère douceur (cf. v. 95).
b. Synonyme de Troie.
c. Arès, dieu de la guerre, symbolise ici l'armée.

et de longtemps ne le quittes pas,
je suis de Phthie, et pourtant je suis venue vers toi qui es née en Asie :
120 *je viens voir si je peux*
trouver un remède[5] aux maux inextricables
qui, avec Hermione, te tiennent enfermée, malheureuse, dans une odieuse querelle
autour d'un lit
partagé ; car elle possède, en commun avec toi,
125 *un homme, le fils d'Achille.*

Antistrophe 1

Connais ton sort, réfléchis au malheur dans lequel aujourd'hui tu te trouves.
Contre des maîtres tu veux lutter,
toi, la fille d'Ilion, contre des gens nés à Lacédémone[a] ?
Quitte la demeure de la déesse marine,
130 *où les sacrifices abondent. À quoi bon*
inonder ton corps de larmes, au point de le défigurer,
dans l'effroi que t'inspirent les violences de tes maîtres ?
La force te rejoindra[6]. Pourquoi souffrir
cette souffrance, quand tu n'es rien ?

Strophe 2

135 *Va ! Quitte l'éclatante demeure de la déesse fille de Nérée*
Comprends que tu es venue d'une terre étrangère,
que tu es esclave dans une cité ennemie
où tu n'aperçois aucun de tes amis,
ô épouse la plus infortunée,
140 *ton malheur est complet !*

Antistrophe 2

J'ai ressenti une très vive pitié, femme d'Ilion, à te voir arriver au palais
de mes maîtres. Mais la peur
me fait rester tranquille
(pourtant j'éprouve de la pitié pour toi) :
145 *je crains que l'enfant née de la fille de Zeus[b]*
ne me sache bien disposée envers toi.

---

a. Autre nom de Sparte.
b. Il s'agit d'Hermione, fille d'Hélène, elle-même fille de Zeus.

Premier épisode

Entrée d'Hermione qui s'adresse d'abord au chœur.

Hermione

La fastueuse parure d'or autour de ma tête[7],
l'étoffe des vêtements chamarrés autour de mon corps
ne sont pas les prémices prélevées sur les maisons
150 d'Achille ou de Pélée que j'apporte ici avec moi.
Ils viennent de Laconie[a], de la terre de Sparte,
c'est Ménélas mon père qui me les donne
avec une dot immense ; aussi puis-je parler librement.
En ce qui vous concerne, voilà donc ma réplique[8].

S'adressant à Andromaque.

155 Toi qui n'es qu'une esclave, une femme conquise à la guerre,
tu prétends nous jeter dehors et prendre possession de ce
palais ; tes drogues me rendent odieuse à mon mari,
et à cause de toi mon ventre dépérit et ne s'arrondit pas[b].
Il est habile en ces matières l'esprit des femmes du conti-
160 nent[c] ! Mais je vais t'en empêcher,
et la demeure, ici, de la Néréide ne te servira de rien,
pas plus que son autel ni son temple : et non ; tu vas mourir.
Un mortel ou un dieu veut-il te sauver ?
Il faut d'abord que tu dises adieu à ces pensées liées à ton
opulence passée,
165 que tu te blottisses humblement, que tu te jettes à mes
genoux,
que tu balayes ma demeure, qu'en puisant dans un vase
en or martelé

---

a. Région de Sparte.
b. Notre traduction essaie de rendre l'image contenue dans l'adjectif *akumôn* qui appartient à une famille de mots exprimant le gonflement, le renflement. Dire qu'Andromaque rend Hermione « stérile » est du reste sans doute forcé : elle l'empêche d'avoir des enfants (cf. *supra*, 33), c'est-à-dire de mener une grossesse à son terme.
c. Pour les Grecs, l'expression « continent » désigne l'Asie.

tu asperges le sol de ta main avec la rosée de l'Achéloos[a],
que tu comprennes enfin en quel lieu tu te trouves. Il n'y a pas d'Hector ici,
ni de Priam, ni d'or : c'est une cité grecque.
170 Quel est ton degré d'inconscience, malheureuse,
pour oser coucher avec le fils de l'homme qui a tué ton mari,
et avoir des enfants avec son meurtrier.
C'est bien là toute la race barbare !
Un père s'unit à sa fille, un fils à sa mère,
175 une fille à son frère ; les parents les plus proches vont de meurtre
en meurtre, et la loi n'empêche aucun de ces crimes.
Point de ces mœurs chez nous ! Non ! Il n'est pas bien
qu'un seul homme tienne les rênes de deux femmes[b] ;
tournant ses yeux vers une seule couche, un seul amour[c],
180 il s'en contente, celui qui ne veut pas de désordre dans sa maison.

Le coryphée

La jalousie habite l'esprit des femmes[9],
mais les plus hargneuses sont toujours celles qui se partagent le même homme.

Andromaque

Hélas ! Hélas !
La jeunesse pour les mortels est vraiment un fléau[10],
185 et avec la jeunesse, l'injustice humaine !
Pour moi, je crains que ma condition d'esclave
ne me prive de paroles, quand j'ai tant de justes raisons.
Et si inversement je l'emporte, j'ai bien peur d'en payer le prix ;
car ceux qui respirent l'orgueil supportent avec amertume

---

a. Fleuve de la Grèce du Nord-Ouest qui sépare l'Étolie de l'Acarnanie, mais le mot sert de manière poétique à exprimer l'eau courante.
b. Métaphore de l'attelage qui se retrouve, en plus développé, lors de l'évocation du jugement de Pâris : cf. *infra*, 277 *sq.*
c. Notre traduction dédouble une formule beaucoup plus ramassée et audacieuse qui associe le nom de la divinité de l'amour, Cypris, mentionnée du reste au v. 223, et un adjectif évoquant une couche.

190 que les propos les plus forts émanent de plus faibles qu'eux.
Pourtant, on ne me surprendra pas à me trahir moi-même.
Dis-moi, jeune femme, sur quelle garantie
m'appuierais-je pour te priver d'un mariage légitime ?
La cité de Sparte ne vaut-elle pas celle des Phrygiens,
195 † leur sort est-il meilleur †[11], et me vois-tu libre ?
Ou bien la jeunesse et la vitalité débordante de mon corps,
la grandeur de ma cité et mes amis m'ont-ils à ce point grisée
que je veuille occuper cette demeure, la tienne, à ta place ?
Ou est-ce pour enfanter moi-même des enfants à ta place,
200 des esclaves, malheureuse remorque à mon malheur[12] ?
Supportera-t-on que mes fils
deviennent rois de Phthie, si toi tu n'en as pas ?
Sans doute les Grecs m'aiment-ils, surtout en souvenir d'Hector !
Moi-même, étais-je obscure, et non pas reine des Phrygiens ?
205 Si ton mari te hait, mes drogues n'y sont pour rien,
c'est que tu n'es pas faite pour la vie en commun.
Le seul philtre, le voici : ce n'est pas notre beauté, femme,
mais nos vertus qui charment nos compagnons de lit.
Or toi, dès qu'on te lance quelque banderille, tu magnifies
210 la cité laconienne, mais à Skyros[a], tu n'accordes nulle place !
Tu es riche chez des gens qui ne le sont pas, et pour toi Ménélas
est plus grand qu'Achille : voilà ce que déteste ton mari.
Car une femme, fût-elle mariée à un époux sans grandeur,
doit s'en contenter, et non rivaliser avec lui d'arrogance.
215 Si ton époux était roi de Thrace, ce pays ruisselant de
neige où un seul homme, à tour de rôle,
partage sa couche avec beaucoup de femmes,

---

a. Cf. note a, p. 58.

est-ce que tu les aurais tuées ? Alors la preuve serait faite que tu attribues
à toutes les femmes l'amour irrépressible du lit.
220 Quelle honte ! Car si nous souffrons de ce mal plus que les hommes, du moins le cachons-nous avec noblesse [13].
Hector, mon bien-aimé, moi, pour te plaire,
j'allais jusqu'à m'associer à tes amours, si Cypris te faisait trébucher,
et il m'est souvent arrivé d'offrir mon sein à tes bâtards,
225 pour ne faire naître en toi aucune amertume.
En agissant de la sorte, par ma vertu, je me suis attaché mon mari. Toi au contraire, tu ne permets même pas
qu'une goutte de rosée céleste s'approche de ton mari, tellement tu as peur.
Ne cherche pas, femme, à dépasser ta mère dans son goût
230 pour les hommes. Quand les mères sont mauvaises,
il faut que leurs enfants, pour autant qu'ils sont sensés, fuient leurs manières.

Le coryphée

Maîtresse, dans la mesure où c'est à ta portée, laisse-toi convaincre, et accepte au moins de parler avec cette femme.

Hermione

Pourquoi ces grands mots et cette joute verbale,
235 comme si toi tu étais chaste et moi non [a] ?

Andromaque

Non, tu ne l'es pas, à en croire du moins les propos que tu tiens maintenant.

Hermione

Puisse ton état d'esprit ne pas s'installer en moi.

Andromaque

Tu es jeune, et tu parles de choses inconvenantes.

---

a. En grec, l'opposition est plus fortement marquée, par la reprise de l'adjectif *sôphrôn*.

HERMIONE

Sans doute tu n'en dis pas, toi, mais tu m'en fais autant que tu peux.

ANDROMAQUE

240 Encore une fois, ne peux-tu pas taire tes chagrins d'amour ?

HERMIONE

Et pourquoi ? L'amour, n'est-ce pas là partout l'essentiel pour les femmes ?

ANDROMAQUE

Si,
pourvu qu'elles en fassent bon usage. Sinon, ce n'est pas beau.

HERMIONE

La cité que nous habitons n'obéit pas aux lois des Barbares.

ANDROMAQUE

Ici comme là-bas, les actes honteux sont source de honte.

HERMIONE

245 Bel esprit que le tien, bel esprit vraiment[14] ! Pourtant, il te faut mourir.

ANDROMAQUE

Vois-tu la statue de Thétis qui te regarde ?

HERMIONE

À coup sûr, elle hait ta patrie pour le meurtre d'Achille.

ANDROMAQUE

C'est Hélène qui l'a perdu, ce n'est pas moi, mais bien ta mère.

HERMIONE

Vas-tu continuer encore à toucher mes blessures ?

ANDROMAQUE

250 Soit, je me tais ; mes lèvres sont closes.

HERMIONE

Réponds à la question qui m'a fait venir ici.

Andromaque

Je dis que tu n'as pas autant de raison qu'il le faut.

Hermione

Vas-tu quitter cet enclos sacré de la déesse marine ?

Andromaque

Si je ne dois pas mourir. Sinon, je ne le quitterai jamais.

Hermione

255 Ton sort est scellé et je n'attendrai pas le retour de mon époux.

Andromaque

Eh bien, moi, avant son retour, je ne me livrerai pas à toi.

Hermione

De toi j'approcherai une flamme, et, sans égard pour ta vie...[15].

Andromaque

Allume donc l'incendie. Les dieux le sauront.

Hermione

Et ton corps souffrira des blessures cruelles.

Andromaque

260 Égorge, ensanglante l'autel de la déesse ; elle te poursuivra.

Hermione

Engeance barbare à l'audace farouche,
tu restes donc ferme devant la mort ? Eh bien moi, je vais te faire quitter ce lieu, de ton plein gré et vite.
Car je dispose pour t'attirer d'un appât efficace. Mais je n'en dirai
265 pas plus : les faits bien vite d'eux-mêmes parleront.
Reste assise sur ton siège ; car du plomb fondu
aurait beau te maintenir de toutes parts[a], je saurai, moi, te faire lever

---

a. À l'image des statues de bronze dont le bas est fixé par des goujons scellés au plomb.

avant le retour du fils d'Achille, en qui tu mets ta confiance.

Elle rentre dans le palais.

ANDROMAQUE

Oui, j'ai confiance. Mais comme c'est étrange : contre les reptiles sauvages,
270 un dieu pour les mortels inventa des remèdes [a] ;
mais à ce qui est pire que la vipère [16] ou le feu – une femme mauvaise – personne encore n'a trouvé d'antidote.
C'est dire le fléau que nous sommes pour les hommes.

PREMIER STASIMON

LE CHŒUR

Strophe 1

Il a donné le branle à de grandes souffrances,
275 *quand il est venu au vallon de l'Ida [b],*
le fils de Maïa et de Zeus [c] :
il conduisait un char avec un bel attelage
de trois juments – des déesses [d] –
qu'armait une odieuse querelle de beauté ;
280 *il les menait vers les étables du bouvier,*
auprès du jeune pâtre aux mœurs solitaires [e],
dont la maison déserte abritait un foyer.

Antistrophe 1

Quand elles furent arrivées au vallon couronné d'arbres,
285 *elles baignèrent leur corps resplendissant*

---

a. Il s'agit d'Asclépios, dieu de la médecine.
b. Région montagneuse de Troade où habitait Pâris.
c. Le dieu Hermès, messager des Olympiens.
d. Image hardie : les trois déesses du jugement de Pâris – Aphrodite, Athéna et Héra – sont assimilées à des juments attelées à un char ; sur ce triple attelage de déesses, voir aussi *Troyennes*, 924.
e. Pâris, fils de Priam, roi de Troie, et d'Hécube, son épouse : funeste pour l'avenir de Troie selon les prophéties de Cassandre, elle aussi fille des souverains troyens (cf. 297-300), le nouveau-né avait été abandonné dans la montagne.

*dans les eaux des sources de la montagne ;
elles allèrent trouver le Priamide,
rivalisant d'outrance dans leurs propos malveillants ;
Cypris*[a] *l'emporta par ses paroles de ruse,*
290 *plaisir pour l'oreille,
mais ruine amère et mort pour la malheureuse
cité des Phrygiens et la citadelle de Troie.*

Strophe 2

*Si seulement sa mère l'avait jeté par-dessus tête,
ce funeste instrument du destin,*
295 *avant qu'il vienne habiter le rocher de l'Ida,
lorsque, près du laurier fatidique*[b]*,
Cassandre avait réclamé sa mort à grands cris,
car il serait un immense désastre pour la cité de Priam.
Qui n'est-elle allée voir, qui, parmi les Anciens du peuple,*
300 *n'a-t-elle pas supplié de tuer le nouveau-né ?*

Antistrophe 2

*Le joug de l'esclavage ne serait pas tombé
sur les filles de Troie, et toi, femme,
tu continuerais d'habiter la demeure des rois.
Elle aurait épargné à la Grèce de pénibles souffrances,*
305 *et les errances, dix années durant, de la jeunesse
en armes autour de Troie.
Jamais les lits n'auraient été laissés à l'abandon, désertés,
et les vieillards ne seraient pas orphelins de leurs enfants.*

Deuxième épisode

Entrée de Ménélas accompagné de gardes : il tient à la main l'enfant d'Andromaque.

Ménélas

Me voici. J'amène ton enfant, qu'à l'insu de ma fille
310 tu avais fait partir en cachette pour une autre maison.
Car tu te flattais d'être sauvée par cette idole de la déesse,

---

a. Autre nom d'Aphrodite.
b. Le laurier, consacré à Apollon, participait aux vertus prophétiques du dieu et de ses prêtres : Cassandre ici, la Pythie à Delphes.

et qu'il le serait, lui, par ceux qui le cachaient. Mais tu t'es
montrée moins avisée, femme, que moi, Ménélas.
Et si tu ne quittes pas ce lieu, si tu ne l'abandonnes pas,
315 c'est lui qui à ta place sera égorgé.
Penses-y donc : veux-tu mourir,
ou qu'il périsse pour expier ta faute,
faute commise envers ma fille et moi.

Andromaque

Ô célébrité, célébrité ! À des milliers de mortels
320 qui ne sont rien, tu offres une existence somptueuse[17], grandiose.
Ceux dont la gloire repose sur la vérité, je les estime
heureux. Mais ceux qui la tiennent du mensonge, je ne les
estime en rien : le hasard seul les fait passer pour sages.
C'est donc toi qui, commandant l'élite des Grecs,
325 arrachas jadis Troie à Priam : médiocre comme tu l'es !
Toi qui, te fondant sur les propos de ta fille, presque une enfant,
as soufflé une telle tempête, et, contre une femme
malheureuse, une esclave, as entamé la lutte ! Non vraiment,
tu ne méritais pas Troie, Troie méritait mieux que toi[18].
330 Vus de l'extérieur, ceux qui paraissent doués de sens
ont de l'éclat ; mais vus de l'intérieur, ils n'ont rien de plus que les autres,
sauf peut-être la richesse. Et son pouvoir est grand.
Ménélas, allons, raisonnons jusqu'au bout.
Me voici morte : c'est ta fille, c'est elle qui m'a tuée.
335 À la souillure de ce meurtre elle ne saurait plus échapper.
Et toi aussi, devant les gens, tu répondras
de ce crime. Ta complicité t'y contraindra.
Mais admettons que j'échappe à la mort,
alors c'est mon enfant que vous tuerez ? Et ensuite ?
Comment croire
340 que son père prendra à la légère la mort de son fils ?
D'une pareille lâcheté Troie ne lui fait pas réputation.
Il ira où il doit, et on le verra agir
d'une manière digne de Pélée et de son père, Achille,

et il chassera ta fille du palais. Et toi, quand tu la donneras
345 à un autre, que lui diras-tu ? Que sa pudeur
lui fait fuir un mauvais époux ? Nul ne te croira.
Et qui l'épousera ? À moins que tu ne la gardes chez toi sans mari,
pour en faire une veuve aux cheveux blanchissants ? Malheureux,
ne vois-tu pas tous les maux qui affluent vers toi ?
350 Combien d'outrages faits au lit de ta fille
voudrais-tu découvrir, plutôt que de subir ce que je dis ?
Il ne faut pas, pour des riens, de grands maux préparer,
et si nous, les femmes, sommes un funeste fléau [19],
que les hommes se gardent d'imiter la nature féminine.
355 Pour moi, si je donne à ta fille des drogues,
si je fais avorter son ventre, comme elle le prétend,
alors, de plein gré et sans réserve, sans plus me jeter
au pied des autels, je me soumettrai de moi-même au jugement,
en présence de ton gendre : car je ne lui dois pas moins
360 réparation qu'à toi, si je le prive de descendance.
Voilà comment je suis. Mais dans ton caractère,
il y a une chose que je redoute : pour une querelle de femme
tu as déjà fait périr la malheureuse cité des Phrygiens.

Le coryphée

Tu as trop parlé pour une femme s'adressant à un mâle,
365 et, comme des traits hors d'un carquois, toute retenue a fui ton esprit [20].

Ménélas

Femme, l'enjeu est mince, dis-tu, et indigne
de ma royauté et de la Grèce.
Mais sache-le bien : le besoin du moment
est pour chacun de nous plus important que la prise de Troie.
370 Et moi, de ma fille je me constitue l'allié, car je juge grave
qu'elle soit privée de sa couche.
Oui ; tout ce qu'une femme peut souffrir par ailleurs est secondaire ;
mais quand elle perd un mari, c'est sa vie qu'elle perd.

Lui, il doit avoir autorité sur mes esclaves,
375 et mes proches et moi-même devons l'avoir sur les siens.
Car, entre amis, il n'y a rien qui soit propre ;
pour les vrais amis, tous les biens sont communs.
Si j'attends les absents, si je ne règle pas au mieux
mes affaires, je suis lâche et maladroit.
380 Allons, lève-toi, quitte ce sanctuaire de la déesse ;
Si toi tu meurs, cet enfant échappe à la mort ;
mais si tu ne veux pas mourir, c'est lui que je tuerai.
L'un de vous deux doit perdre la vie[a].

ANDROMAQUE

Hélas ! Qu'il est amer le tirage au sort, le choix[21]
385 de vie que tu m'imposes ! Si le sort me désigne, je suis
misérable, et infortunée, s'il ne me désigne pas.
Ô toi qui remues ciel et terre pour des riens,
écoute-moi ! Pourquoi me tuer ? Qu'ai-je fait ? Quelle cité
ai-je trahie ? Lequel de tes enfants ai-je tué, moi ?
390 Quelle maison ai-je incendiée ? J'ai partagé de force
la couche de mon maître. Et ensuite, c'est moi que tu vas tuer, ce n'est pas lui,
la cause de tout : tu négliges le point de départ,
et tu te portes vers ce qui a suivi, au point d'aboutissement !
Hélas sur mes malheurs ! Ô ma patrie infortunée,
395 quels maux je souffre ! Pourquoi me fallait-il de surcroît avoir un enfant,
et ajouter une peine à ma peine au point de la doubler ?
Mais à quoi bon me lamenter, pourquoi ne pas supporter l'œil sec
ce qui m'arrive aujourd'hui, sans décompter mes maux[22] ?
Moi qui ai vu l'égorgement d'Hector traîné aux roues d'un char[23],
400 et Troie périr en flammes, spectacle pitoyable ;

---

a. Le chantage de Ménélas, déjà odieux en lui-même, est de surcroît trompeur, puisque le roi est en fait décidé à tuer la mère et l'enfant. La longue argumentation que va développer Andromaque est d'autant plus pathétique qu'elle est vouée à l'échec au-delà de ses craintes les plus grandes.

moi qui suis montée esclave à bord des vaisseaux argiens,
tirée par les cheveux ; à mon arrivée à Phthie,
je suis livrée à la couche du meurtrier d'Hector[a].
Quel plaisir ai-je donc à vivre ? Où dois-je tourner les yeux ?
405 Vers mes malheurs présents ou mes malheurs passés ?
Il me restait un fils, lui, la lumière[b] de ma vie[24].
Et c'est lui qu'on s'apprête à tuer : c'est résolu !
Ce ne sera pas du moins pour ma misérable vie.
Car en lui l'espoir réside, s'il peut en réchapper ;
410 à moi la honte, si je ne meurs pas pour mon enfant.

Elle quitte l'autel.

Vois, je quitte l'autel. Me voici entre tes mains :
tu peux m'égorger, me tuer, me ligoter, me pendre par le cou[25].

Puis s'adresse à son enfant.

Ô mon enfant, moi qui t'ai mis au monde pour t'épargner la mort,
je descends dans l'Hadès ; si tu échappes à ce destin,
415 souviens-toi de ta mère, de ce que j'ai souffert avant de périr ;
et à ton père, au milieu des baisers,
en versant des larmes et en le serrant dans tes bras,
dis tout ce que j'ai fait. Pour tous les humains, les enfants,
c'est la vie ; celui qui, sans en avoir l'expérience, les dénigre,
420 souffre moins sans doute, mais son bonheur n'est qu'infortune.

LE CORYPHÉE

J'ai pitié à l'entendre. Car les malheurs font pitié
à tous les mortels, même s'il s'agit d'un étranger.
Tu aurais dû conduire à s'entendre ta fille
et cette femme, Ménélas, afin de mettre fin à ses épreuves.

MÉNÉLAS

425 Saisissez-moi cette femme, entravez-lui les bras,

---

a. Andromaque force le trait pour montrer sa misère : ce n'est pas au meurtrier d'Hector, Achille, qu'elle a été unie, mais à son fils Néoptolème.

b. Littéralement « l'œil » ; mais l'œil dans les théories optiques des Grecs émet de la lumière.

serviteurs ; car les mots qu'elle va entendre ne sont pas d'un ami.

C'est moi[26] : pour te faire quitter, sans le souiller, l'autel de la déesse,

j'ai brandi en avant[27] la mort de ton enfant ; et, par cette ruse,

je t'ai fait tomber entre mes mains pour y être égorgée.

430 En ce qui te concerne, voilà ce qu'il en est, sache-le ;

pour ce qui est de ton enfant, c'est ma fille qui tranchera,

qu'elle veuille le tuer ou non.

Allons, rentre au palais : tu apprendras ainsi,

toi, l'esclave, à ne jamais outrager des gens libres.

ANDROMAQUE

435 Hélas ! Tu m'as circonvenue par ta ruse, j'ai été trompée.

MÉNÉLAS

Proclame-le à la terre entière ; je n'en disconviens pas.

ANDROMAQUE

Est-ce bien là la sagesse pour vous, riverains de l'Eurotas[a] ?

MÉNÉLAS

Sûrement aussi pour ceux de Troie : ce qu'on a souffert, on le fait souffrir en retour[28].

ANDROMAQUE

Selon toi, les dieux ne sont pas des dieux et n'ont pas de justice ?

MÉNÉLAS

440 Quand le moment sera venu, alors je l'assumerai. Mais toi, je vais te tuer.

ANDROMAQUE

Cet oisillon[29] aussi, en l'arrachant de dessous mes ailes ?

MÉNÉLAS

Sûrement pas. Mais à ma fille je le donnerai : elle le tuera, si elle le veut.

---

a. Sparte est au bord du fleuve Eurotas.

Andromaque

Hélas ! Comment donc ne pas pleurer sur toi, mon enfant ?

Ménélas

L'avenir qui l'attend n'inspire certes pas confiance.

Andromaque

445 Ô vous, à tout le genre humain les plus odieux des mortels [30],
habitants de Sparte, conseillers de ruses,
princes du mensonge, trameurs d'intrigues et de misères,
vous dont les pensées sont retorses [31], toujours malsaines, en tout point tortueuses,
votre bonheur en Grèce offense la justice.
450 Que ne trouve-t-on pas chez vous ? Les meurtres n'y sont-ils pas les plus nombreux ?
N'êtes-vous pas avides de gains honteux [32], et ne vous surprend-on pas sans cesse
à dire une chose avec vos lèvres et à penser le contraire [33] ?
Puissiez-vous mourir ! Pour moi, la mort n'est pas si lourde
que tu l'as décidé ; non, voici ce qui m'a tuée :
455 c'est le jour où ont disparu la malheureuse cité des Phrygiens
et mon époux, ce héros, qui de sa lance, souvent,
t'a fait quitter la terre ferme et transformé en lâche matelot [34] !
Et maintenant, contre une femme tu te donnes des airs de guerrier farouche [a] !
Tu veux me tuer ! Tue-moi ! Non, aucune flatterie
460 ne sortira de ma bouche pour toi ou pour ta fille.
Si tu fus grand à Sparte,
nous, nous l'étions à Troie ; et si je suis dans le malheur,

---

a. Notre traduction escamote l'image : l'adjectif *gorgos* évoque en fait la Gorgone, sorte de démon femelle au regard terrifiant et pétrifiant ; ce qualificatif fait donc de Ménélas une sorte de Matamore roulant des yeux terribles… face à une femme. Mais la tournure renvoie aussi peut-être à la figure de Gorgone (le *gorgonéion*) qui orne si souvent les boucliers des hoplites.

n'en tire aucun orgueil ; car tu pourrais à ton tour y tomber.

Ménélas et ses gardes rentrent au palais, emmenant avec eux Andromaque et son fils.

Deuxième stasimon

Le chœur

Strophe 1

465 *Jamais chez les mortels je n'approuverai les amours doubles,*
ni les enfants de mères différentes :
   ce sont querelles domestiques et chagrins nés d'un esprit malveillant.
   Je veux que, dans le mariage, le mari se contente d'une seule femme,
470 *sans la partager avec un autre*[35]*.*

Antistrophe 1

Non ! Dans les cités non plus, deux rois à supporter[a]
ne valent pas mieux qu'un seul,
475 *c'est peine ajoutée à une peine, c'est la guerre civile.*
Quand deux artistes font naître un hymne ensemble,
les Muses aiment entre eux susciter la querelle.

Strophe 2

Et quand des vents rapides emportent les marins,
480 *la présence au gouvernail d'un avis double et réfléchi,*
ou d'une foule serrée d'experts, a moins de pouvoir
qu'un esprit plus médiocre régnant en maître.
Ainsi l'avantage revient-il à l'homme seul, dans les maisons
485 *comme dans les cités, quand on veut trouver la bonne décision*[b]*.*

Antistrophe 2

Elle l'a montré, la Laconienne, fille du chef d'armée,
Ménélas : car elle a pris feu et flamme contre l'autre couche,
et veut tuer la malheureuse fille d'Ilion
490 *et son enfant, au nom d'une funeste querelle.*

---

a. Allusion probable à la double royauté en vigueur chez les Spartiates.
b. Pour le sens de *kairos,* lié à *krinò,* cf. M. Trédé, *Kairos,* Paris, Klincksieck, 1992, p. 35-46.

Meurtre contraire aux dieux, à la loi, aux bons sentiments[a].
Un jour, maîtresse, viendra sur toi un revers de fortune
pour payer de tels actes.

Troisième épisode

Ménélas revient sur scène avec des serviteurs : il ramène Andromaque et son fils.

Le coryphée

Mais voici que j'aperçois devant le palais
495 ce couple étroitement mêlé, qu'un arrêt
a condamné à mort.
Malheureuse femme, et toi, pauvre enfant
qui de ta mort payes le lit maternel,
sans avoir participé à rien,
500 ni t'être montré coupable envers nos rois.

Andromaque[b]

Strophe

Me voici : les mains ensanglantées
entravées par des liens,
on me mène sous terre.

L'enfant[36]

Mère, mère, moi sous ton aile
505 *je descends avec toi.*

---

a. Trois adjectifs, dotés du même préfixe privatif, soulignent avec force le caractère monstrueux du projet meurtrier d'Hermione ; au demeurant ce procédé stylistique est courant chez Euripide.
b. Début d'un long dialogue entre la mère et l'enfant, qui a une double fonction : une fonction esthétique d'abord, car ces deux êtres faibles et innocents sont promis à une exécution imminente, ce qui ne les empêche pas de passer de la certitude de mourir à un ultime espoir de salut, mélange de sentiments où se révèle la profonde humanité du poète ; une fonction dramaturgique ensuite, car ce dialogue laisse à Pélée, qu'une servante d'Andromaque est allée prévenir du danger qui la guette (90), le temps d'arriver.

Andromaque

*Sacrifice funeste, ô maîtres
de la terre de Phthie !*

L'enfant

*Ô mon père,
viens sauver ceux que tu aimes !*

Andromaque

510 *Tu reposeras donc, enfant chéri,
près du sein de ta mère,
mort, sous la terre, auprès d'une morte.*

L'enfant

*Hélas sur moi, que vais-je subir ? En vérité,
malheureux nous le sommes, toi et moi, mère.*

Ménélas

515 *Allez sous terre ! Vous venez d'une citadelle
ennemie, et une double nécessité vous conduit tous les deux
à la mort. Toi, c'est ma sentence
qui te fait périr, et ton enfant, c'est mon enfant,
Hermione. Oui, c'est une grande folie*
520 *de laisser vivre des ennemis fils d'ennemis[37],
quand on peut les tuer
et extirper la peur du palais.*

Andromaque

Antistrophe

*Ô mon époux, mon époux, si seulement
j'avais ton bras et ta lance*
525 *pour alliés, fils de Priam !*

L'enfant

*Malheureux, quels accents puis-je trouver
pour détourner la mort ?*

Andromaque

*Supplie, touche les genoux
de ton maître, mon enfant.*
L'enfant se jette aux pieds de Ménélas.

L'enfant

530 *Ô mon ami,
mon ami, épargne-moi la mort !*

Andromaque

Des larmes s'écoulent de mes prunelles,
je ruisselle, comme d'un rocher poli
une source s'écoule à l'abri du soleil, malheureuse !

L'enfant

535 *Hélas sur moi, quel remède*
trouver à ces maux ?

Ménélas

À quoi bon te jeter à mes pieds ? C'est comme si, avec tes
prières, tu suppliais la roche marine, ou bien les flots.
Car c'est aux miens que va mon aide,
540 *et toi, je n'ai rien qui m'incite à t'aimer*[a]*, puisque*
j'ai dépensé une grande part de ma vie
à m'emparer de Troie et de ta mère.
Tu lui dois
de bientôt descendre dans l'Hadès souterrain.

Arrivée de Pélée appuyé sur un esclave : il tient son sceptre à la main.

Le coryphée

545 *Mais voici que j'aperçois Pélée qui approche*[b] *:*
de son pas de vieillard, en hâte, il se dirige vers nous.

Pélée

Aux gardes et à Ménélas.

C'est vous que j'interroge, et toi, l'ordonnateur de cet égorgement,
qu'est-ce que cela signifie ? Que se passe-t-il ? D'où vient le mal
dont souffre le palais ? Que faites-vous ? Que tramez-vous sans jugement ?

À Ménélas qui s'apprête à égorger l'enfant.

550 Ménélas, arrête ! Ne te hâte pas d'agir au mépris de la justice.

---

a. Littéralement : « Pour toi, je n'ai aucun philtre » ; c'est le même terme qu'employait Andromaque au v. 207, quand elle expliquait à Hermione qu'un caractère avenant constituait un « philtre », c'est-à-dire poussait à l'amour, bien plus que la beauté.
b. L'arrivée opportune de Pélée constitue un premier coup de théâtre qui provoque un revirement complet de l'action : le salut d'Andromaque au lieu de sa mort annoncée.

À son esclave.

Toi, conduis-moi plus vite ! Car, je le vois,
il ne s'agit pas ici de perdre du temps, mais de recouvrer,
maintenant ou jamais, la force de ma jeunesse.

Parlant d'Andromaque puis s'adressant à elle.

Pour commencer donc, comme sur des voiles,
555 je vais souffler sur elle un vent favorable[38] ; dis-moi[a], de quel droit
ces gens-là t'ont-ils ainsi lié les mains et t'emmènent-ils
avec ton enfant ? Telle une brebis allaitant son agneau, tu vas périr,
en mon absence, en l'absence de ton maître.

Andromaque

Ces gens-là, vieillard, avec mon enfant m'emmènent
560 vers la mort, tu le vois. Que te dire ?
Car j'ai cherché ardemment à te joindre, en t'envoyant
non un unique appel, mais mille messagers.
Tu sais la querelle domestique – tu as dû en entendre parler –
que mène la fille de cet homme, et pourquoi je péris.
565 Et maintenant, réfugiée à l'autel de Thétis qui a enfanté
ton noble fils et que tu vénères plus que tout,
ils m'en ont arrachée et m'emmènent, sans jugement
ni procès, sans attendre ceux qui sont loin du palais :
ils connaissent l'abandon où je suis,
570 avec cet enfant qui n'est en rien coupable,
et qu'ils s'apprêtent à tuer avec moi, malheureuse.

Elle se jette aux genoux de Pélée.

Mais je t'en supplie, vieillard, en tombant
à tes genoux – car de ma main je ne puis
toucher ton menton chéri[39] –
575 sauve-moi au nom des dieux ; sinon, nous mourrons,
et ce sera une honte pour toi, et pour moi un malheur, vieillard.

Pélée (*aux gardes*)

Relâchez ces liens, je l'ordonne, avant qu'il y ait des pleurs,

---

a. Pélée s'adresse enfin à Andromaque.

et de cette femme libérez les mains l'une à l'autre attachées.

Ménélas

Non, moi je m'y oppose ; je vaux autant que toi,
580 et, sur cette femme, j'ai beaucoup plus de droits.

Pélée

Comment ? Es-tu venu ici diriger ma maison ?
Ne te suffit-il pas de commander à Sparte ?

Ménélas

C'est moi qui l'ai prise à Troie comme captive de guerre.

Pélée

Mais le fils de mon fils en tout cas l'a reçue pour prix de son courage.

Ménélas

585 Mes biens ne sont-ils pas à lui, et les siens à moi [40] ?

Pélée

Oui,
pour les traiter convenablement ; non, pour les maltraiter ou les tuer en usant de violence.

Ménélas

Non ! Jamais tu n'arracheras cette femme de mes mains.

Pélée (*brandissant son sceptre*)

Avec ce sceptre, je vais te mettre la tête en sang [41].

Ménélas

Touche-moi, pour voir, viens, approche.

Pélée

590 Un homme, toi, ô le plus lâche de tous et fils de lâches !
En quel lieu te prend-on pour un homme ?
Toi, dont un Phrygien a enlevé la femme
– tu avais laissé sans verrou, sans esclave, les chambres de ton foyer –
comme si à la maison ta femme était sage,
595 elle, la pire de toutes ! D'ailleurs, le voudrait-elle,
une fille de Sparte ne saurait être pudique ;

Elles désertent leur maison en compagnie des jeunes gens
pour aller, cuisses nues et péplos ouvert[a],
fréquenter avec eux stades et palestres,
600 mœurs intolérables à mes yeux ! Et il faut ensuite s'étonner
si vos femmes ne sont pas formées à la pudeur[42] ?
C'est à Hélène qu'il faudrait poser la question, elle qui a quitté ta maison,
abandonné le dieu garant de votre amour, et s'en est allée faire la fête
avec un jouvenceau en terre étrangère.
605 Et après cela, c'est pour elle que tu as rassemblé une troupe de Grecs
si nombreuse, et que tu l'as menée contre Troie ?
Tu aurais dû rejeter ta femme avec mépris sans bouger ta lance,
une fois son vice découvert, et la laisser là où elle était,
quitte à payer pour ne jamais la reprendre chez toi !
610 Mais ta pensée n'a pas suivi ce bon vent,
et tu as perdu des foules de braves vies ; à cause de toi,
des vieilles dans leur maison ont été privées de leur enfant,
à des pères blanchissants tu as arraché leurs nobles fils.
Et moi, malheureux, je suis l'un d'eux : en toi je vois,
615 tel un génie malfaisant, le meurtrier d'Achille.
Toi qui seul es rentré de Troie sans même une blessure[43],
et tes armes superbes dans leurs beaux étuis
tu les as rapportées ici, telles que tu les avais emportées là-bas.
Et moi je lui disais, au futur mari, de ne pas conclure
620 d'alliance avec toi, et de ne pas accueillir dans sa maison
une pouliche issue d'une mère dévoyée[44] ; car elles apportent
avec elles les hontes maternelles. Veillez aussi à cela,
prétendants : prenez la fille d'une mère honnête.

---

a. Le péplos, agrafé sur les épaules et ouvert sur un côté, était souvent fermé à la taille : cet habillement dorien contrastait avec les robes cousues portées entre autres par les Athéniennes.

625 Pire encore : l'outrage que tu as infligé à ton frère,
quand tu lui as fait égorger sa fille, ce qui était le comble de la sottise !
Tu craignais tant de ne pas retrouver ta mauvaise femme ?
Et après la prise de Troie – car je te suivrai jusque-là –
tu n'as pas tué cette femme quand elle tomba entre tes mains ;
au contraire, à la vue de son sein, tu as jeté ton épée au loin [45],
630 et reçu son baiser, en te frottant contre cette chienne traîtresse [46] :
tu étais vaincu par Cypris, ô toi lâche entre les lâches !
Et ensuite, à peine arrivé à la maison de mon fils,
tu la dévastes en son absence, et tu mets à mort
indignement une malheureuse femme et son enfant :
635 il te fera pleurer, toi et ta fille dans le palais,
serait-il même trois fois bâtard ! Souvent une terre sèche
surclasse une terre épaisse par son ensemencement,
et nombre de bâtards valent mieux que les fils légitimes.
Allons ! Emmène ta fille. Pour les mortels, il est plus glorieux d'avoir
640 pour beau-père et ami un homme pauvre et honnête
qu'un homme riche et méchant. Et toi, tu n'es rien.

LE CORYPHÉE

Petite cause, grande querelle : voilà ce que les mots
produisent chez les humains ; mais les mortels, s'ils sont sages,
évitent de se disputer avec leurs amis.

MÉNÉLAS

645 Comment prétendre encore que les vieillards sont sages,
et ceux qui jadis, aux yeux des Grecs, paraissaient doués de sens ?
Quand toi, Pélée, né d'un père illustre [a],
et mon parent par alliance, tu tiens des propos qui sont pour toi déshonorants

---

a. Pélée est né d'Éaque, lui-même fils de Zeus.

et pour moi un affront, à cause d'une femme barbare,
650 la femme qui est ici, que tu aurais dû chasser au-delà des eaux du Nil,
au-delà du Phase[a] : dans tous les cas tu devais faire appel à moi ;
car elle est du continent où sont tombés
en hécatombe tant de morts de Grèce tombés sous la lance[b],
et elle a sa part dans le meurtre de ton fils.
655 Car Pâris, qui a tué ton fils Achille,
d'Hector était le frère, et elle était l'épouse d'Hector.
Et toi, tu entres sous le même toit qu'elle,
et tu acceptes de vivre en partageant sa table,
et tu la laisses avoir dans ta maison des enfants, nos pires ennemis !
660 Et quand moi, dans ton intérêt et dans le mien, vieillard,
je veux la tuer, on me l'arrache des mains !
Pourtant, voyons ! Car il n'y a pas de honte à aborder ce sujet :
si ma fille n'a pas d'enfant, mais que de cette femme
sortent des rejetons, c'est d'eux que tu feras les rois
665 de cette terre de Phthie, et des barbares de naissance commanderont à des Grecs ? Et ensuite, c'est moi qui perds le sens,
quand je hais l'injustice ; et la raison, c'est toi qui la possèdes !
[Examine encore ceci : si tu avais donné
ta fille à l'un des nôtres, et si pareil malheur lui arrivait,
670 resterais-tu immobile, sans rien dire ? Je ne le crois pas ; et c'est pour une étrangère
que tu pousses de tels cris à l'encontre de tes parents les plus proches ?
Pourtant, l'homme et la femme valent tout autant,
elle, quand elle est outragée par son mari ; et l'homme pareillement,

---

a. Fleuve de Colchide (l'actuelle Georgie), symbolisant comme le Nil la limite du monde connu.
b. Notre traduction essaie de rendre l'accumulation de mots de la famille de *piptô* (« tomber »).

quand il a chez lui une dévergondée.
675 Il dispose, lui, d'une grande force dans ses bras,
mais pour elle tout dépend de ses parents et de ses amis.
Ne suis-je pas en droit de secourir les miens [47] ?]
Toi, tu es vieux, bien vieux ! Quant à mon commandement militaire, parles-en :
tu me serviras plus qu'en le passant sous silence.
680 Hélène a souffert : ce n'était pas sa faute, mais le fait des dieux [48] ;
et elle a rendu à la Grèce le plus grand service [49] ;
car, jusque-là ignorants des armes et du combat,
les Grecs sont devenus des hommes ; l'exercice,
pour les mortels, est un maître universel.
685 Et quand je me suis trouvé en face de ma femme,
si je me suis retenu de tuer, j'ai agi sagement [50].
Toi d'ailleurs, j'aurais bien voulu que tu ne tues pas Phôcos [a].
Je t'ai pris à parti pour ton bien, et sans colère aucune.
Si tu réagis avec aigreur, c'est que la langue te démange
690 davantage [b] ; moi, je tire profit de ma prévoyance.

Le coryphée

Cessez maintenant – cela vaut beaucoup mieux –
ces propos inutiles : craignez d'y perdre tous les deux à la fois.

Pélée

Hélas ! Comme en Grèce la coutume est mauvaise !
Quand une armée dresse des trophées sur l'ennemi,
695 ce n'est pas à ceux qui peinent qu'on attribue l'ouvrage,
mais c'est le général qui récupère la gloire [51] :
il n'est qu'un parmi des milliers d'autres à brandir la lance,
il ne fait rien de plus que sa part, mais il a plus de renom.
Dans la ville, ils siègent avec majesté dans leurs charges [52],
700 et traitent le peuple de haut, mais ils ne sont rien ;

---

a. Demi-frère de Pélée et vainqueur à des jeux athlétiques ; ses frères (Pélée et Télamon), jaloux de son succès, le tuent d'un coup de disque.
b. Présence dans ce vers de deux mots rares relevant du vocabulaire médical.

les autres sont mille fois plus sages qu'eux ;
Ah ! S'ils avaient de surcroît audace et volonté réunies !
Ainsi, toi et ton frère, vous trônez tout enflés
par Troie et par le commandement que vous y avez exercé ;
705 mais ce sont les souffrances et les peines d'autrui qui vous ont hissés là.
Eh bien moi, je vais t'apprendre à ne pas considérer le Pâris de l'Ida
comme un ennemi plus redoutable pour toi que Pélée,
si tu ne disparais pas au plus vite, loin de cette maison,
avec ta fille sans enfant, que le garçon né de mon sang
710 chassera, en la traînant par les cheveux à travers ce palais[53] !
Elle, la génisse stérile, qui ne veut pas supporter
que d'autres enfantent, parce qu'elle-même n'a pas d'enfant !
Pourtant, si, pour son malheur, elle est privée de progéniture,
faut-il que nous soyons réduits à n'avoir pas d'enfant ?

Aux serviteurs de Ménélas.

715 Disparaissez, serviteurs, écartez-vous de cette femme ; que je voie
si l'on m'empêchera de lui délier les mains.

À Andromaque.

Relève-toi ; j'ai beau être tout tremblant, c'est moi
qui vais défaire les nœuds emmêlés de ces courroies.

À Ménélas.

C'est ainsi, misérable, que tu lui as abîmé les mains ?
720 Croyais-tu maintenir par des cordes un taureau ou un lion ?
Ou bien tu avais peur qu'elle ne prenne une épée pour se protéger contre toi ?

À l'enfant d'Andromaque.

Viens jusqu'ici, petit, à l'abri de mon bras,
aide-moi à détacher les liens de ta mère. Moi, je t'élèverai à Phthie,
et tu seras pour ces gens-là un ennemi redoutable. Qu'on ôte aux Spartiates

725 la gloire issue de la lance et la joute guerrière,
pour le reste, sachez-le, vous ne l'emporterez sur personne.

Le coryphée

Quelle engeance effrénée que les vieillards !
Se garder d'eux est difficile, tant ils ont de l'aigreur.

Ménélas

Tu es trop enclin à l'insulte, et te laisses emporter.
730 Pour moi, j'ai été contraint de venir à Phthie ;
je ne veux donc rien faire ni subir de fâcheux.
Et maintenant (car je n'ai pas de temps à perdre),
je rentre chez moi ; il y a, près de Sparte,
une cité, naguère notre amie, qui se conduit
735 aujourd'hui avec hostilité[a]. Je veux marcher
contre elle avec une armée, et la réduire à merci.
Mais, quand j'aurai là-bas réglé les choses à mon idée,
je reviendrai ; face à face avec mon gendre, ouvertement,
j'exposerai mes raisons, et il exposera les siennes.
740 S'il punit cette femme et se montre à l'avenir raisonnable
envers nous, il nous trouvera raisonnable en échange ;
mais s'il est en colère, il rencontrera ma colère.
Mes actes suivront ses actes : ce sera un échange.
Quant à tes discours, je n'en fais pas un drame ;
745 tel une ombre en face de moi, tu as une voix,
mais tu n'as pas de force : seule la parole te reste.

Sortie de Ménélas.

Pélée

Conduis-moi, mon enfant, tiens-toi ici sous mon bras,
et toi aussi, malheureuse ; après la furieuse tempête
que tu as rencontrée, te voici arrivée dans un port abrité.

Andromaque

750 Ô vieillard, que les dieux t'accordent le bonheur, à toi et aux tiens,

---

a. Allusion possible à une cité précise (Argos par exemple), mais, plus vraisemblablement, prétexte avancé par Ménélas pour quitter les lieux décemment.

car tu as sauvé mon fils, et moi, infortunée !
Mais prends garde : qu'ils n'aillent pas nous tendre une embuscade
sur un chemin désert et m'entraîner de force,
en nous voyant, toi un vieillard, et moi si faible
755 avec ce tout jeune enfant. Veilles-y :
échappés aujourd'hui, ne soyons pas repris demain.

Pélée

Ne viens pas faire entendre ici le langage pusillanime des femmes !
Va ; qui s'en prendra à vous ? Malheur à qui
vous touchera ! Grâce aux dieux, nous commandons en Phthie
760 une foule de cavaliers[a] et un grand nombre d'hoplites ;
je suis encore bien droit et non pas vieux, comme tu le crois,
et il me suffit d'un regard pour vaincre un homme de cette sorte,
et dresser un trophée à ses dépens, tout vieillard que je suis.
S'il a du cœur, un vieux a plus de force que bon nombre
765 de jeunes ; car à quoi bon, si l'on est lâche, avoir un corps robuste ?

Sortie de Pélée, soutenu par Andromaque et son fils.

Troisième stasimon[b]

Le chœur

Strophe

Ah ! Ne pas naître, ou être issu de nobles parents
et appartenir à d'opulentes maisons !

---

a. Les Thessaliens possèdent une cavalerie renommée.
b. Après la sortie de Pélée et de ceux qu'il a sauvés *in extremis*, le chœur exalte en trois strophes deux valeurs qui lui paraissent sûres, la noblesse et la justice, puis la vie glorieuse de Pélée lui-même. Or, à ce chant d'action de grâces qui couronne le succès de Pélée, va succéder bientôt l'annonce tragique du meurtre projeté puis accompli de son petit-fils : l'horreur du fait est encore amplifiée par le contraste ainsi créé.

770 *Car lorsqu'un malheur nous laisse sans ressource, l'aide*
ne manque pas aux gens bien nés :
à ceux que l'on proclame issus de bonnes maisons,
honneur et gloire ! À coup sûr, ce qui reste des hommes
775 *de bien, le temps ne l'efface pas ; et leur vertu*
brille, même après leur mort.

Antistrophe

Mieux vaut renoncer à une victoire de mauvais renom
780 *plutôt que d'ébranler la justice, avec l'envie et la force pour alliées.*
Car, sur le moment, elle est douce aux mortels,
mais, le temps passant, elle se flétrit
et jette l'opprobre sur la maison.
785 *Voici, oui, voici la vie que j'ai choisie et à laquelle j'aspire :*
n'exercer aucune autorité qui ne soit juste
ni dans mon foyer, ni dans la cité.

Épode

790 *Ô vieillard, fils d'Éaque,*
oui, je le sais bien : au côté des Lapithes, tu as affronté
les Centaures[a]*, armé de ta lance en bois*[b]
si glorieuse ; et sur le bois[c] *de la nef Argo, tu as franchi l'onde*
795 *inhospitalière des Symplégades marines*[d]*,*
pour une glorieuse traversée ;
et quand jadis, sur la cité d'Ilion,
l'illustre fils de Zeus eut jeté son filet de mort[e]*,*

---

a. Allusion à un épisode bien connu du public athénien, puisqu'il est évoqué aussi bien chez Homère que dans l'art contemporain : lors des noces de Pirithoos, roi de la tribu thessalienne des Lapithes, les Centaures avinés s'en prirent aux femmes lapithes ; Pélée, comme l'Athénien Thésée, participa au massacre des Centaures.
b. Allusion probable à la fameuse lance en bois de frêne de Pélée, qui la reçut en cadeau de noces du Centaure Chiron (*Iliade*, XVI, 143-144).
c. La réitération du mot « bois » suggère qu'un même terme exprime ici la lance et la nef ; pour un jeu de mots du même genre, voir *Troyennes*, 14, et la note *ad loc*.
d. Pélée a également participé à l'expédition des Argonautes (sur la nef Argo) menée par Jason à la conquête de la Toison d'or ; à cette occasion, les héros ont franchi l'étroit passage gardé par les roches Symplégades à l'entrée du Pont-Euxin.
e. Avant la prise de Troie par les Achéens, une première expédition avait été menée contre la ville par le fils de Zeus, Héraclès : sur cette première conquête de Troie, cf. *Troyennes*, 799-818.

800 *avec ta part de la gloire commune*
tu revins en Europe[54].

Quatrième épisode

La nourrice d'Hermione sort du palais.

La nourrice[a]

Chères amies, c'est malheur sur malheur
qui s'enchaîne aujourd'hui !
Oui, dans le palais, ma maîtresse – c'est d'Hermione que
  je parle –
805 abandonnée par son père et consciente en même temps
de l'acte qu'elle a commis en projetant de tuer
Andromaque et son fils, aspire à mourir ;
elle craint son époux, elle a peur que, pour répondre à ses
  actes,
il ne la chasse du palais ignominieusement,
810 ou qu'il ne la fasse périr, pour avoir voulu tuer ceux
  qu'elle ne devait pas tuer[55].
Elle veut se pendre ; et les serviteurs qui la gardent
l'en empêchent à grand-peine, et lui arrachent
de la main des épées qu'ils confisquent.
Tant elle a de regret et conscience de s'être mal
815 conduite auparavant ; aussi, moi je m'épuise
à empêcher ma maîtresse de se pendre, mes amies.
À vous d'entrer dans le palais,
pour l'arracher à la mort ; car, mieux que les amis habituels,
les nouveaux venus savent convaincre.

Le coryphée

820 Voici que dans la maison j'entends les cris des serviteurs :
c'est bien la nouvelle que tu es venue apporter.

---

a. Le ton employé par le personnage qui entre en scène montre qu'il s'agit non d'une simple servante, comme l'indiquent la plupart des manuscrits, mais de la nourrice d'Hermione.

Elle va nous montrer, semble-t-il, la malheureuse, combien elle déplore
sa conduite épouvantable ; car elle sort du palais,
échappant aux mains des serviteurs, dans son désir de
   mourir.

Hermione sort du palais.

HERMIONE

Strophe 1

825 *Malheur à moi, oui, à moi !*
Je m'arracherai les cheveux, et, avec mes ongles,
je me ferai de cruelles entailles[56].

LA NOURRICE

Ô mon enfant, que vas-tu faire ? Vas-tu te défigurer ?

HERMIONE

Antistrophe 1

Ah ! Malheur !
830 *Envole-toi dans les airs, loin de mes boucles,*
voile finement tissé !

LA NOURRICE

Mon enfant, cache ce sein, attache ta robe.

HERMIONE

Strophe 2

À quoi bon, de ma robe, cacher mon sein ?
Tous ont vu, tous connaissent, je ne puis dissimuler
835 *ce que j'ai fait à mon mari.*

LA NOURRICE

Tu souffres d'avoir tramé le meurtre de celle qui partage
   ton époux ?

HERMIONE

Antistrophe 2

Dis plutôt que je déplore l'horrible audace de mon acte :
Hélas ! me voici maudite, oui, maudite,
aux yeux des humains !

LA NOURRICE

840 Il te pardonnera cette faute, ton mari.

HERMIONE

Pourquoi m'as-tu pris l'épée que j'avais à la main ?
Rends-la-moi, amie, rends-la-moi : que je me frappe
un coup en pleine poitrine ! Pourquoi m'enlèves-tu cette corde ?

LA NOURRICE

845 Mais si je te lâchais en plein délire, et que tu meures !

HERMIONE

Hélas sur mon destin !
Où est la flamme du feu, mon amie ?
Où, vers quel rocher m'élancer,
dans la mer, dans une forêt sur la montagne,
850 *afin ue je meure et que les divinités infernales prennent soin de moi ?*

LA NOURRICE[a]

Pourquoi ce tourment ? Tous les mortels sont, un jour ou l'autre,
touchés par les malheurs que les dieux leur envoient.

HERMIONE

Tu m'as abandonnée, abandonnée[b], *ô mon père,*
855 *solitaire au bord de la mer, privée de la rame marine*[57] ;
il me tuera, il me tuera, c'est sûr,
mon mari. Je n'habiterai plus ici
sous le toit conjugal.
Vers quelle statue divine dois-je m'élancer, suppliante[58] *?*
860 *Dois-je me jeter esclave aux genoux d'une esclave ?*
Pour quitter la terre de Phthie,
ah ! si j'étais un oiseau aux ailes noires[59],
une coque en bois de pin, une rame qui,
pour sa première navigation,
865 *franchit les sombres promontoires !*

LA NOURRICE

Ô mon enfant, je n'ai pas approuvé tes excès,
quand tu te rendais coupable envers la femme de Troie ;

---

a. La plupart des manuscrits attribuent ces vers au chœur, mais leur contenu semble plus approprié au caractère de la nourrice.
b. La répétition, caractéristique du style d'Euripide (cf. *infra*, 856, 980, 1017-1018, 1031, 1187), a fait l'objet des moqueries d'Aristophane : cf. *Grenouilles*, 1352-1355.

maintenant je n'approuve pas non plus ta crainte exagérée.

Non, ton mari ne repoussera pas ainsi son alliance avec toi,
870 sur la foi des vils propos d'une femme barbare.
Non, tu n'es pas pour lui un butin de guerre venu de Troie,
mais la fille d'un homme illustre, reçue avec une dot
opulente, et issue d'une cité des plus florissante [60].
Quant à ton père, contrairement à ce que tu crains, mon enfant,
875 il ne te trahira pas et ne te laissera pas chasser de ce palais.
Allons, rentre, ne te donne pas en spectacle
devant le palais, pour ne pas encourir de honte
à te laisser voir devant cette demeure, mon enfant.

Sortie de la nourrice[a].

LE CORYPHÉE

Mais voici un voyageur qui a l'air d'un étranger :
880 à grands pas il se hâte vers nous.

Entrée d'Oreste.

ORESTE

Étrangères, est-ce bien ici la demeure du fils
d'Achille et le palais royal ?

LE CORYPHÉE

Tu l'as compris. Mais toi, qui es-tu pour poser cette question ?

ORESTE

Le fils d'Agamemnon et de Clytemnestre[b] :
885 mon nom est Oreste. Je viens consulter les oracles
de Zeus à Dodone[c] ; mais arrivé

---

a. Il n'est sans doute pas nécessaire de supposer qu'Hermione sorte avec elle : si Oreste ne voit pas la princesse avant qu'elle s'adresse à lui (891), c'est peut-être tout simplement qu'elle est avec les femmes du chœur.
b. Comme Pélée l'a fait avant lui, Oreste arrive au bon moment pour tirer Hermione d'embarras et lui permettre de fuir. La pièce présente donc une duplication de la scène où un personnage se présente juste à temps pour en sauver un autre (sur ce type de scène, voir l'arrivée d'Héraclès dans *Héraclès furieux*, 522, et dans *Alceste*, 509 *sq.*).
c. Le sanctuaire de Zeus à Dodone (en Épire, au nord-ouest de la Grèce) comportait l'un des plus anciens oracles de Grèce : Ulysse est censé être allé le consulter (cf. *Odyssée*, XIV, 327-328).

à Phthie, je décide de prendre des nouvelles d'une femme
qui m'est apparentée : vit-elle et est-elle heureuse,
Hermione de Sparte[a] ? Car, bien qu'elle habite
890 des plaines éloignées de chez nous, elle m'est chère.

> HERMIONE (*se jetant à ses pieds
> et entourant ses genoux avec ses bras*)

Ô toi qui surgis, havre dans la tempête pour les marins,
fils d'Agamemnon, par tes genoux que je touche,
aie pitié de moi. Tu t'informes de mon sort :
il n'est pas heureux. Ce sont comme des rameaux suppliants[61],
895 ces bras dont je touche tes genoux[b].

> ORESTE

Ah !
Que se passe-t-il ? Est-ce que je m'abuse ou est-ce que je vois vraiment
ici la maîtresse du palais, la fille de Ménélas ?

> HERMIONE

Précisément : la seule que la fille de Tyndare,
Hélène, ait donné à mon père dans sa maison ; ne te méprends pas.

> ORESTE

900 Ô Phoïbos guérisseur, puisses-tu nous délivrer de nos peines !
Mais que se passe-t-il ? Viennent-ils des dieux ou des hommes, les maux dont tu souffres ?

> HERMIONE

Certains viennent de moi, d'autres de l'homme à qui j'appartiens,
d'autres encore d'un dieu ; mais de tous côtés, je suis morte.

---

a. La suite du récit (cf. *infra*, 959 *sq.*) montre que toutes ces questions d'Oreste sont de pure forme.
b. Allusion aux rameaux entourés de bandelettes que tiennent les suppliants ; les bras dont Hermione entoure les genoux d'Oreste en signe de supplication remplissent le même office.

Oreste

Quel malheur peut donc atteindre une femme qui n'a pas encore d'enfant, sinon ce qui concerne son mariage ?

Hermione

Justement, c'est bien là ce qui me fait souffrir. Tu m'as parfaitement menée au but[a].

Oreste

Ton mari te préfère-t-il une autre compagne de lit ?

Hermione

Sa captive, celle qui partageait le lit d'Hector.

Oreste

Quel malheur : un seul homme avec deux femmes !

Hermione

C'est bien cela. Et moi, alors, je me suis défendue.

Oreste

Contre cette femme tu as tramé ce que trame d'ordinaire une femme ?

Hermione

Oui, la mort pour elle et son enfant bâtard.

Oreste

Et tu les as tués, ou bien un contretemps te les a-t-il soustraits ?

Hermione

Oui, c'est le vieux Pélée : il honore les plus vils.

Oreste

Et dans ce meurtre, avais-tu un complice ?

Hermione

Oui, mon père, venu de Sparte tout exprès.

---

a. Le préverbe *hypo-* dans le verbe *hypagein* a ici toute sa force : le procédé d'Oreste comporte beaucoup d'astuce et de dissimulation, comme lui-même en conviendra.

ORESTE
Et ensuite, il a été vaincu par le bras du vieillard?

HERMIONE
Non, par la honte; et il est parti, me laissant seule.

ORESTE
Je vois : tu crains ton mari après ce que tu as fait.

HERMIONE
920 Tu as compris. Il me tuera et ce sera justice. Que dire à cela?
Mais je viens à toi, en invoquant Zeus, notre ancêtre commun :
accompagne-moi le plus loin possible de ce pays
ou dans la demeure de mon père; car il me semble qu'ici
la maison fait entendre sa voix, qu'elle me chasse,
925 et que la terre de Phthie m'a en horreur. Si, avant mon départ,
mon mari, quittant l'oracle de Phoïbos, revient à la maison,
il me tuera de la manière la plus infamante, ou bien je serai esclave
de la couche bâtarde dont j'étais naguère maîtresse.
« Comment donc, dira-t-on, as-tu commis ces fautes ? »
930 De mauvaises femmes venaient me voir, et m'ont perdue[62],
car elles ont enflé ma vanité par leurs propos :
« Tu supporteras, toi, disaient-elles, que la captive la plus misérable,
une esclave, dans ta maison partage avec toi ton mari ?
Par notre Souveraine[a], ce n'est pas chez moi en tout cas
935 qu'elle verrait la lumière et cueillerait le fruit[b] de ma couche ! »
Et moi, à force d'entendre ces paroles de Sirènes[c] –

---

a. Sans doute Héra, déesse du mariage, qui avait dès l'époque mycénienne un sanctuaire à Argos : dans *Iphigénie à Aulis*, 739, l'expression est la même, mais complétée par la mention « déesse d'Argos ».
b. Comme au v. 664, nous nous sommes efforcée de rendre les métaphores végétales (germe, fruit), associées à la procréation.
c. Allusion claire à l'épisode homérique (*Odyssée*, XII, 158-164) : les chants des sirènes, séducteurs, conduisent à la mort.

ces bavardages habiles, fourbes, artificieux –
je me laissai entraîner par un vent de folie. Quel besoin en effet
de surveiller mon mari, quand j'avais tout ce qu'il me fallait ?
940 Des biens, j'en avais beaucoup, j'étais la maîtresse du palais,
et j'aurais eu, moi, des enfants légitimes,
elle, des bâtards plus ou moins esclaves des miens.
Jamais, non, jamais – je ne pourrai trop le redire –
les hommes sensés pourvus d'une femme
945 ne doivent permettre aux voisines de fréquenter
leur épouse à la maison. Car elles enseignent le vice [63].
L'une, par intérêt, ruine un ménage,
l'autre, qui a fauté, veut faire partager son crime,
beaucoup sont dévergondées. De là les maux dont
950 souffrent les maisons de nos hommes. Pour vous en garantir, surveillez bien [a]
les portes de vos demeures, avec serrures et verrous.
Rien de sain [b] ne provient des femmes qui viennent
en visite, mais une foule de misères.

Le coryphée

Tu as trop laissé ta langue s'emporter contre notre commune nature [c].
955 On peut certes te le pardonner ; néanmoins
les femmes doivent farder les maux féminins.

Oreste

Il était plein de sagesse, celui qui aux mortels apprit
à écouter les propos de leurs adversaires.
Car moi, je connaissais le désordre de cette maison
960 et ta querelle avec la femme d'Hector ;
j'étais aux aguets, attendant de voir si tu resterais ici

---

a. Hermione s'adresse ici aux spectateurs.
b. L'expression n'est pas originale (cf. d'ailleurs *supra*, 448) ; mais le contexte est ici médical, et l'adjectif *hygies* s'oppose aux mots de la famille de *nosos*, la « maladie » : cf. 948, 950 et 956.
c. C'est-à-dire contre la race des femmes, comme le comprend du reste le scholiaste.

ou si, affolée de terreur par la femme
captive, tu voulais quitter cette maison.
Ce n'est pas pour honorer ta requête que je suis venu,
965 mais, si tu me permettais de parler – et tu me le permets –
pour t'emmener loin de ce palais. Car tu étais mienne
avant d'habiter ici avec cet homme par suite de la lâcheté
de ton père ; avant d'envahir les frontières de Troie,
il t'avait donnée à moi pour épouse ; il te promit ensuite
970 à celui qui te possède maintenant, à condition qu'il
détruise la cité de Troie.
Quand le fils d'Achille fut de retour ici,
je pardonnai à ton père, et l'autre je le suppliai
de renoncer à ce mariage, en lui disant mes infortunes
et le destin qui était alors le mien : au sein de mes proches,
975 je pourrais recevoir une épouse, mais ailleurs ce ne serait pas facile,
car l'exil me tenait exilé loin de ma maison.
Alors lui se montra plein d'insolence, me reprocha le meurtre de ma mère
et les déesses aux yeux sanglants[a].
Et moi, humilié par les malheurs de ma maison,
980 je souffrais, oui, je souffrais, mais je me résignai à mon infortune,
et, privé de mon mariage avec toi, je m'en allai, à contre-cœur.
Maintenant que les malheurs fondent sur toi de tous côtés, et que,
dans l'infortune où tu es tombée, tu es désemparée,
je vais t'emmener d'ici et te remettre entre les mains de ton père.
985 Les liens familiaux ont une étrange puissance, et, dans les malheurs,
rien ne vaut l'affection d'un parent.

---

a. Il s'agit des Érinyes, antiques déesses qui poursuivaient les meurtriers et vengeaient leurs victimes ; sur leurs yeux sanglants, cf. Eschyle, *Choéphores*, 1058, et Euripide, *Oreste*, 256.

Hermione

Pour ce qui est de mon mariage, c'est mon père
qui en aura soin, et il ne m'appartient pas d'en décider.
Mais emmène-moi le plus vite possible hors de cette maison,
990 de crainte que mon époux, me prenant de vitesse, ne rentre et n'arrive chez lui
ou que le vieux Pélée, apprenant que je déserte la maison,
n'aille à ma recherche, en lançant ses cavales à mes trousses.

Oreste

Courage ! Ne crains pas le bras d'un vieillard ! Quant au fils d'Achille,
n'en aie pas peur : il a montré tant d'insolence envers moi !
995 Tel est le piège qui se dresse contre lui,
tissé de mailles inextricables, un piège de mort
préparé par ma main[64] ; je ne te le dirai pas à l'avance,
mais quand les choses viendront à leur terme, le rocher de Delphes le saura[a].
Et le matricide que je suis, si mes alliés[65]
1000 tiennent leur serment en terre pythique,
lui apprendra à n'épouser personne que je devais épouser.
Elle lui laissera un goût amer, la réparation demandée au seigneur Phoïbos
pour le meurtre de son père ; et maintenant
qu'il offre réparation au dieu, son revirement ne lui servira de rien ; au contraire,
1005 sous l'influence du dieu et de mes calomnies[66],
il périra de male mort et connaîtra ma haine[b].
Car pour les hommes qu'elle hait, la divinité renverse
le destin, sens dessus dessous : elle ne leur permet pas l'orgueil.

Oreste sort avec Hermione.

---

a. Le site de Delphes est par endroits couvert de rochers tombés de la montagne qui le surplombe, le Parnasse.
b. On notera l'impassibilité d'Hermione, quand Oreste lui dévoile ses projets meurtriers à l'encontre de son époux.

Quatrième stasimon

Le chœur

Strophe 1

1010 *Ô Phoïbos, toi qui as fortifié de belles murailles la colline d'Ilion,*
et toi, le marin, qui sur ton char aux noirs coursiers,
parcours les plaines de la mer[a],
pourquoi avoir livré à Enyalos[b], le passionné de lance,
1015 *l'ouvrage de vos mains,*
aujourd'hui privé d'honneur, pourquoi avoir
abandonné la malheureuse,
oui, la malheureuse Troie ?

Antistrophe 1

Sur les rives du Simoïs[c], vous avez attelé une multitude de chars
1020 *aux beaux chevaux, et vous avez instauré entre les hommes*
des luttes sanglantes, dépourvues de couronnes[d] ;
morts, ils s'en sont allés
les rois d'Ilion,
1025 *et dans Troie il n'est plus de feu qui brille sur les autels*
pour les dieux
dans la fumée odorante des sacrifices.

Strophe 2

Il s'en est allé[e], l'Atride, sous les coups de son épouse,
et elle, en paiement du meurtre, a rencontré
1030 *la mort de la main de ses enfants[f].*

---

a. Ici, comme il le fera dans les *Troyennes* (4), Euripide suit la tradition qui attribue la construction des murailles de Troie à Phoïbos-Apollon et à Poséidon, dieu de la mer.
b. « Le Belliqueux » : surnom d'Arès, dieu de la guerre.
c. Fleuve de Troie.
d. Contrairement aux rivalités athlétiques.
e. La reprise du même verbe souligne l'identité du sort que subissent les souverains de Troie et Agamemnon, c'est-à-dire les vaincus et le vainqueur, thème qui sera développé à la fin de la deuxième antistrophe.
f. Résumé de la tragédie des Atrides : pour venger leur fille Iphigénie qu'Agamemnon avait sacrifiée au début de l'expédition contre Troie, Clytemnestre tue Agamemnon, avant d'être tuée à son tour par leur fils Oreste, vengeur de son père.

*C'est d'un dieu, oui, d'un dieu que lui vint l'injonction
oraculaire, quand, parti pour Argos
au sortir du sanctuaire, le rejeton d'Agamemnon*
1035 *la tua, meurtrier de sa mère.
Ô divinité, ô Phoïbos, comment le croire*[67] *?*

Antistrophe 2

*Sur les places de Grèce, bien des sanglots
résonnaient sur les enfants infortunés ; les épouses*
1040 *quittaient leur maison
pour le lit d'un autre homme. Tu n'es pas la seule*[a]*, et tes
parents non plus, sur qui soient tombés de cruels chagrins ;
c'est un mal dont a souffert la Grèce, oui, un mal ; il a fait*
1045 *la traversée et même atteint les champs fertiles de Phrygie,
l'orage qui sur les Danaens distille une pluie de sang*[b].

Exodos

Pélée entre.

Pélée

Femmes de Phthie, éclairez-moi, car je mène l'enquête :
j'ai entendu dire – mais la rumeur n'était pas claire –
1050 que la fille de Ménélas avait quitté cette maison
et qu'elle était partie ; je suis venu en hâte savoir
si c'était vrai ; car, lorsque leurs amis sont absents,

---

a. À qui s'adressent ces mots et ce passage brutal à la deuxième personne du singulier ? Comme ils conviennent à Andromaque mieux qu'à Hermione, certains supposent qu'Andromaque et son fils rentrent en scène en même temps que Pélée dans les vers qui suivent (1047 *sq.*), et que le chœur déjà les aperçoit.

b. Vers dont l'interprétation est délicate ; la valeur du génitif *Phrugôn* notamment est sujette à discussion, et peut être interprétée soit comme un génitif d'éloignement (dans ce cas, le malheur irait de Phrygie en Grèce), soit – plus simplement – comme complément du nom signifiant « champs » (le malheur va de Grèce en Phrygie) : c'est la construction que nous avons adoptée.

ceux qui restent à la maison doivent prendre soin de leurs
  intérêts.

Le Coryphée

Pélée, tu as bien compris ; et dissimuler les malheurs
dont j'ai été témoin ne serait pas beau de ma part.
1055 Oui, la reine est partie ; elle s'est enfuie du palais.

Pélée

De quoi avait-elle peur ? Va jusqu'au bout.

Le Coryphée

De son mari : elle craignait qu'il ne la chasse du palais.

Pélée

Pour ses projets de mort contre l'enfant ?

Le Coryphée

Oui, et par peur de la femme captive.

Pélée

1060 Elle a quitté la maison en compagnie de son père, ou
  sinon, avec qui ?

Le Coryphée

Le fils d'Agamemnon est venu l'emmener d'ici.

Pélée

Quel espoir poursuit-il ? Veut-il l'épouser ?

Le Coryphée

Oui, et du fils de ton fils il prépare la mort.

Pélée

En se cachant ou dans un combat loyal ?

Le Coryphée

1065 Dans le temple sacré de Loxias, avec l'aide des Delphiens.

Pélée

Malheur ! C'est vraiment affreux ! N'y a-t-il personne
pour aller au plus vite au foyer de Pythô,
et dire à nos amis là-bas ce qui se passe ici,
avant que le fils d'Achille ne meure du fait de nos ennemis ?

Le messager entre.

Le messager

Hélas sur moi !
1070 Quels malheurs suis-je venu annoncer, moi, infortuné,
à toi, vieillard, et aux amis de mon maître !

Pélée

Ah ! Quel pressentiment a mon cœur prophète[68] !

Le messager

Il n'est plus, le fils de ton fils, sache-le, vieux Pélée ;
tels furent les coups d'épée que lui infligèrent
1075 les Delphiens et l'étranger de Mycènes.

Le coryphée (*à Pélée qui chancelle*)[a]

Eh là ! Que vas-tu faire, vieillard ? Ne tombe pas !
Ressaisis-toi !

Pélée

C'en est fait de moi ; je suis mort.
Je n'ai plus de voix, mes genoux ne me portent plus... Je
m'effondre.

Le messager

Écoute, si tu veux encore venger
1080 les tiens, ce qui s'est passé : redresse-toi !

Pélée

Ô destinée, aux termes extrêmes de la vieillesse,
comme tu me tiens et m'enserres, moi, malheureux !
Comment est-il parti le fils unique de mon fils unique ?
Éclaire-moi : ce qui ne peut s'entendre, je veux l'entendre
malgré tout.

---

a. L'extrême douleur qui le saisit à l'annonce de la mort de son petit-fils fait chanceler le vieux Pélée qui est sur le point de tomber : c'est ce qu'indiquent les deux exhortations du coryphée (« ne tombe pas ! » et « redresse-toi ! ») aux v. 1076 et 1080, qui servent en même temps de didascalies. Ce type de scène pathétique, où un vieillard déjà faible s'effondre sous les coups du sort, et dans un deuil spectaculaire, se rencontre plusieurs fois chez Euripide : on songe à Iolaos dans les *Héraclides*, et surtout à Hécube dans la pièce du même nom.

Le messager

1085 Arrivés sur la terre glorieuse de Phoïbos,
nous avons occupé trois pleines révolutions du soleil
éclatant à livrer nos yeux à la contemplation [69].
Et cela parut suspect ; le peuple qui habite auprès de
la demeure du dieu se rendait à des réunions, des cercles se formaient.
1090 Le fils d'Agamemnon, lui, parcourait la ville
en instillant dans l'oreille de chacun des paroles hostiles :
« Vous voyez cet individu qui parcourt les vallons
du dieu remplis d'or, les trésors offerts par les mortels [a] ?
C'est la deuxième fois qu'il est ici, et il poursuit le même but que précédemment :
1095 il veut mettre à sac le temple de Phoïbos ».
Et dès lors un grondement hostile se répandait dans la ville,
les salles du Conseil se remplissaient de magistrats,
et, de leur propre chef, tous ceux qui étaient préposés aux richesses du dieu
installèrent une garde sous les colonnades.
1100 Quant à nous, qui étions avec nos brebis nourries des feuillages
du Parnasse, ne sachant encore rien de tout cela,
nous nous sommes placés près de l'autel
en compagnie des proxènes [b] et des devins pythiques.
Et l'un d'eux déclara : « Jeune homme, quelle prière
1105 allons-nous adresser au dieu en ton nom ? Pourquoi es-tu venu ? »
Et il répondit : « À Phoïbos, je veux offrir

---

a. Certaines cités grecques parmi les plus importantes avaient édifié à l'intérieur du sanctuaire d'Apollon des édifices, appelés « trésors », qui abritaient les riches offrandes faites au dieu par leurs concitoyens.
b. Les proxènes étaient chargés d'accueillir dans leur cité les étrangers venant d'autres cités avec lesquelles ils avaient noué des liens d'hospitalité ; on peut imaginer qu'ils étaient particulièrement nombreux à Delphes, étant donné l'afflux des visiteurs au sanctuaire d'Apollon.

réparation pour une faute passée ; car je lui avais jadis
demandé justice pour le sang de mon père. »
C'est alors qu'apparut le grand crédit rencontré
1110 par le récit d'Oreste, prétendant que mon maître était un menteur,
venu là avec de honteux desseins. Il franchit les marches,
pénètre à l'intérieur du sanctuaire, afin de prier Phoïbos
devant la salle oraculaire, et se trouve en présence des victimes que l'on brûle ;
mais contre lui une troupe, armée d'épées, s'était placée en embuscade
1115 à l'ombre du laurier ; parmi eux, le fils de Clytemnestre,
le seul, par ses artifices, à avoir tramé[a] tout le piège.
Et lui, debout à la vue de tous, adresse sa prière au dieu[70] ;
les autres, armés de coutelas acérés,
traîtreusement percent le fils d'Achille alors sans arme[b].
1120 Il recule de quelques pas[c], car on ne l'avait pas touché
à un point vital ; il dégaine, et, arrachant au portique
des armes suspendues aux clous,
il se dresse sur l'autel, guerrier farouche[d] à voir ainsi armé.
En criant, il interroge les fils des Delphiens :
1125 « Pourquoi me tuez-vous ? Je suis venu
par piété. De quoi m'accuse-t-on pour me faire périr ? »
Parmi eux – ils étaient là des milliers – nul ne fit entendre
le moindre mot, mais de leurs mains ils le frappaient avec des pierres.

---

a. Cet adjectif composé assez rare (*mèchanorrophos*) figure déjà parmi les critiques acerbes qu'Andromaque adresse aux Spartiates : cf. *supra*, 447.
b. C'est vraisemblablement d'arme défensive que Néoptolème est alors dépourvu, puisqu'il dégaine au v. 1121, avant de s'emparer d'armes votives suspendues au portique (1122), et notamment d'un bouclier dont il va habilement se protéger.
c. Métaphore marine difficile à rendre ; littéralement, Néoptolème « va à la poupe », expression employée à propos des bateaux qui, loin de faire demi-tour, font marche arrière grâce à l'inversion du mouvement de leurs rames.
d. La même expression – *gorgos hoplitès* – était employée par Andromaque à propos de Ménélas (cf. *supra*, 458) ; alors dite sur le mode du dénigrement, elle évoque ici l'admiration suscitée par l'apparition de Néoptolème en armes.

Accablé par cette grêle qui de tous côtés tombait dru,
1130 il tendait ses armes devant lui et se garait des projectiles
en tendant ici et là son bouclier à bout de bras.
Mais il n'arrivait à rien ; une multitude de traits à la fois,
flèches, javelots à courroie, doubles broches à percer les bœufs
retirées de leurs gorges, tombaient devant ses pieds.
1135 Tu aurais vu quelle effroyable pyrrhique[a] dansait ton enfant
pour se protéger des traits[71] ! Mais comme tous, en cercle autour de lui,
le pressaient sans lui permettre de souffler,
il abandonne le foyer de l'autel qui reçoit les brebis,
et, bondissant sur ses pieds, il exécute le fameux bond troyen[b]
1140 et s'élance contre eux ; commes des colombes
à la vue d'un faucon, ils tournèrent le dos et prirent la fuite.
Beaucoup tombaient pêle-mêle, les uns blessés,
les autres piétinés entre eux dans les étroits passages qui mènent aux sorties.
Dans la demeure sacrée, une clameur sacrilège[c] retentit,
1145 que les rochers répercutaient ; dans cette sorte d'embellie[d],
mon maître se dressait, rayonnant de l'éclat de ses armes,
jusqu'au moment précis où, du milieu du sanctuaire, se fit entendre
une voix terrible à donner le frisson ; elle fit faire volte-face à la troupe
qui repartit à l'attaque. C'est alors que le fils d'Achille
1150 tombe, frappé au flanc par un coutelas acéré,

---

a. Danse des guerriers en armes : l'expression est particulièrement bienvenue, puisque Néoptolème, maintenant armé, fait des gestes en tout sens pour esquiver les coups.
b. Il s'agirait du bond exécuté par Achille pour s'élancer de son navire et sauter sur le sol troyen ; Néoptolème se révèle donc ici le digne fils de son père.
c. Par les mots « sacrée » et « sacrilège », nous avons tâché de rendre le couple des adjectifs antonymes *euphèmoisi* et *dusphèmos* qui, de surcroît, se jouxtent.
d. Métaphore atmosphérique : c'est le calme après la tempête, maintenant que Néoptolème a mis en fuite ses assaillants.

brandi par un Delphien qui le tua
aidé de beaucoup d'autres ; quand il tombe à terre,
qui ne l'attaque à coups d'épée, à coups de pierres,
lançant de loin, frappant de près ? Son corps si beau
1155 disparaît entièrement sous de sauvages blessures.
Son cadavre, qui gît près de l'autel,
on l'a jeté dehors, loin du temple qui reçoit les sacrifices.
Et nous, nous l'avons aussitôt saisi dans nos bras,
et nous te l'apportons, pour qu'en sanglotant tu gémisses sur lui,
1160 que tu le pleures, vieillard, et que tu lui accordes l'honneur d'une tombe.
Voilà ce que le seigneur qui aux hommes rend ses oracles,
l'arbitre de justice pour tout le genre humain,
voilà ce qu'il a fait au fils d'Achille venu s'acquitter en pleine justice[a].
Tel un homme méchant, il s'est souvenu
1165 d'une ancienne querelle. Où donc est sa sagesse ?

Des serviteurs apportent le cadavre de Néoptolème.

Le coryphée

Mais voici notre seigneur qui désormais rentre dans sa
demeure : on le porte depuis la terre de Delphes[72].
Infortuné, celui qui a subi ce sort ! Infortuné, toi aussi,
vieillard ! Car dans ta maison tu n'accueilles pas le fils
1170 d'Achille, ce jeune homme conforme à ton désir ;
mais, uni à lui dans le même destin,
tu as toi-même rencontré le malheur.

Pélée[73]

Strophe 1

Hélas sur moi ! Quel malheur je vois là
et accueille en mes bras, dans ma demeure !
1175 *Hélas sur moi, sur moi, ah !*
Ô cité de Thessalie, me voici mort,

---

a. La reprise en début de vers de termes de la famille de *dikè* (« la justice ») souligne ironiquement l'injustice mesquine dont fait preuve Apollon.

*disparu! Ma race n'est plus, je n'ai plus d'enfant au foyer.
Ô misérable, que je souffre! Désormais, je tournerai
1180 les yeux vers quel être cher pour avoir de la joie?
Ô bouche chérie, ô menton, ô mains*[74]*,
si seulement la divinité t'avait tué sous Ilion,
sur la rive du Simoïs*[75] *!*

Le Coryphée

*Quelle gloire eût été la sienne, vieillard, s'il était mort
1185 dans ces conditions, et comme ton sort alors eût été plus heureux!*

Pélée

Antistrophe 1

Ô mariage, mariage[a]*, c'est toi qui as ruiné,
ruiné, ma demeure et ma cité!
Ah! Ah! mon fils!
Plût au ciel que ma race, pour des enfants et un foyer, ne se fût
1190 laissée circonvenir
par une femme au nom odieux:
Hermione, elle fut Hadès pour toi, mon enfant!
Mais qu'elle fût morte d'abord sous la foudre!
Et qu'à cause de l'habile archer qui tua ton père tu n'eusses
1195 jamais à Phoïbos imputé le sang du nourrisson de Zeus*[b]*,
toi, un mortel, à lui, un dieu!*

Le Chœur

Strophe 2

*Hélas! Trois fois hélas! sur mon maître mort, je vais,
sur le mode funèbre, préluder aux lamentations.*

Pélée

1200 *Hélas! Trois fois hélas! je te suis: malheureux,
vieux et infortuné, je pleure.*

Le Chœur

C'est la volonté du dieu: le dieu a accompli ce malheur.

---

a. Il s'agit du mariage de Néoptolème et d'Hermione.
b. Formule homérique qui désigne ici Achille.

Pélée

1205 *Ô mon fils chéri, tu as laissé vide ta maison,*
hélas sur moi! car misérablement tu m'as abandonné,
vieillard sans enfant.

Le chœur

Mourir, tu aurais dû mourir, vieillard, avant tes fils.

Pélée

N'arracherai-je pas mes cheveux,
1210 *n'infligerai-je pas à ma*
tête le coup funeste de ma main? Ô cité,
de mes deux fils Phoïbos m'a dépouillé.

Le chœur

Antistrophe 2

Après les malheurs que tu as soufferts et contemplés, infortuné vieillard,
1215 *quelle vie sera la tienne désormais?*

Pélée

Sans enfant, solitaire, dans des maux qui n'auront pas de terme,
j'épuiserai ma peine jusqu'à l'Hadès.

Le chœur

En vain les dieux à ton mariage vantèrent ton bonheur[76].

Pélée

Envolé, disparu, tout est à terre,
1220 *loin de la confiance qui me faisait toucher au ciel!*

Le chœur

Solitaire, tu t'en retournes dans une maison solitaire.

Pélée

Je n'ai plus de cité,
que ce sceptre disparaisse de ma vue!
Et toi, fille de Nérée dans tes antres obscurs,
1225 *tu vas me voir tomber, anéanti.*

Thétis apparaît.

Le chœur

Oh! Oh!
Quel est ce mouvement, quel phénomène divin

je crois sentir? Femmes, voyez, regardez!
Voici une divinité qui, franchissant la blancheur
de l'éther, foule la terre de Phthie
1230 nourricière de chevaux[77].

THÉTIS

Pélée, par égard pour nos noces d'autrefois,
me voici, Thétis; j'ai quitté la demeure de Nérée.
Tout d'abord, les malheurs qui t'accablent en ce jour,
qu'ils ne te pèsent pas trop : c'est le conseil que je te donne;
1235 car moi aussi – j'aurais dû pourtant enfanter des enfants qui ne me coûteraient pas de larmes,
moi déesse née d'un dieu –
j'ai perdu le fils que j'ai eu de toi, Achille
aux pieds rapides, le premier des Grecs.
Quant aux raisons qui m'ont fait venir, je vais te les dire; écoute-les.
Le mort qui est ici, le rejeton d'Achille,
1240 fais-le porter près de l'autel de Pythô et enterre-le,
objet de honte pour les Delphiens, afin que son tombeau proclame
la violence du meurtre perpétré par Oreste;
quant à la femme captive – je veux dire Andromaque –
elle doit, vieillard, habiter la terre de Molossie[a],
1245 unie à Hélénos[b] par les liens du mariage,
et avec elle cet enfant, le seul survivant désormais
de la race d'Éaque; et ses descendants à lui,
l'un après l'autre rois de Molossie, doivent passer leur vie
dans la prospérité. Car il ne faut pas que soient à ce point anéanties
1250 ta lignée qui est aussi la mienne, vieillard,
et celle de Troie; oui, de cette cité les dieux ont encore le souci,
bien qu'elle ait succombé au zèle de Pallas.
Quant à toi, pour que tu saches les égards que tu dois à ma couche,

---

a. Région sud de l'Épire, à l'entrée de l'Adriatique.
b. Fils de Priam et devin, il fut épargné par les Grecs pour les services qu'il leur avait rendus.

1255 je te délivrerai des malheurs qui affligent les mortels,
et je ferai de toi un dieu, immortel, impérissable.
Puis, vivant avec moi dans la demeure de Nérée,
tu seras dieu désormais, compagnon d'une déesse.
De là, sortant de la mer à pied sec [78],
1260 tu verras notre fils bien-aimé, le tien et le mien, Achille,
dans l'île où il demeure,
sur la côte Blanche [79], à l'intérieur du Pont-Euxin.
Allons, pars pour Delphes, la cité que les dieux ont bâtie,
en emportant ce cadavre ; quand tu l'auras mis en terre,
1265 va t'asseoir dans les creux renfoncements du récif
antique de Sépias [a] ; et restes-y jusqu'à ce que je sorte de la mer
avec un chœur de cinquante Néréides
qui sera ton escorte ; car ton destin,
il te faut l'endurer jusqu'au bout : telle est la volonté de Zeus.
1270 Cesse de t'affliger sur les morts.
Tel pour tous les hommes s'accomplit le décret
imposé par les dieux : il faut mourir.

Thétis disparaît.

PÉLÉE

Ô souveraine, ô noble compagne de ma couche,
fille de Nérée, salut ! Tes actes sont dignes
1275 de toi et des enfants nés de toi.
Je mets un terme à mon chagrin, comme tu le demandes, déesse,
et, quand j'aurai enseveli ce cadavre, j'irai aux replis du Pélion,
là-même où dans mes bras j'ai saisi ton corps si beau.
Et après cela vraiment, comment ne pas prendre épouse dans une noble famille,
1280 et donner sa fille à d'honnêtes gens, si l'on est sensé,
et résister au désir d'une couche perverse,
même si elle doit apporter dans la maison une dot somptueuse ?
Jamais les dieux alors ne rendraient malheureux.

---

a. Situé près de Iolkos, port de Thessalie, ce récif tirerait son nom de l'une des métamorphoses – ici en « seiche » – par lesquelles Thétis avait tenté d'échapper aux étreintes de Pélée.

Pélée quitte la scène.

Le coryphée

Innombrables sont les formes que prend le destin[80],
1285 innombrables, les actions inattendues qu'accomplissent les dieux;
ce qui était prévu n'atteint pas son terme,
et à l'imprévu le dieu livre passage.
Tel est le dénouement de cette action.

HÉCUBE

Hécube passait aux yeux des Anciens pour être le drame tragique par excellence. Placée en tête du choix byzantin, elle constituait, avec *Oreste* et les *Phéniciennes*, la sélection d'Euripide à l'usage des classes. Les modernes, en revanche, ont été plus critiques, et déroutés souvent par l'absence apparente d'une unité d'action.

Hécube se présente en effet comme un diptyque, comme le collage de deux tragédies différentes, dont le seul lien serait qu'elles concernent l'une et l'autre le héros éponyme de la pièce : les deux premiers épisodes sont consacrés au sacrifice de Polyxène, le troisième et l'*exodos* à la découverte du meurtre de Polydore et à la vengeance d'Hécube, sans qu'il y ait apparemment d'autre lien que fortuit entre les deux morts des enfants d'Hécube. Peut-être faudrait-il, avant de soupçonner Euripide d'invraisemblance, s'interroger sur la motivation qui lui a fait réunir en une fable unique des données légendaires hétérogènes et disparates : autant l'histoire de Polyxène était « classique » et parfaitement attestée, autant celle de Polydore est obscure et montée, presque de toutes pièces, pour les besoins de la nouvelle tragédie.

La mort de Polyxène avait, avant Euripide, fait l'objet de différents traitements épique, lyrique, tragique. Les *Chants cypriens* faisaient mourir la jeune fille sous les coups d'Ulysse et de Diomède lors de la prise de Troie et chargeaient Néoptolème de l'ensevelir. L'*Ilioupersis* d'Arctinos, qui, comme son nom l'indique, racontait le sac de Troie, s'achevait par le sacrifice de la jeune Troyenne, égorgée sur le tombeau d'Achille. Celle de Leschès adoptait la même version et avait probablement inspiré les nombreuses représentations iconographiques que nous connaissons de l'épisode. Les lyriques Stésichore et Ibycos avaient à leur tour traité la légende, avant que Sophocle en fasse le sujet d'une tragédie perdue dont Polyxène était l'héroïne éponyme.

L'épisode de Polydore, au contraire, doit tout, ou presque, à Euripide. Certes, le nom et l'identité du jeune homme – le plus jeune des fils de Priam – reprennent l'*Iliade*, XX, 409-410. Mais ce personnage épisodique de l'œuvre homérique n'est pas le fils d'Hécube (Priam l'a eu d'une autre femme, nommée Laothoé), et il trouve la mort dans la mêlée, tué par Achille sous les yeux d'Hector. D'Homère à Euripide, aucun texte connu ne fait mention de Polydore. En revanche, Virgile (*Énéide*, III, 41 *sq.*) évoque la mort de Polydore sous les coups de son hôte thrace (anonyme chez lui) désireux de s'emparer de son or, et Pline (*Histoire naturelle*, IV, 18, 4) signale un tombeau de Polydore, à Aenos, en pays thrace. Tout porte à croire qu'Euripide a eu connaissance d'une version semblable de la légende et a construit sur elle sa propre fable dramatique.

Le dispositif d'*Hécube*, du fait de ce montage, n'est pas sans poser de problème dramaturgique : où, et quand au juste, se passe l'action ? À la fin de la guerre de Troie, de toute façon. Entre la chute de la ville et le départ des Grecs sur lequel s'achève la tragédie, après que le sacrifice de Polyxène (accompli dans la première moitié de la pièce) a fait, aux derniers vers, se lever les vents favorables au retour. Mais l'ombre de Polydore qui prononce le prologue précise que le lieu de l'action est la Chersonnèse ; c'est donc là qu'Euripide situerait, contre la tradition qui les plaçait sur la côte de la Troade, et le sacrifice de la jeune fille et le tombeau d'Achille. En fait, comme l'ombre de Polydore, les indications d'Euripide « flottent » : elles font le va-et-vient entre la Chersonnèse et la Troade. Pour reprendre les termes de L. Méridier dans sa préface à l'édition des Belles Lettres, « on dirait que, dans sa vision de la scène, l'Hellespont n'a pas d'existence réelle ».

Hécube, il est vrai, n'a ni lieu ni temps précis. Dans un entre-deux temporel et géographique, la pièce semble se présenter comme un intermède, aussi bien dans l'Histoire que dans l'œuvre d'Euripide, puisqu'elle a probablement été jouée entre l'hiver 426-425 et le printemps 423 et qu'Euripide récrira en 415 les *Troyennes* sur la même situation (les suites immédiates de la chute de Troie), avec la même protagoniste, sans prendre aucunement la peine alors de faire le lien entre les deux tragédies. Intermède inauguré par l'apparition d'une ombre, développé par la réalisation des deux rêves prémonitoires d'Hécube, s'achevant par le passage à l'acte monstrueux d'Hécube, la tragédie d'Euripide se donne plutôt à lire selon l'exemplarité symbolique de sa construction que selon une grille réaliste. La fable d'*Hécube* revient en effet à inventer ce « jour en trop » qui inflige à la reine troyenne – après la chute de sa cité, le massacre des siens, et la réduction en esclavage – le sacrifice de sa fille et la mort de son dernier fils survivant. Aucune héroïne, peut-être, ne fut plus digne de pitié. Mais la pitié, dans *Hécube*, ne porte aucun autre enseignement que celui de la malignité humaine : les dieux n'y ont aucune part. La tragédie s'acharne sur Hécube sans que rien ne puisse donner sens à la ruine qui est la sienne. C'est alors qu'Euripide transforme sa victime en bourreau. Comme le fit Médée répudiée, flouée, exilée de Corinthe après avoir coupé ses amarres en Colchide, Hécube, abandonnée de tous, livre une lutte sans quartiers. La tragédie tourne à l'horreur, comme le fit aussi celle de *Médée*.

Ainsi l'a voulu Euripide, qui a inventé les données du dénouement, l'atroce vengeance des femmes « tueuses de mâles » et, pis encore, meurtrières d'enfants. Hécube est aussi monstrueuse que Médée, ou, plutôt, elle le devient comme elle. Sa monstruosité ne lui est pas naturelle, elle est la réponse fatale au destin qui lui est imposé. Fatale, parce que ni Médée ni Hécube n'ont le choix, face au déni d'existence qui leur est fait et dont elles savent, l'une et l'autre, qu'il tient à leur féminité, bafouée jusque dans leur maternité. À moins de consentir à leur anéantissement – ce qu'exclut leur statut héroïque – elles n'ont guère le choix des moyens, elles qui ne feront jamais la guerre pour s'imposer. Mais au-delà d'une réaction de défense, il faut remarquer que l'une comme l'autre agissent moins pour *leur* intérêt, pour exercer une vengeance brute, que mues par l'exigence de la *dikè*, par la conscience aiguë que le mal est infini et impuni, que ni dieu ni homme ne viendront jamais le sanctionner, qu'elles en sont les dépositaires. Jamais Hécube ne serait passée à l'acte si Agamemnon l'avait assurée que justice serait faite, si la justice humaine et la justice divine régissaient encore l'histoire. Sa monstruosité est donc moins singulière ou pathologique que symbolique. Nous sommes aux antipodes du réalisme psychologique où l'on prétend encore souvent confiner Euripide.

La tragédie d'*Hécube* va, par conséquent, bien au-delà du drame pathétique de « la plus malheureuse des mères ». Les parties élégiaques et lyriques sont d'ailleurs loin d'y avoir l'importance qu'elles auront dans les *Troyennes* : la puissance de la pièce se concentre plutôt dans les dialogues et dans la construction scénique.

L'épisode du sacrifice de Polyxène, dont le scoliaste nous dit qu'il n'innove en rien par rapport à la tragédie de Sophocle, est en effet moins remarquable en lui-même que par les scènes auxquelles il donne lieu et qui sont, elles, spécifiques du théâtre d'Euripide. Qu'il s'agisse du récit fait par le chœur (récit d'autant plus remarquable qu'il tient ici exceptionnellement la place de la *parodos*) de l'assemblée plénière des Grecs où a été voté le sacrifice, ou du très vif dialogue d'Hécube avec Ulysse sur les raisons du vote, la pièce est accablante pour la démocratie, son fonctionnement et ses valeurs : interventions dictées par l'intérêt, débats houleux sans véritable discussion, ralliement autour du culte des héros qui semble n'avoir plus d'autre justification que d'éviter la lâcheté et l'effondrement de la cité. Tout se passe comme si l'héroïsme exigeait pour se maintenir qu'on lui sacrifie des vierges esclaves. C'est alors qu'Euripide introduit son premier coup de théâtre, en transformant le sacrifice de Polyxène en sacrifice volontaire (schéma dont l'œuvre d'Euripide fera un usage récurrent), c'est-à-dire en transférant l'héroïsme sur la victime des héros prétendus. La jeune Troyenne, toute femme et barbare qu'elle soit, donne au mâle grec une leçon « naturelle » de cet héroïsme dont il veut faire son apanage. La « belle mort » de Polyxène subjuguera d'ailleurs l'armée, transformant les vainqueurs en serviteurs de la jeune morte, tandis qu'elle sera pour Hécube une manière de consolation – la noblesse de sa fille et sa supériorité sur les Grecs lui évitent l'écrasement de la douleur – et de revanche.

Tout autre est l'épisode de Polydore, qu'Euripide a voulu beaucoup plus brutal. Brutal scéniquement : c'est le second coup de théâtre, physique cette fois, qui impose à Hécube, sans la moindre préparation, la découverte (au sens propre : on le dévoile devant elle et le spectateur) du cadavre mutilé de son fils Polydore. Brutal symboliquement, puisqu'il s'agit d'un meurtre sans rituel, barbare (Polymestor est thrace), motivé par l'appât de l'or, et sacrilège (Polymestor a tué l'hôte qui lui avait été confié). L'enjeu n'est donc plus celui d'une démystification de l'idéologie grecque, mais d'une double confrontation pour Hécube : celle du mal radical, et celle du mensonge ou de la parole frauduleuse.

Le motif du *logos* double ou menteur est, on le sait, une des constantes de l'œuvre d'Euripide, le plus souvent, d'ailleurs, dans la bouche des femmes qui le dénoncent amèrement ou violemment, et rêvent d'une transparence qui permettrait à chacun de reconnaître les siens. Hécube ne se fait pourtant pas faute de mentir à Polymestor en prétendant cacher dans la tente où elle veut l'attirer les derniers biens des Priamides, mais son mensonge, circonstanciel, n'altère nullement la vérité qu'elle incarne depuis le début de la pièce. Bien plus, il fait sortir la vérité puisqu'il démasque aux yeux du spectateur la cupidité de Polymestor. Polymestor n'est au contraire qu'hypocrisie et duplicité : le langage ne lui sert qu'à rajuster son infamie naturelle, celle que signifie, d'ailleurs, le nom que lui a donné Euripide : « aux mille ruses ». Mais, avec un tel nom, Euripide fait coup double, car c'est, à très peu de chose près, la célèbre épithète homérique d'Ulysse, *polutropos*, « aux mille tours ». Contre Polymestor et contre Ulysse, Hécube mène le même combat. L'adversaire grec est plus sophistiqué, mais sa mauvaise foi, pour être plus idéologique ou politique, revient pour elle au même.

La radicalisation du mal et du malheur à laquelle est confrontée Hécube dans le second volet de la pièce redouble aussi pour elle, rétrospectivement, la portée du premier épisode. Certes, le meurtre de Polydore est plus immédiatement ignoble que celui de Polyxène et sa barbarie brutale est la cause ultime et déterminante de la vengeance d'Hécube. Certes, les arguments politiques invoqués par Polymestor pour travestir sa cupidité ne sont pas un instant crédibles, et Agamemnon n'ajoute aucune foi à cette parole de barbare. Mais le sacrifice de Polyxène relevait-il de la nécessité ? Pour être plus rituel, et décidé au terme d'une assemblée démocratique, était-il désintéressé ? Au bout du compte, comme ne cesse de le redire le texte, Hécube a deux cadavres jumeaux sous les yeux, les deux histoires sont jumelles, les deux volets de la tragédie n'en font qu'un.

Au-delà de sa portée critique, le dénouement d'*Hécube* pose enfin la question de la *dikè*, cette *dikè* qu'Hécube invoque à plusieurs reprises, celle que devrait instaurer le *nomos*, la Loi qui « nous fait croire à l'existence des dieux », comme elle le dit à Agamemnon au vers 800 en lui demandant de l'exercer, puisqu'il en est le dépositaire. Le refus qu'il lui oppose par crainte des réactions de l'armée dit assez combien la justice a perdu son ancrage dans les dieux, combien « le divin s'en est allé », comme le disait le chœur de *Médée*. Le geste d'Hécube, pour *juste* qu'il soit – et Agamemnon ne le niera pas –, n'en est pas moins régressif et sauvage. Il sanctionne le mal, sans rétablir la Loi, la possibilité de croire à l'existence des dieux.

La traduction qui suit se fonde sur l'édition Diggle, à l'exception des vers 176, 224, 293, 398, 415 à 421, 662, 758 à 760, 824, 839, 1079 et 1162, où l'on a préféré rétablir la leçon des manuscrits. La numérotation des vers est celle de Diggle.

Claire NANCY

HÉCUBE

Argument

Après le siège de Troie, les Grecs jetèrent l'ancre sur la côte de Chersonnèse, face à la Troade. Achille, dans une apparition nocturne, demanda qu'on égorgeât l'une des filles de Priam. Les Grecs, alors, pour honorer leur héros, arrachèrent Polyxène à Hécube et l'égorgèrent. De son côté, Polymestor, le roi des Thraces, avait égorgé Polydore, l'un des fils de Priam. Il l'avait reçu de Priam qui le lui avait confié, avec de l'argent. Une fois Troie prise, le désir de garder les richesses pour lui le poussa à le tuer, au mépris d'une amitié que le sort malmenait. Le cadavre qu'il avait jeté dans la mer fut ramené par le flot jusqu'aux tentes des captives. Hécube, à la vue du cadavre, comprit. Elle fit part de son dessein à Agamemnon, envoya chercher Polymestor avec ses enfants sans lui dire ce qui s'était passé : elle voulait lui indiquer où étaient les trésors d'Ilion. À leur arrivée, elle égorgea ses enfants, et lui ôta la vue. En présence des Grecs, son plaidoyer l'emporta sur celui de son accusateur. On jugea qu'elle n'avait pas eu l'initiative de la cruauté, qu'elle s'était défendue contre son agresseur.

Personnages

Poséidon
Le fantôme de Polydore
Hécube
Le chœur des captives
Polyxène
Ulysse
Talthybios
Une servante
Agamemnon
Polymestor

Prologue

La scène représente l'enceinte du campement grec en Chersonnèse de Thrace. Au milieu, la baraque d'Agamemnon. Au-dessus, porté par la mèchanè, *apparaît le fantôme de Polydore*[1].

Le fantôme de Polydore

Me voici, j'ai quitté la caverne des morts, et les portes de l'ombre
où Hadès, loin des dieux, a fixé sa demeure.
Je suis Polydore, enfant né d'Hécube, la fille de Cissée,
et de Priam, mon père. Lui, lorsque la cité des Phrygiens
5 fut en danger de tomber sous la lance des Grecs,
s'en inquiéta et me fit sortir de la terre troyenne
pour m'envoyer au palais de Polymestor, son hôte thrace,
celui qui cultive ici même la plaine incomparable de la Chersonnèse,
et régit de sa lance un peuple de cavaliers[a].
10 Avec moi, en secret, il fait sortir de l'or, en quantité[b],
qu'il destinait, mon père, si jamais tombaient les murs de Troie,
à ses fils survivants, pour leur éviter la misère.
C'était moi le plus jeune des enfants de Priam, c'est donc moi qu'il sortit

---

a. La Thrace était renommée pour sa fertilité (elle exportait du blé) et pour ses chevaux et ses cavaliers.
b. Le terme grec *polun*, placé en tête de vers, insiste sur le jeu étymologique des noms propres : Polydore, « richement doté », Polymestor, « riche en fourberies », et Polyxène, « riche en hôtes ».

du pays, car d'endosser l'armure,
15 ni de porter le glaive je n'étais en mesure avec mes bras trop jeunes.
Alors, tant que furent debout, là-bas, les bornes de mon pays,
indemnes les remparts de la terre troyenne,
et tant qu'Hector, mon frère, eut avec lui la chance des combats,
tout alla bien chez l'homme thrace, chez l'hôte de mon père :
20 je poussais par ses soins, comme un arbuste, hélas !
Mais quand Troie disparaît, avec la vie
d'Hector, quand le foyer de mon père eut été saccagé,
quand il tombe lui-même, contre l'autel édifié par les dieux [2],
égorgé par le fils d'Achille, meurtrier sacrilège,
25 il me tue, moi, pour l'or qui fait ma perte [a],
lui, l'hôte de mon père, il me tue et dans la vague marine
il me jette, pour garder l'or dans son palais.
Et me voilà gisant sur les grèves rocheuses, ou bien dans la houle du large,
abandonné au gré des nombreux va-et-vient du ressac,
30 privé de pleurs, privé de tombe. Mais aujourd'hui, au-dessus de ma mère bien-aimée,
Hécube, je m'élève, j'ai déserté mon corps.
Voilà deux jours déjà que je plane [b] dans l'air,
dès le moment qu'ici, en terre de Chersonnèse,
est arrivée ma pauvre mère, quand elle eut quitté Troie.
35 Les Achéens sont tous là, inactifs, avec leur flotte,
assis sur les rochers qui bordent ce pays de Thrace.
Le fils de Pélée leur est apparu au-dessus de son tertre funèbre,
pour arrêter, lui Achille, toute l'armée des Grecs
alors qu'elle pointait, cap au foyer, sa rame marine.
40 Il exige ma sœur Polyxène,
qu'on l'égorge pour l'amour [c] de sa tombe et pour sa part d'honneur [d].

---

a. La traduction tient compte de la place de *talaipôron* entre *chrusou* et *charin*.
b. Le terme grec *aiôroumènos* est un clin d'œil au dispositif technique – *aiôrèma* – qui permet son apparition au-dessus de la scène.
c. Littéralement : « comme victime égorgée chère [*philon*] à son tombeau ». Le « philon » faisant probablement allusion à la légende d'une relation amoureuse, effective ou non, partagée ou non (selon les versions), entre Achille et Polyxène ; on a tenté de lui restituer sa valeur allusive.
d. Chez Homère, *geras* est la part d'honneur supplémentaire qui vient reconnaître le mérite exceptionnel.

Et il va l'obtenir, il ne se fera pas refuser ce présent
par ses compagnons d'armes ; l'arrêt fatal conduit
à la mort ma sœur aujourd'hui même.
45 De ses deux enfants ma mère verra
les deux cadavres, celui de sa pauvre fille et le mien.
Car je vais apparaître, pour que ma peine obtienne sépulture,
sous les pieds d'une esclave je m'échouerai avec la vague.
De ceux qui ont pouvoir en bas, j'ai enfin obtenu
50 d'être enterré et de tomber dans les bras de ma mère.
Pour ce qui est de moi, ainsi, tout ce que j'ai voulu
se fera ; mais je vais laisser la place à la vieille
Hécube ; la voici, elle passe le pied sous la tente
d'Agamemnon ; mon fantôme l'effraie.
Hélas !
55 Ô ma mère qui au sortir d'une maison royale
as vu le jour de l'esclavage, quelle misère est la tienne,
à la mesure de ton bonheur passé ; il a su faire contrepoids,
le dieu qui te détruit, à ta prospérité ancienne.

Le fantôme disparaît, tandis qu'Hécube sort de la baraque, accompagnée et soutenue par une ou plusieurs servantes.

Hécube

Mes filles [a], conduisez la vieille sur le seuil,
60 allez, tenez bien droite votre compagne d'esclavage,
Troyennes, votre reine d'autrefois.
Prenez, portez, escortez, soulevez-moi
en me tenant par mon vieux bras.
65 Et moi, la main prenant appui
sur ce bâton noueux, je hâterai mon pas traînant
en forçant sur l'articulation de mes genoux pour avancer.

Ô brillance de Zeus, ô nuit ténébreuse,
pourquoi se dressent ainsi en pleine nuit
70 *épouvantes et apparitions ? Ô Terre vénérable* [3],
mère des songes à l'aile noire,
je veux chasser la vision qu'en pleine nuit

---

a. Ces filles ne sont pas le chœur, mais des personnages muets (*kôpha prosôpa*).

j'eus de mon fils, de celui qui ne craint rien en Thrace,
75 *de Polyxène aussi, ma fille bien-aimée, en songe,*
terrible vision à regarder, comprendre, recevoir.
Ô dieux chtoniens, sauvez mon fils,
80 *la seule ancre qui reste à ma maison,*
lui qui vit dans la Thrace enneigée
sous la protection de l'hôte de son père.

Il va arriver un malheur;
Et nous aurons, pleureuses, notre partition de pleurs à chanter.
85 *Jamais mon cœur ainsi, opiniâtrement,*
ne frissonne, ne tremble.
Où donc aller trouver l'esprit divin
d'Hélénos, et Cassandre[a]*, ô Troyennes,*
pour qu'ils lisent mes songes ?
90 *Car j'ai vu égorger une biche tachetée sous la griffe*
ensanglantée du loup : à mes genoux on l'avait arrachée sans pitié.
Et encore, qui m'épouvante :
j'ai vu venir, au sommet de son tertre funèbre,
le fantôme d'Achille ; en part d'honneur il exigeait
95 *l'une de nos Troyennes aux peines infinies.*
Pas la mienne, pas ma fille, écartez d'elle
la menace, divinités, je vous supplie.

Entre le chœur, quinze captives troyennes.

PARODOS [4]

LE CORYPHÉE

Hécube, en toute hâte vers toi je me suis esquivée,
j'ai quitté la tente de mes maîtres,
100 la place où le sort m'a fixé
d'être esclave, chassée de ma cité
d'Ilion, gibier des Achéens

---

a. Hélénos et Cassandre, enfants de Priam et d'Hécube, avaient tous deux reçu d'Apollon le don de prophétie.

pourchassé à la pointe des lances.
Je ne viens alléger aucune de tes peines,
mais l'annonce pèse lourd dont je me suis chargée
105 et pour toi, femme, je serai un héraut de douleurs.
À l'assemblée plénière des Achéens,
ils ont, m'a-t-on dit, décidé[5] d'offrir à Achille ta fille,
égorgée. Au-dessus de son tertre
110 – tu sais quand – il apparut avec ses armes d'or,
a retenu les barques franchisseuses des mers :
leurs voiles aux cordages allaient prendre le vent.
Il les interpellait : « Ho ! pour où, Danaens,
tous ces préparatifs ? Et ma tombe,
115 vous allez la laisser sans l'avoir honorée ? »
Une immense querelle, alors, fit déferler ses vagues.
L'opinion circulait, partageait en deux camps l'armée
des guerriers grecs : les uns étaient pour accorder
à la tombe l'égorgement, les autres pensaient que non.
120 Il y avait, pour prendre ton parti à cœur,
faisant valoir le lit de la Bacchante
prophétique[a], Agamemnon ; les deux fils de Thésée[b], eux,
les rejetons d'Athènes, prenaient la parole
deux fois, mais se rangeaient ensemble
125 à un avis unique : d'Achille,
il fallait couronner la tombe de sang frais ;
pour le lit de Cassandre, pas question, disaient-ils,
qu'à la lance d'Achille on dût jamais la préférer[6].
130 Les thèses s'affrontaient, d'une ardeur
presque égale, quand cet esprit madré
ce hâbleur, ce beau parleur, ce flagorneur du peuple
qu'est le fils de Laërte[7] vient persuader l'armée
de ne pas rejeter le meilleur de tous les Danaens
135 pour un égorgement d'esclave !
Qu'aucun ne puisse dire chez Perséphone,
une fois arrivé chez les morts,
que les Danaens, sans gratitude

---

a. Cassandre, que le tirage au sort des captives avait attribuée à Agamemnon. Elle est systématiquement appelée « bacchante » dans le texte d'Euripide, en raison de l'état de transe qui accompagne chez elle les accès prophétiques.
b. Démophon et Acamas ne figurent pas dans l'*Iliade* (qui ignore Athènes !), mais dans des textes plus tardifs, comme l'*Ilioupersis*.

pour les Danaens disparus
140 en défendant la Grèce,
sont partis de la plaine de Troie.
Il va venir Ulysse, s'il n'arrive déjà,
arracher ta pouliche à ton sein,
la pousser hors de tes vieux bras.
Va vite jusqu'aux temples, vers les autels,
145 assieds-toi suppliante, prends les genoux d'Agamemnon,
appelle à toi les dieux, et ceux du ciel
et ceux qui sont sous terre ; alors, ou tes prières
t'éviteront de perdre
ta malheureuse enfant ; ou bien il te faut voir
150 la vierge, effondrée sur la tombe, s'empourprer
de son sang qui de sa gorge couverte d'or
laisse couler ses lueurs noires.

Premier épisode

Hécube [8]

Strophe

Ô! malheur à moi! Mais qu'est-ce que je peux dire,
155 *Quelle clameur ? Quelle plainte ?*
Misère de la vieillesse misérable,
de la servitude intenable,
insupportable ! Pauvre, pauvre de moi !
Qui me défend ? Quelle génération,
160 *quelle cité ? Disparu le vieil homme,*
disparus les enfants !
Vers où me diriger ? par ici ?
ou par là ? où trouver un salut ? où l'un des
dieux, une divinité pour me porter secours ?
165 *Ô vous qui m'avez apporté le malheur,*
Troyennes, qui m'avez apporté le malheur
qui m'accable, vous me faites mourir, mourir ; la vie ne m'est
   plus
désirable, ans la lumière.
170 *Ô mon pauvre pied, conduis-moi,*
conduis la vieille femme
là, dans cette cour. Ô mon enfant, ô fille

*de la mère la plus éprouvée, sors,
sors de la maison, écoute la voix maternelle.*
175 *Ô mon enfant, apprends ce qu'on me dit,
qu'on me dit de ta vie !*

POLYXÈNE

*Io,
ma mère, ma mère, pourquoi ces cris ? quel malheur
à proclamer qui me déloge comme un oiseau
et qui, d'effroi, me fait sortir, ainsi blottie ?*

HÉCUBE

180 *Ma pauvre enfant !*

POLYXÈNE

Pourquoi ces mots sinistres ? et qui préludent à mon malheur ?

HÉCUBE

Je pleure sur ta vie.

POLYXÈNE

*Explique-toi, c'est cacher trop longtemps !
J'ai peur, j'ai peur, ma mère.*
185 *Dis, sur quoi gémis-tu ?*

HÉCUBE

Ô mon enfant, enfant d'une mère misérable...

POLYXÈNE

Que veux-tu m'annoncer ?

HÉCUBE

*On t'égorge : d'une seule voix
les Argiens pour honorer sa tombe*
190 *décident de t'offrir au descendant de Pélée.*

POLYXÈNE

*Pitié pour moi, mère ! mais d'où tiens-tu ce que tu dis ?
Sur ce malheur que nul ne m'enviera*[a]*, éclaire-moi,
éclaire-moi, ma mère.*

---

a. *Megairô* est l'équivalent homérique de *phthoneô* : envier la chance ou les avantages de quelqu'un, d'où refuser à quelqu'un par « jalousie » ce qu'il souhaite obtenir ; *amegartos* est donc ici un trait d'ironie du désespoir : la « chance » de Polyxène ne saurait faire envie à personne !

Hécube

Je te redis, ma fille, les mots sinistres :
195 *on m'annonce qu'un vote des Argiens*
a décidé de me prendre ta vie.

Polyxène

Antistrophe

Ô terrifiant ce qui t'arrive, ô toi que tout accable,
ô mère à l'existence désolée,
quel est, mais quel est encore pour toi cet outrage,
200 *le plus destructeur, l'innommable,*
venu d'une divinité !
Plus jamais tu ne m'auras pour fille, plus jamais
je ne serai pour ta vieillesse pitoyable ta pitoyable
compagne d'esclavage.
205 *Moi, ton petit, comme on ferait d'une génisse*
nourrie dans la montagne, tu me verras – pitoyables et l'une
et l'autre – arrachée de tes
bras et, la gorge tranchée, envoyée
vers l'Hadès, dans les ténèbres de la terre, pour m'y
210 *coucher, misérable, avec les morts.*
Sur toi, ma mère désolée,
je pleure le thrène de toutes les douleurs ;
mais de ma vie, à moi, outrage et ravage,
je ne déplore rien : mourir
215 *est ma plus grande chance.*

Le coryphée

Voici Ulysse ; il vient à pas pressés,
Hécube, il a du nouveau à te dire.

Entre Ulysse.

Ulysse [9]

Femme, tu connais, j'imagine, la décision de l'armée
et le vote qui a eu lieu ; je vais cependant te la dire.
220 Les Achéens ont décrété, pour ta fille Polyxène,
de l'égorger sur le tertre érigé pour la tombe d'Achille.
Nous venons, nous, chercher et emmener la jeune fille,
c'est notre mission ; pour présider au sacrifice
et pour y officier s'est désigné le fils d'Achille.
225 Tu sais donc ce qui te reste à faire : ne te la fais pas arracher de force,

n'en viens pas à te battre avec moi.
Mesure tes ressources et l'état de malheur
où tu es ; la sagesse, jusque dans le malheur, est de se faire
à ce qu'il faut.

HÉCUBE

Ah, le voici, dirait-on, l'affrontement[a] décisif
230 gros de sanglots et pas à court de larmes.
Vrai ! je ne suis pas morte quand j'aurais dû mourir ;
Zeus, au lieu de me perdre, me garde en vie pour que je voie
encore des malheurs pires que mes malheurs, pauvre de moi !
Si aux esclaves il est permis, à l'égard des gens libres,
235 sans les blesser ni leur mordre le cœur,
de les interroger, alors à toi de parler,
et à nous d'écouter, qui posons les questions.

ULYSSE

C'est permis ; questionne. Je ne vais pas te refuser ce temps.

HÉCUBE

Tu sais le jour où tu vins espionner Ilion[b],
240 hideux sous tes haillons, avec tes yeux
d'où le sang dégouttait en filets jusque sur ton menton ?

ULYSSE

Je le sais : il m'a touché le cœur, plus profond qu'à son bord !

HÉCUBE

… et où Hélène te reconnut, et ne le confia qu'à moi ?

---

a. Le texte joue sur deux sens d'*agôn* : le sens d'épreuve, ou de lutte menée dans l'existence, et le sens technique de lutte oratoire qui est la matrice de la scène tragique. Hécube annonce ainsi, en abîme, la scène dont elle sera l'une des parties.
b. Allusion à *Odyssée*, IV, 242 *sq.* : après s'être défiguré lui-même et s'être déguisé en eclave vêtu de haillons, Ulysse avait réussi à entrer à Troie pour y massacrer un grand nombre de Troyens. Reconnu effectivement par Hélène, il n'est pas chez Homère dénoncé par celle-ci. La version d'Euripide est peut-être de sa propre invention.

Ulysse

Je me rappelle que je risquais beaucoup.

Hécube

245 ... et quand tu m'as pris les genoux, en te faisant tout humble ?

Ulysse

Tu penses ! ma main en était morte, dans ta robe !

Hécube

Alors, que m'as-tu dit, ce jour-là, où tu étais mon esclave ?

Ulysse

Tous les mots que j'ai pu inventer, pour éviter la mort.

Hécube

Et je t'ai bien sauvé, et sorti du pays ?

Ulysse

250 Sans doute, puisque je vois ici la lumière du soleil.

Hécube

Et tu n'es pas infâme, de venir avec les projets que tu as,
toi, que j'ai traité comme tu dis que je l'ai fait,
qui, au lieu de bienfaits, me fais tout le mal que tu peux ?
Engeance ingrate que la vôtre [10], vous tous les flatteurs
255 qui briguez les honneurs populaires ! Je ne veux rien savoir de vous,
qui portez tort à vos amis sans avoir de scrupule,
pourvu que vos discours aient la faveur des foules !
Mais dis-moi, quel sophisme ont-ils pu inventer
contre elle, ma fille, pour arrêter le vote de sa mort ?
260 Était-ce la nécessité qui les poussait à égorger un être humain[a]
sur le tombeau, quand il convient plutôt d'y sacrifier des bœufs ?
ou bien la volonté de rendre meurtre pour meurtre

---

a. Le verbe *anthroposphagein* est un hapax et sonne, à l'époque classique, comme un assemblage monstrueux.

qui justifie Achille de décocher la mort contre elle[a] ?
Elle pourtant ne lui a rien fait de mal.
265 C'est Hélène qu'il devait exiger pour qu'on l'égorge sur sa tombe ;
c'est elle qui l'a perdu en l'amenant à Troie.
Et s'il vous faut la mort d'une captive de choix,
d'une beauté exceptionnelle, nous ne faisons pas l'affaire[b].
La Tyndaride, pour ses charmes, est toute désignée
270 et pour les torts, on a vu qu'elle nous vaut largement !
Si l'on dispute sur le droit, voilà ce que je dis.
Mais pour la dette qu'à ton tour tu dois à ma demande[c],
écoute-moi. Tu m'as touché – tu en conviens – la main,
ma vieille joue aussi, tu es tombé à mes genoux.
275 À mon tour, je te touche, moi, avec les mêmes gestes,
je te demande la faveur même de jadis, c'est toi le supplié :
n'arrache pas mon enfant de mes bras,
non, ne la tuez pas ; assez de morts !
En elle, j'ai ma joie et j'oublie mes malheurs.
280 Elle me tient lieu de tant ! c'est ma consolation,
ma cité, ma nourrice, mon bâton, mon guide sur la route.
Non : qui est en position de force ne doit pas l'exercer indûment,
ni, pour un coup de chance, s'attendre à réussir toujours.
Je l'ai eu, moi aussi, et aujourd'hui, je ne l'ai plus.
285 Toute ma prospérité, un jour, un seul, me l'a ôtée.
Allons, par ce menton ami, aie un égard pour moi,
prends pitié ! retourne au camp des Achéens,
fais-leur valoir qu'on provoque les dieux[d] à mettre à mort
ces femmes que, d'abord, vous aviez renoncé à tuer

---

a. L'expression est une figure construite à partir des locutions *teinein belos* ou *toxon* : « lancer un trait ». Toute la *rhèsis* d'Hécube est remarquable par sa puissance et son invention stylistique, la diversité de ses registres : invective, ironie, supplication.
b. Expression elliptique, qui désolidarise radicalement le *tode* : « ce que vous voulez » du *èmôn*, de « nous », et vise à détourner le « trait de la mort » du camp troyen pour le renvoyer sur Hélène.
c. La dette d'Ulysse se fonde sur l'obligation morale de rendre le service rendu.
d. Le *phthonos* des dieux les amène, comme la *nemesis*, à sanctionner les actes d'*hubris* – ici le fait de massacrer après coup des femmes qui s'étaient mises sous la protection des dieux.

290 en les arrachant des autels, pour les prendre en pitié.
La loi, chez vous, donne l'égalité à l'homme libre
et à l'esclave quand il s'agit du sang[a].
Et ton prestige, dût-il plaider une mauvaise[b] cause,
la rendra convaincante. La parole, selon qu'on est obscur
295 ou renommé, la même parole, n'a pas la même force.

LE CORYPHÉE

Il n'est pas de nature humaine assez dure
pour t'entendre gémir ta douleur, tes longues
plaintes sans répandre des larmes.

ULYSSE

Hécube, écoute-moi ; ne va pas, sous le coup de la colère,
300 regarder en ennemi celui qui plaide une bonne cause.
Moi, pour ta personne à qui je dois ma chance,
je suis tout prêt à la sauver – tu peux me croire.
Mais sur ce que j'ai dit devant tous, je ne reviendrai pas,
que Troie une fois prise, on accorde au plus grand
305 de l'armée ta fille égorgée, s'il l'exige.
Car ce qui affaiblit la plupart des cités[11],
c'est qu'un homme valeureux, un homme de cœur,
n'obtienne rien de plus que les lâches.
Pour nous, Achille mérite les honneurs, femme,
310 d'être mort pour la Grèce de la plus belle mort, en homme[c].
N'y a-t-il aucune honte à le traiter, de son vivant, comme un ami,
et à ne plus le faire une fois qu'il est mort ?
Bon ! que pourra-t-on bien dire, quand se reproduira
de lever une armée dans un conflit avec nos ennemis ?
315 Irons-nous au combat ou bien voudrons-nous la vie sauve,
si nous voyons le mort n'être pas honoré ?
Je te le dis : pour moi, de mon vivant, si peu que j'aie
pour la vie quotidienne, cela me suffirait parfaitement.

---

a. Les lois athéniennes punissaient le meurtre de l'esclave, considéré comme faisant partie de l'*oikia* de son maître.
b. Il faut évidemment comprendre « regardée comme mauvaise », donc difficile à plaider.
c. La traduction tient compte des positions parallèles de *gunai* et d'*anèr* en fin de vers : Ulysse donne à la femme troyenne une leçon d'héroïsme grec sur le motif de la « belle mort » (cf. notice introductive sur la véritable « belle mort » de la pièce qui sera celle de Polyxène).

Mais pour ma tombe, je voudrais des honneurs
320 bien en vue, sur la mienne : voilà une faveur qui dure !
Si maintenant tu parles de ton sort pitoyable, écoute ma réponse.
Nous en avons chez nous, qui sont tout aussi éprouvés,
vieilles femmes et vieillards, comme toi,
et jeunes épouses privées d'époux de grand mérite,
325 dont les corps sont ici[a], cachés sous la poussière de l'Ida.
À toi de supporter ! De notre côté, si notre coutume est mauvaise
d'honorer l'homme valeureux, nous serons quittes pour la bêtise.
Mais vous, les Barbares, continuez à ne pas reconnaître
vos amis, à ne pas admirer les belles morts,
330 et la Grèce connaîtra le succès
et vous le sort que valent vos résolutions[12] !

Le coryphée

Hélas ! à l'esclave, toujours s'attache le malheur,
et supporter l'insupportable, puisque la force l'a vaincu.

Hécube

Ô ma fille ! mes arguments se sont dissipés
335 dans les airs, vaine offensive[b] pour te sauver du meurtre.
Mais toi – peut-être es-tu mieux armée que ta mère –
mets tout en œuvre, tous tes accents, comme la voix
du rossignol, pour n'être pas privée de vie.
Tombe aux genoux d'Ulysse, apitoie-le,
340 et convaincs-le (tu as une entrée en matière : il a des enfants,
lui aussi) de prendre ton sort en pitié.

Polyxène

Ulysse, je te vois qui caches ta main droite
sous ton manteau, et qui détournes ton visage
pour m'empêcher de toucher ton menton.
345 Rassure-toi : tu n'as plus à craindre le Zeus de ma supplique[c].

---

a. La scène se passerait donc en Chersonnèse.
b. Métaphore qui assimile les arguments à des armes utilisées pour mener un assaut (ici, contre le meurtre).
c. Zeus Suppliant est protecteur de toutes les suppliques, dès lors qu'elles sont rituelles. Le supplié ne peut donc sans risque refuser d'accéder à la requête (cf. *Les Suppliantes*).

Je vais te suivre, et parce que c'est inéluctable
et parce que je désire mourir : ne pas le vouloir
serait me conduire en femme lâche et qui veut la vie sauve[a].
À quoi bon, pour moi, vivre ? mon père était seigneur
350 de tous les Phrygiens ; ce fut mon début dans la vie.
On m'éleva ensuite dans les belles espérances
d'une promise royale, et ils étaient plus d'un à envier
mes noces, à qui me conduirait dans sa maison et son foyer.
J'avais pouvoir, pauvre de moi ! sur les femmes
355 de l'Ida, et au milieu des vierges, tous les regards étaient pour moi,
l'égale des déesses, sauf à devoir mourir[b].
Et aujourd'hui, je suis esclave ; ce seul nom, d'abord,
me fait aimer la mort, de ne pas m'être familier ;
ensuite, je pourrais tomber sur des maîtres cruels
360 de cœur, sur qui m'achètera à prix d'argent,
moi, la sœur d'Hector et de tant d'autres,
et qui, m'imposant la contrainte de faire le pain[c], chez lui,
me fera balayer la maison, rester debout à la navette,
à longueur de mes jours de douleur, sous la contrainte.
365 Mon lit, un esclave acheté n'importe où
y portera la main quand, jadis, il méritait les rois.
Jamais ! libre est l'éclat de mon regard,
je l'affranchis[d] en offrant mon corps à Hadès.
Allez, emmène-moi, Ulysse, où tu dois m'achever.
370 Car d'espérance ou d'apparence je ne vois rien
autour de moi qui m'encourage à croire en un bonheur futur.
Ma mère, ne viens me mettre aucune entrave,
ne dis rien, ne fais rien, partage mon dessein
de mourir avant de connaître une honte qui me dégraderait.

---

a. Polyxène reprend le terme qu'avait utilisé Ulysse au v. 315.
b. Écho d'*Odyssée*, VI, 16, où ces termes sont appliqués à Nausicaa.
c. Depuis *Iliade*, VI, ces motifs constamment repris pour désigner la servitude féminine, citent les craintes d'Andromaque lors de ses adieux à Hector.
d. *Eleutheron* a à la fois une valeur d'épithète – « mon regard libre » – et proleptique : « je lui rends sa liberté ».

375 Qui n'est pas habitué à goûter au malheur
peut le porter, mais souffre à glisser la nuque sous le joug.
Mort, il serait plus heureux
que vivant ; sans dignité la vie n'est qu'une longue peine.

Le Coryphée

Prodige éclatant, chez les mortels, l'empreinte
380 d'une haute origine, et qui s'en montre digne
grandit encore le nom de sa naissance !

Hécube

Tu as parlé avec noblesse, ma fille, mais ta noblesse
n'est pas sans désespoir. S'il faut que le fils de Pélée
soit gratifié et que vous soyez quittes de blâme,
385 Ulysse, ne la tuez pas, elle,
emmenez-moi plutôt sur le bûcher d'Achille
et frappez-moi, sans m'épargner ; c'est moi qui enfantai Pâris,
celui qui de ses traits fit périr l'enfant de Thétis.

Ulysse

Mais ce n'est pas ta mort, vieille femme, qu'a demandée
390 aux Achéens le fantôme d'Achille, c'est la sienne.

Hécube

Alors, massacrez-moi, au moins, avec ma fille.
Cela fera double ration de sang à boire
et pour la terre et pour le mort qui le réclame.

Ulysse

C'est assez de la mort de ta fille, inutile de les ajouter
395 l'une à l'autre ; même elle, que ne pouvons-nous l'éviter[a] !

Hécube

Il faut absolument qu'avec ma fille je meure.

Ulysse

Comment cela ? Je n'ai, que je sache, d'ordre à recevoir de personne !

Hécube

Comme le lierre au chêne, je m'accrocherai à elle.

---

a. Trait d'humanité qui nuance le portrait du personnage.

ULYSSE

Non, si tu en crois de plus sages que toi.

HÉCUBE

400 Je n'accepterai pas de lâcher cette enfant.

ULYSSE

Et moi, sois sûre que je ne partirai pas en la laissant ici.

POLYXÈNE

Mère, suis mes conseils, et toi, fils de Laërte,
ne t'acharne pas sur une mère qui a de quoi être hors d'elle.
Pour toi, ô malheureuse, ne lutte pas contre ceux qui ont le pouvoir.
405 Veux-tu tomber par terre, couvrir de plaies ton
corps âgé en te faisant traîner de force
et perdre ta décence dans les bras d'un jeune homme
qui t'arrachera de moi ? C'est ce qu'on te fera. Non, pas toi ! c'est indigne !
Va, petite mère chérie, donne-moi ta main
410 si douce, et ta joue à presser contre ma joue.
Songe que plus jamais – c'est aujourd'hui la toute dernière fois –
je ne verrai le rayon et l'orbe du soleil.
Voici que tu reçois mes dernières paroles.
Ô ma mère ; ô toi qui m'enfantas, voici que je m'en vais sous terre.

HÉCUBE

415 Ô ma fille, et nous serons esclave à la lumière du jour.

POLYXÈNE

Sans l'époux, sans l'hymen que j'aurais dû connaître.

HÉCUBE

Pitoyable ton sort, mon enfant ; accablante l'épreuve pour la femme que je suis !

POLYXÈNE

Là-bas je serai chez Hadès étendue, privée de toi.

HÉCUBE

Hélas ! que faire ? où achever ma vie ?

Polyxène
Je vais mourir esclave, moi qui suis née d'un père libre.

Hécube
Et nous, sans les cinquante enfants qui furent notre part.

Polyxène
Que dirai-je à Hector en ton nom, ou à ton vieil époux ?

Hécube
Rapporte-leur qu'aucune femme n'a connu plus d'épreuves que moi.

Polyxène
Ô ta poitrine, et tes seins, votre douceur qui m'a nourrie.

Hécube
Ô l'épreuve, ma fille, de ton destin prématuré !

Polyxène
Salut à toi qui m'enfantas, salut à toi, Cassandre…

Hécube
À d'autres le salut, mais pour ta mère, il n'en est pas.

Polyxène
… à celui qui vit chez les cavaliers thraces, mon frère Polydore.

Hécube
S'il est encore en vie ! je n'y crois plus ; tout va pour moi si mal.

Polyxène
Il est en vie, et à ta mort, il fermera tes yeux.

Hécube
Morte, moi je le suis, avant la mort, à force de malheurs.

Polyxène
Emmène-moi, Ulysse, recouvre-moi la tête de mon voile,
avant d'être égorgée je sens mon cœur fondre
aux thrènes de ma mère, et le sien fond à mes plaintes.
Ô lumière[a] ! t'invoquer par ton nom, je peux encore le faire,

---
a. Adieu traditionnel à la lumière.

mais à partager avec toi, je n'ai rien que le temps de mes pas
d'ici le glaive et le bûcher d'Achille.

Polyxène part avec Ulysse. Hécube s'effondre.

HÉCUBE

Pitié pour moi ! je défaille, j'ai les membres rompus !
Ô ma fille, touche ta mère, tends-moi la main,
440 donne, ne me laisse pas sans enfant ! Mes amies, je succombe.
Ici, la Laconienne, la sœur des deux Dioscures,
ici je voudrais voir Hélène ! C'est elle[a], de ses beaux yeux,
qui dans l'ignominie entraîna Troie la bienheureuse.

PREMIER STASIMON

Strophe 1

Brise, brise du large
445 *qui pour leur traversée du large, escor-*
tes les barques rapides sur la houle marine,
où conduiras-tu ma mi-
sère ? chez qui, achetée comme esclave, et
dans quelle maison arriverai-je ? peut-être
450 *un mouillage de la terre dorienne*[b],
ou de Phthie[c], *là où le*
père des eaux incomparables,
on nous le dit, l'Apidanos, nourrit les plaines ?

Antistrophe 1

Peut-être une des îles : fendant la mer,
455 *m'y portera la rame, pauvre*
de moi, mener dans la maison une vie misérable,
là où[d], *premiers surgis, et le pal-*
mier et le laurier offrirent leurs ra-

---

a. Jeu de mot célèbre depuis Eschyle sur le nom d'Hélène (*Elenè, eile*)
que l'on a évoqué ici avec la reprise « elle » et le verbe « entraîne ».
b. Le Péloponnèse, terre d'Agamemnon.
c. Pays d'Achille.
d. Dèlos où Lètô, enceinte des œuvres de Zeus, avait accouché
d'Apollon et d'Artémis, en entourant de ses bras, dans les douleurs
de l'enfantement, le palmier de l'île. Euripide introduit le laurier
dans la scène mythique.

460 *meaux sacrés à l'amour de Léto en l'hon-*
neur de ses couches, œuvres de Zeus.
Avec les jeunes filles de
Délos, irai-je célébrer
le bandeau d'or et l'arc
465 *d'Artémis la déesse ?*

Strophe 2

Peut-être dans la cité de Pallas[a]
l'Athénienne au beau
char, sur le péplos jaune safran
j'attellerai les coursiers, ingénieuse à les broder
470 *sur ma trame fleurie de sa-*
fran, eux, ou la race des Titans,
celle que Zeus encercle du feu de
sa flamme pour les exténuer, lui, le Cronide ?

Antistrophe 2

475 *Je pleure sur mes enfants,*
je pleure sur mes pères et mon pays
qui s'écroule dans la fumée
de l'incendie, conquis
par la lance argienne ; et moi,
480 *en terre étrangère, voici que l'on m'appel-*
le esclave, que j'ai quitté l'Asie,
que je l'ai échangée pour le séjour d'Eu-
rope, cette chambre d'Hadès[13].

Deuxième épisode

Entre Talthybios[b].

Talthybios

Dites-moi où, celle qui régna jadis sur Ilion,
485 Hécube, où la trouver, jeunes femmes de Troie ?

---

a. L'évocation d'Athènes est centrée sur la fête des grandes Panathénées, où l'on portait en procession au temple d'Athéna un péplos tissé par de jeunes Athéniennes de noble famille : on y voyait Athéna sur un char participant au combat des dieux contre les Titans.
b. Héraut des Achéens, qui jouera un rôle majeur dans les *Troyennes*, où il sera partagé entre la brutalité et la compassion jusqu'à se désolidariser de ses maîtres. Le contexte prête ici à une compassion sans mélange.

Le coryphée

C'est elle, tout près de toi, le dos allongé sur le sol,
Talthybios, à terre, barricadée dans son manteau.

Talthybios

Ô Zeus[14], que dire? que tu regardes les humains
ou que c'est illusion portée en vain à ton crédit,
490 (qu'on se trompe à croire qu'il existe une race divine)
quand le hasard seul veille à tout ce qui est mortel?
Elle, ne fut-elle pas la reine des Phrygiens couverts d'or,
ne fut-elle pas l'épouse de l'opulent Priam?
Et voici qu'aujourd'hui la lance a dépeuplé sa cité tout entière,
495 et qu'elle, esclave, vieille privée d'enfants, par terre,
est couchée là, et la poussière souille sa tête pitoyable.
Hélas! Hélas! je suis vieux; pourtant, vienne la mort
pour moi avant d'être précipité dans un sort infamant.
Relève-toi, ô pauvre femme, redresse
500 ton flanc, ta tête toute blanche.

Hécube

Hé! qui est là, qui ne veut pas laisser mon corps
à terre? pourquoi veux-tu, qui que tu sois, bouger mon désespoir?

Talthybios

C'est moi, Talthybios, je viens sur ordre des Danaens,
Agamemnon m'a envoyé, ô femme, te chercher.

Hécube

505 Ô le plaisir que tu me fais! alors, moi aussi, sur la tombe on m'égorge?
Tu viens me dire la décision des Danaens? que tes mots me feraient plaisir!
Courons, soulevons la poussière! vieil homme, emmène-moi.

Talthybios

Ta fille est morte, et c'est pour l'enterrer, femme,
que je viens te chercher; c'est la requête
510 des deux Atrides, et de l'armée des Achéens.

Hécube

Pitié ! que veux-tu dire ? alors, ce n'est pas pour ma mort
que tu viens me trouver, mais en messager de malheur ?
Tu es donc morte, mon enfant, arrachée à ta mère,
et moi, privée d'enfant, en toi ; pauvre de moi !
515 Mais comment l'avez-vous mise à mort ? l'avez-vous respectée ?
ou bien jusqu'à l'ignominie l'avez-vous massacrée, vieil homme,
ainsi qu'une ennemie ? Parle, même si tes mots ne doivent pas me plaire.

Talthybios

Tu me demandes doubles larmes : voilà tout le profit, femme,
de ma pitié pour ton enfant ; si je raconte maintenant ce malheur,
520 je mouillerai mes yeux, comme à sa mort, devant la tombe.
La foule entière de l'armée achéenne était là,
au complet, devant la tombe, pour l'égorgement de ta jeune fille ;
le fils d'Achille prit Polyxène par la main
et la plaça debout, en haut du tertre ; j'étais juste à côté.
525 Choisis, triés, de jeunes Achéens
pour contenir de leurs deux bras les bonds de ta génisse
vinrent ensuite ; ayant pris à deux mains une coupe remplie,
en or massif, le fils d'Achille élève d'une main
les libations pour son père défunt ; il me fait signe
530 de donner l'ordre du silence[a] à toute l'armée achéenne.
Moi, je me levai et fis cette proclamation publique :
« Silence, Achéens, on demande le silence à chacun dans l'armée.
Silence, qu'on se taise. » Plus un souffle, j'avais calmé la foule.
Et lui de prendre la parole : « Ô fils de Pélée, mon père,
535 reçois de moi ces libations qui charment,
qui évoquent les morts ; viens boire le sang noir
de cette fille, sang pur que nous t'offrons,
l'armée et moi ; sois-nous propice,

---

a. On imposait le silence pour éviter toute parole de mauvais augure.

accorde-nous de délier les poupes et les amarres
540 de nos navires, d'obtenir un retour favorable
depuis Ilion et de parvenir tous en terre paternelle. »
Voilà tout ce qu'il dit, et l'armée unanime approuva sa prière.
Il prit alors par sa poignée le glaive recouvert d'or,
il le tira de son fourreau, et fit signe aux jeunes gens
545 choisis dans l'armée argienne de saisir la vierge.
Mais elle, ayant compris, énonça ce discours :
« Ô vous, Argiens, qui avez ravagé ma cité,
je meurs de mon plein gré ; que personne ne touche
à mon corps ; j'offrirai ma gorge d'un cœur ferme.
550 Libre je suis, libre je veux mourir,
au nom des dieux, relâchez-moi pour me tuer ; car chez les morts,
porter le nom d'esclave, moi qui suis reine, me fait rougir de honte. »
Les hommes l'acclamèrent et le seigneur Agamemnon
dit aux jeunes soldats de relâcher la vierge.
555 Eux, à peine le dernier mot prononcé,
la relâchèrent – c'était la voix du pouvoir souverain –
et elle, quand elle eut entendu la parole des maîtres,
saisit son vêtement et, du haut de l'épaule,
le déchira jusqu'au milieu du flanc, près du nombril :
560 elle découvrit des seins et un buste – on aurait dit une statue –
magnifiques, mit un genou en terre
et les mots qu'elle dit passent tous les courages :
« Tiens, vois, jeune homme, si c'est à la poitrine
que tu veux me frapper, frappe ; si c'est plutôt le cou
565 qu'il te faut, voici ma gorge qui t'attend, là. »
Lui veut et ne veut plus, saisi de compassion pour elle :
il tranche avec le fer l'écoulement du souffle ;
le sang coulait en jets ; elle, quoique mourante,
avait grand soin de tomber décemment,
570 de cacher ce qu'il faut à des yeux masculins.
Et quand elle eut rendu le souffle, égorgée à mort,
chacun des Argiens s'affairait à sa tâche :
les uns, de leurs mains, sur la morte,
jetaient des feuillages[15], d'autres chargent le bûcher
575 en apportant des troncs de pin, et qui n'apportait rien
essuyait les insultes de ceux qui apportaient :

« Tu restes planté là, ignoble, les mains vides,
ni vêtements, ni parures pour la jeune fille ?
Tu ne vas rien donner à ce grand cœur incomparable,
580 à l'être le plus noble ? » À te parler ainsi
de la mort de ta fille, je te vois à la fois, parmi toutes les femmes,
comme la mère la plus comblée et la plus éprouvée.

Le coryphée

Terrifiant, le fléau qui de ses eaux gonflées a submergé les Priamides
et ma cité, par le vouloir inflexible des dieux.

Hécube

585 Ô ma fille, je ne sais plus lequel de mes malheurs considérer,
tant ils se pressent ; si je m'attache à l'un d'entre eux,
il ne me lâche plus ; mais de là-bas me sollicite
une douleur nouvelle qui enchaîne malheur après malheur.
À l'instant, c'est toi : comment ne pas pleurer ton sort ?
590 je ne pourrais l'effacer de mon cœur.
Et pourtant tu m'as épargné le trop plein quand j'apprends
ta noblesse. N'est-ce pas étrange : la terre,
même mauvaise, dès que les dieux la favorisent, porte de beaux épis ;
la bonne, privée du nécessaire,
595 donne de mauvais fruits ; les humains, eux, ne changent pas.
L'homme de rien ne peut être qu'un lâche,
le valeureux que valeureux ; même dans le désastre
il garde intacte sa nature, sa qualité ne change pas.
Est-ce l'hérédité qui fait la différence, ou bien l'éducation [16] ?
600 La bonne éducation comporte sans nul doute
l'apprentissage du bien : pour peu qu'on l'ait suivi,
il suffit, pour connaître le mal, de se régler sur les normes du bien.
Mais ce sont là des traits que mon esprit décoche à vide...
Toi, va là-bas, fais savoir aux Argiens
605 que personne ne me la touche, qu'on écarte la foule
de ma fille ; je sais, dans une immense armée,
que la foule est incontrôlable, l'indiscipline des marins
plus forte que le feu : mauvais qui ne fait pas le mal.

Et toi, de ton côté, toi, ma vieille servante, prends un vase,
610 plonge-le dans la mer, rapporte-le ici,
que je donne à ma fille son dernier bain[17],
à l'épousée sans époux, la vierge sans virginité,
et puis l'expose – selon son mérite ? avec quoi ?
c'est impossible ; alors, selon mes moyens (où en suis-je !).
615 Pour la parer, je vais faire le tour des captives
qui vivent avec moi à l'intérieur
de ces baraques et rassembler ce que peut-être, à l'insu
de leurs maîtres nouveaux, elles ont volé dans leur propre maison ;
Fastes de mon palais, ô ma maison jadis heureuse,
620 ô Priam comblé des plus grands biens et des plus beaux
enfants, et moi ici, la vieille mère de ces enfants,
quel néant est le nôtre aujourd'hui, dépouillés que nous sommes
de notre ancienne fierté ; et nous trouvons encore à nous enfler d'orgueil,
l'un pour sa demeure opulente,
625 l'autre pour ses titres d'honneur auprès de ses concitoyens !
Néant que tout cela ! Vanité, tous les projets de nos pensées,
et les éclats de notre langue ! La plus grande félicité,
c'est qu'il n'arrive, jour après jour, aucun malheur !

Hécube rentre dans la baraque.

Deuxième stasimon

Strophe

Sur moi il fallait bien que le désastre,
630 *sur moi il fallait bien que la calamité tombât,*
dès le jour qu'Alexandre eût coupé
sur l'Ida le bois du sapin
pour lancer son bateau sur la houle marine
vers la couche d'Hélène, la
635 *plus belle, celle qu'éclaire le Soleil*
aux apparitions d'or.

Antistrophe

Misères et plus lourdes que les misères,
nécessités inexorables accomplissent leur cycle.

640 *Commun, issu de la folie d'un seul,*
le malheur est venu dans le pays du Simoïs[a]*,*
porter la mort; avec lui, le désastre que d'autres ont voulu.
Fut tranchée la querelle[b]*, celle que sur l'I-*
645 *da tranche entre les trois filles*
des Bienheureux l'homme bouvier,

                                                                Epode

pour la lance et le meurtre et le ravage de mon foyer.
650 *Mais on gémit aussi au bord de l'heureux cours de l'Eurotas*[c]*,*
la jeune laconienne tout en larmes, chez elle,
et, sur sa tête blanche, la mère, pour ses enfants morts,
655 *porte sa main et déchire sa joue,*
porte en se lacérant son ongle jusqu'au sang.

Entre la vieille servante qui revient de la mer traînant un corps couvert d'un vêtement.

TROISIÈME ÉPISODE

LA SERVANTE

Femmes, où est Hécube, celle que rien n'épargne,
celle dont les malheurs, sur tous les hommes, et l'espèce des femmes,
660 l'emportent haut la main? Personne n'ira disputer sa couronne[18].

LE CORYPHÉE

Qu'as-tu, misérable, à crier de ta langue maudite?
Jamais elles ne dorment, chez toi, les nouvelles sinistres?

LA SERVANTE

C'est pour Hécube, ce fardeau de douleur; dans le malheur,
difficile aux mortels d'avoir bon augure à la bouche.

---

a. L'un des deux fleuves qui arrosent la plaine de Troie.
b. Sur la querelle du mont Ida, cf. *Troyennes*, v. 924-942 et 971-989.
c. Fleuve qui arrose Sparte. La traduction essaie de restituer le jeu de mots : *euroon Eurotan*.

Le coryphée

665 Tiens, la voici : elle franchit le pas de la maison,
　　elle paraît juste à temps pour t'entendre.

La servante

Ô toi, toute affliction, et plus encore que je ne dis,
maîtresse, tu es perdue, c'en est fini de toi, quand même
　　tu vois le jour[a] :
sans enfant, sans homme, sans cité, anéantie.

Hécube

670 Voilà qui n'est pas neuf ! on les connaît, tes invectives !
Mais que me veux-tu avec ce corps de Polyxène,
pourquoi tu me l'apportes ? On m'avait annoncé qu'à sa
　　tombe
chacun des Achéens de ses mains s'employait ?

La servante

Elle ne sait rien[b] ! elle me parle de son deuil
675 de Polyxène, sans que l'effleure la nouvelle calamité.

Hécube

Malheur à moi ! ce n'est pas la tête de la Bacchante
prophétesse, de Cassandre, que tu apportes ici ?

La servante

Tu as crié le nom d'une vivante ; le mort, lui, tu ne le
　　pleures pas,
celui qui est là ; tiens[c], regarde ce cadavre à présent décou-
　　vert,
680 que tu voies la surprise : tu ne t'y attendais pas !

Hécube

Pitié pour moi ! j'ai sous les yeux mon enfant mort,
Polydore, celui que me gardait chez lui l'homme de Thrace !
Je suis perdue, malheur ! Je ne suis plus.
Mon enfant, ô mon enfant,
685 *ah ! j'entonne le mode du délire*

---

a. Selon que l'on coupe ou non entre *ei* et *blepousa*, on comprend « tu ne vois plus le jour » ou bien « tu n'es plus, quoique voyant le jour ».
b. Sorte d'aparté, mais en fait la servante peut l'adresser au chœur.
c. Coup de théâtre, sans que le participe passé permette de dire qui, de la servante ou d'Hécube, découvre sur scène le cadavre.

*bachique, en apprentie novice, à la brutale école
du génie des malheurs*[a].

La servante

Voilà, tu connais le destin de ton fils, ô malheureuse ?

Hécube

Incroyable, incroyable, inouï, inouï ce que fixent mes yeux !
690 *L'un après l'autre, aux malheurs succèdent les malheurs,
et jamais sans donner à gémir, sans donner à pleurer un
jour ne surviendra.*

Le coryphée

Terrifiant, ô pauvre de toi, terrifiant le mal que l'on nous fait !

Hécube

Ô mon enfant, enfant d'une bien pauvre mère,
695 *quel destin t'a tué, quel coup du sort t'a couché là,
qui, d'entre les humains ?*

La servante

Je n'en sais rien ; sur la côte je l'ai trouvé, près de la mer.

Hécube

Rejeté, ou abattu d'une lance sanglante
700 *sur la plage de sable ?*

La servante

De la mer, ramené par le remous des vagues.

Hécube

*Malheur à moi ! Hélas !
Je comprends la vision de mes yeux*
705 *endormis (il ne m'a pas quittée, le fantôme à l'aile noire),
celle que j'eus de toi,
ô mon enfant : tu n'étais déjà plus sous la clarté de Zeus.*

---

a. Texte très elliptique, qui signale le passage brutal au *kommos* d'Hécube, *kommos* de la folie, sous le coup des malheurs inouïs. L'*hapax artimathès* (qui vient d'apprendre) a pour complément à la fois le mode bachique qu'entonne Hécube et les malheurs envoyés par l'*alastôr* qu'elle vient d'apprendre et qui lui dictent sur le coup le mode de sa plainte.

Le Coryphée

Mais qui l'a mis à mort ? Sais-tu le dire, selon l'esprit du rêve ?

Hécube

710 *Mon hôte, mon propre hôte, le cavalier de Thrace,*
où son vieux père l'avait placé, l'avait caché.

Le Coryphée

Malheur ! que veux-tu dire ? pour avoir l'or, il l'a tué ?

Hécube

Indicible, innommable, bien au-delà de la stupeur,
715 *impie, insupportable ! où est le droit des hôtes ?*
Maudit sois-tu d'entre les hommes, comme tu as dépecé
sa chair, tranché avec le fer de ton épée
720 *le corps de cet enfant ; tu n'as pas eu pitié !*

Le Coryphée

Ô que d'épreuves ! aucun mortel n'a souffert plus de peines
que toi, écrasé par un dieu, quel qu'il soit, aussi lourd !
Mais je vois entrer notre maître en personne,
725 Agamemnon. Silence à présent, mes amies.

Entre Agamemnon.

Agamemnon

Hécube, que tardes-tu à venir pour enterrer ta fille,
puisque selon les termes exprès de Talthybios,
aucun des Argiens ne doit toucher à ton enfant ?
Nous l'avons donc laissée, sans y porter la main.
730 Mais toi, tu prends ton temps, et cela me surprend.
Je viens t'y envoyer ; là-bas, tout a été mené
à bien, s'il y a lieu de se féliciter.
Ho ! quel est cet homme que je vois près des tentes,
mort, un Troyen ? ce n'est pas un Argien, si j'en juge
735 par le vêtement drapé sur son corps.

Hécube [a]

Pauvre de toi ! en disant « toi », c'est « moi » que je veux dire.
Hécube, que faire ? tomber aux genoux
d'Agamemnon, ou porter mes malheurs en silence ?

---

a. D'ici jusqu'au v. 752, Hécube, au lieu de répondre à Agamemnon, engage avec elle-même un monologue intérieur qu'elle ne rompra qu'une fois sa décision prise.

Agamemnon

Pourquoi offrir à mon visage ton dos courbé,
740 et gémir, sans me dire ce qui est arrivé ? qui est-ce ?

Hécube

Et s'il allait ne voir en moi qu'une esclave, une ennemie,
me repousser de ses genoux ? Je n'aurai fait qu'aggraver
  ma douleur.

Agamemnon

Je n'ai pas les talents du devin pour retrouver,
sans l'entendre de toi, la voie de tes pensées.

Hécube

745 Est-ce que je surestime l'hostilité de son cœur
quand, en fait, il n'est pas si hostile ?

Agamemnon

Si tu veux que je ne sache rien,
nous sommes d'accord : moi non plus, je ne veux rien
  entendre.

Hécube

Sans lui, je serais incapable
750 de venger mon enfant. Pourquoi tergiverser ?
Il faut que j'ose, avec ou sans succès.
Agamemnon, je te supplie, par tes genoux,
et ton menton, et ta main droite bienheureuse.

Agamemnon

Que veux-tu obtenir ? que je rende à ta vie
755 sa liberté ? tu n'auras pas de mal.

Hécube

Pas du tout ; si je punis les scélérats,
je veux bien être esclave pour ma vie entière.

Agamemnon

Mais alors, à quel secours tu nous appelles ?

Hécube

À rien de ce que tu imagines, seigneur.
760 Tu le vois, ce cadavre que j'arrose de larmes ?

AGAMEMNON

Je le vois ; sans comprendre où tu veux en venir.

HÉCUBE

Lui, je l'ai mis au monde, je l'ai porté sous ma ceinture.

AGAMEMNON

C'est l'un de tes enfants ? ô quel malheur ! lequel ?

HÉCUBE

Pas un des Priamides qui sont morts sous Ilion.

AGAMEMNON

En dehors d'eux, femme, tu avais eu un autre enfant ?

HÉCUBE

En pure perte, apparemment : celui que tu as sous les yeux.

AGAMEMNON

Et où se trouvait-il, quand la cité périt ?

HÉCUBE

Son père l'en avait fait sortir, il craignait qu'il ne meure.

AGAMEMNON

Où le fit-il partir, à l'écart de ses autres enfants ?

HÉCUBE

Dans ce pays, ici même, où on l'a trouvé mort.

AGAMEMNON

Chez l'homme qui commande ce pays, Polymestor ?

HÉCUBE

C'est là qu'on l'envoya ; et de l'or sous sa garde, trésor empoisonné.

AGAMEMNON

Mais qui l'a mis à mort, quel coup du destin l'a frappé ?

HÉCUBE

Qui veux-tu que ce soit ? Le Thrace l'a fait mourir, son hôte !

Agamemnon

775 Ô malheur ! C'est la passion de l'or, j'imagine ?

Hécube

Bien sûr, dès qu'il a su le désastre phrygien.

Agamemnon

Et où l'as-tu trouvé ? t'a-t-on apporté le cadavre ?

Hécube

Oui, elle ; elle l'a découvert sur le rivage de la mer.

Agamemnon

Le cherchait-elle, ou allait-elle faire autre chose ?

Hécube

780 Elle partait chercher de l'eau de mer, pour laver Polyxène.

Agamemnon

L'hôte l'aura tué, apparemment, et puis jeté.

Hécube

Une épave flottante ; vois, son corps tailladé.

Agamemnon

Ô ! toi qu'éprouvent des peines sans mesure !

Hécube

Je suis morte, Agamemnon, j'ai épuisé tous les malheurs.

Agamemnon

785 Hélas ! hélas ! quelle femme, à ce point, a connu l'infortune ?

Hécube [19]

Aucune, sauf à citer l'Infortune en personne.
Mais la supplique que je veux porter à tes genoux,
écoute-la : si tu trouves qu'on me traite selon les lois divines,
je me résignerai ; mais si c'est le contraire, venge-moi
790 de cet homme, de cet hôte sacrilège entre tous,
qui sans craindre ni ceux d'en bas ni ceux d'en haut
a commis l'acte le plus sacrilège qui soit.
Lui qui trouva souvent à partager ma table,
mon hospitalité, au premier rang de mes amis,

795 obtint tous les égards, jouit de mes prévenances,
il l'a tué! et la tombe – puisqu'il était décidé à tuer –
il la lui a refusée pour le jeter à la mer!
Sans doute sommes-nous esclaves et impuissantes,
mais les dieux sont puissants, et celle aussi qui les domine,
800 la Loi. Car c'est la Loi qui nous fait croire aux dieux[20]
et vivre en distinguant le juste de l'injuste.
Si, remise entre tes mains, elle est réduite à rien,
si l'on ne punit pas tous ceux qui tuent
leurs hôtes, ou qui osent piller les lieux sacrés des dieux,
805 il ne reste plus rien au monde qui soit équitable.
Décide que son acte relève de l'infâme, que tu as des devoirs envers moi[a],
accorde-nous ta pitié : comme le peintre[b], prends du recul
pour me voir, embrasse du regard les malheurs où je suis.
J'étais reine autrefois, me voici ton esclave;
810 comblée d'enfants autrefois, me voici vieille et sans enfants,
sans cité, esseulée, la plus éprouvée des mortels.
Hélas! malheur à moi! où vas-tu? tu te dérobes?
Je vois bien que je n'obtiendrai rien, malheureuse que je suis.
Mais qu'avons-nous, mortels, à nous donner tout le mal nécessaire
815 pour rechercher les autres connaissances,
quand pour la Persuasion, qui seule gouverne notre monde,
nous ne faisons aucun effort pour l'acquérir parfaitement,
quitte à payer, afin d'être en mesure
de persuader à volonté et d'avoir gain de cause[c]?
820 Y a-t-il encore le moindre bonheur à attendre?
Les enfants que j'avais, je ne les ai plus,
moi-même pour la honte, captive, je m'en vais,
et la fumée de ma cité, je la vois s'élancer dans les airs.

---

a. En opposant *aischron* (le mal) au verbe *aideômai* (dérivé d'*aidôs*, le ressort moral par excellence), Hécube invite Agamemnon à faire passer nettement la ligne de démarcation du mal et du bien entre Polymestor et elle.
b. Cette étonnante comparaison, qui est un éloge de la distance, témoigne à la fois de la maîtrise d'Hécube et de la familiarité d'Euripide avec les questions artistiques : avec les progrès de la technique picturale, on peut donner de loin une impression juste du sujet, et ne plus se borner à l'exactitude du détail (ce que Platon condamnera vivement).
c. Allusion évidente à la pratique sophistique.

Eh bien ! (Mon argument risque de ne pas porter
825 si j'avance Cypris ; n'importe, il sera avancé.)
Contre tes flancs, ma fille dort,
l'inspirée de Phoïbos, que les Phrygiens nomment Cassandre.
Comment prouveras-tu, seigneur, que ses nuits te sont chères ?
De ses étreintes, dans ton lit, de l'amour le plus tendre,
830 auras-tu pour ma fille de la gratitude, en aura-t-elle pour moi ?
Plus que l'ombre et que les philtres de la nuit,
rien ne donne aux mortels plus vive gratitude.
Aussi, écoute-moi : tu vois le mort qui est ici ?
Le bien que tu lui fais, tu le feras
835 à ton beau-frère. Je n'ai plus qu'un mot à te dire.
Que me vienne la voix dans les bras,
les mains, la chevelure, la marche de mes pas,
grâce à l'art de Dédale[a] ou bien de l'un des dieux,
pour que tous, ils te prennent ensemble les genoux
840 en pleurant, t'adjurant chacun dans son langage.
Ô mon maître, ô lumière suprême des Grecs,
exauce-moi, offre ton bras à ma vieillesse,
qu'il la venge : même si elle n'est rien, fais-le !
Un homme valeureux doit servir la justice,
845 mettre toujours les malfaisants à mal, en tous lieux.

Le coryphée

Terrible comme pour les mortels tout interfère,
comme entre les nécessités tranchent les lois,
constituant en amis les pires ennemis,
mettant l'hostilité là où régnait la bienveillance.

Agamemnon

850 Pour moi, aussi bien toi que ton enfant, ton infortune,
Hécube, et ta main suppliante, émeuvent ma pitié.
Je veux, au regard des dieux, et de la justice,
de ton hôte sacrilège t'accorder le juste châtiment,
s'il s'en découvrait un qui pût te convenir

---

a. Dédale, patron des artisans, auteur du labyrinthe où était enfermé le Minotaure, avait aussi réalisé, disait-on, des statues animées.

855 sans qu'aux yeux de l'armée j'aie l'air, pour l'amour de Cassandre,
d'avoir ourdi ce meurtre contre le roi de Thrace.
Car il est un point délicat qui me gêne :
cet homme, l'armée le tient pour un ami,
le mort, lui, pour un ennemi ; que tu aies des liens
860 avec lui, c'est autre chose qui ne concerne pas l'armée.
Mets-toi ceci en tête : tu peux compter sur ma bonne volonté
pour aider tes efforts, et sur ma hâte à te porter secours,
mais compte sur ma lenteur, si les Achéens doivent me critiquer.

Hécube

Hélas !
Il n'est pas de mortel qui soit libre,
865 qu'il soit esclave de l'argent ou du sort,
que le nombre même de la cité, ou la lettre des lois
l'empêchent d'agir à sa façon, comme il le pense.
Puisque tu as peur, et qu'à la foule tu fais la part trop belle,
à moi de te libérer de ta crainte.
870 Accorde-moi ta connivence pour le mal que je médite
contre celui qui l'a tué, lui ; pas ton concours actif.
Mais si tu vois que chez les Achéens on s'agite, qu'on vient en aide
au Thrace quand lui arrivera ce qui lui arrivera,
contiens-les, sans avoir l'air de le faire pour moi.
875 Pour le reste, ne t'inquiète pas. Je mènerai tout à bien.

Agamemnon

Comment ? que feras-tu ? vas-tu prendre le glaive
avec ta vieille main pour tuer le Barbare ?
useras-tu de poisons ? de quoi t'aideras-tu ?
quelle main t'assistera ? où te procureras-tu des amis ?

Hécube

880 Les tentes que tu vois cachent une foule de Troyennes.

Agamemnon

Tu veux parler des captives, du butin de la chasse des Grecs ?

HÉCUBE

Avec elles je tirerai vengeance de mon meurtrier.

AGAMEMNON

Et comment des femmes maîtriseront des mâles ?

HÉCUBE

Redoutable est le nombre, et invincible avec la ruse.

AGAMEMNON

885 Redoutable ; pourtant je ne donne pas cher de la force des femmes.

HÉCUBE

Comment ? Ce n'étaient pas des femmes qui ont maîtrisé les enfants d'Égyptos[a],
et dépeuplé Lemnos du moindre de ses mâles ?
Allons, c'est ainsi qu'il faut faire ; cesse de raisonner,
ménage-moi plutôt pour cette femme une traversée sans risque
890 de l'armée. Toi[b], tu t'approches de l'hôte thrace
et tu lui dis : « L'ancienne reine d'Ilion te demande,
Hécube, dans ton intérêt autant que dans le sien,
avec tes fils : il faut que tes enfants sachent aussi
ce qu'elle a à vous dire. » Pour la victime qui vient d'être égorgée,
895 Polyxène, suspens sa sépulture, Agamemnon,
que le frère et la sœur, côte à côte, près de la même flamme,
double amour maternel, soient cachés dans la terre.

AGAMEMNON

Ce sera fait ; si l'armée devait prendre
la mer, je ne pourrais te faire cette faveur.
900 Mais le dieu n'envoie pas les souffles favorables :

---

a. Les cinquante Danaïdes tuèrent pendant leur nuit de noces les cinquante fils d'Égyptos qui voulaient les épouser de force, à l'exception de l'une d'entre elles. De même, les femmes de l'île de Lemnos tuèrent leurs maris qui les trompaient avec leurs captives. Le « crime lemnien », figure légendaire de la puissance destructrice des femmes et de la menace qu'elles représentaient pour les hommes, est ici revendiqué par Hécube.
b. À la servante, qui est encore sur la scène.

force nous est d'attendre à guetter, sans rien faire, un départ.
Bonne chance ! car il y va du bien commun de tous,
de chaque particulier comme de la cité, que l'être malfaisant
subisse le mal tandis que pour le bon tout aille bien.

Agamemnon sort avec la servante.

Troisième stasimon

Strophe 1

905 *Toi, ô ma patrie d'Ilion,*
dans les cités intactes de saccage, jamais plus tu ne seras comptée.
Si grande la nuée des Grecs autour de toi te cache
qui t'a de la lance, oui de sa lance, saccagée.
910 *Ôtée, rasée ta cou-*
ronne de tours ; entière, l'incendie,
de sa souillure désolante t'a noircie.
Malheur, plus jamais je ne marcherai sur ton sol.

Antistrophe 1

Au milieu de la nuit j'ai péri[a],
915 *lorsque après le dîner un sommeil doux sur les yeux*
se répand, et qu'au sortir des chants et qu'au terme
des danses pour le sacrifice,
mon époux dans la chambre re-
920 *posait, son javelot à la patère :*
il ne pouvait plus voir la troupe des
marins fouler le sol de Troie, d'Ilion.

Strophe 2

Et moi, je relevais mes boucles nouées
sous un bandeau et je les disposais
925 *me regardant aux reflets infinis de mon miroir en or,*
prête à m'étendre sur ma couche.
Monta une clameur à travers la cité,

---

a. Évocation de la chute de Troie, inspirée du récit de la *Petite Iliade*, et qu'Euripide développera dans les *Troyennes* (511 *sq.*).

un ordre parcourait notre ville de Troie : « Ô
930 *fils des Grecs, quand, mais quand donc*
aurez-vous ravagé la citadelle d'Ilion
pour revenir à la maison ? »

Antistrophe 2

Le lit de mes amours, en un simple péplos,
je le quittai, comme une Dorienne[a],
935 *aux pieds de la divine, je priai Artémis sans rien obtenir d'elle,*
     hélas !
et l'on m'emmène – j'ai vu mon époux mort,
le mien – vers le large, sur la mer ;
et lorsque sous mes yeux s'éloigne ma cité, quand le navire
940 *a mis cap au retour et m'a séparée*
du pays d'Ilion,
pauvre de moi, je succombai à la douleur,

Epode

et je maudis Hélène, la sœur des deux Dioscures,
avec le bouvier de l'Ida,
945 *Pâris l'abominable :*
loin de ma terre
paternelle m'a perdue,
et délogée de mon logis son épouse – non, pas son épouse, mais
le fléau d'un dieu vengeur.
950 *Elle, puissent les flots du large ne pas la reconduire,*
qu'elle n'atteigne pas sa maison paternelle !

Entre Polymestor avec ses deux enfants, des gardes, et la servante d'Hécube.

EXODOS

POLYMESTOR

Ô Priam mon ami si cher, et toi, qui m'es si chère aussi,
Hécube, je pleure de te voir, et ta cité,
955 et cette jeune morte qui était née de toi.
Hélas !

---

a. Allusion à la tenue légère des jeunes filles spartiates (au sens propre comme au sens figuré).

On ne peut être sûr de rien, ni de la renommée,
ni, quand on réussit, que l'on n'échouera pas.
Les dieux embrouillent tout, de fond en comble,
ils créent la confusion, pour que l'incertitude
960 nous soumette à leur culte ; mais à quoi bon
s'en lamenter ? notre misère n'est pas plus avancée.
Pour toi, si tu réprouves mon absence,
je t'arrête : il se trouve qu'au fin fond des montagnes de Thrace
j'étais bien loin lorsque tu vins ici ; à peine revenu,
965 le pied déjà levé pour quitter mon palais,
à l'instant même je me heurte à ta servante, celle-ci,
qui me dit ton message : je l'écoute et j'arrive.

Hécube

Je rougis de soutenir ton regard,
Polymestor, dans la détresse qui est la mienne.
970 En présence de qui m'a vue comblée par le sort, je suis prise de honte
dans la déchéance que le sort m'impose aujourd'hui,
et je ne peux soutenir ton regard, les prunelles bien droites.
Ne le prends pas pour de la malveillance envers toi,
Polymestor ; il faut aussi incriminer cette loi
975 qui interdit aux femmes de regarder les hommes en face.

Polymestor

Il n'y a là rien d'étonnant ; mais quel besoin as-tu de moi ?
À quel sujet as-tu mandé mes pas hors du palais ?

Hécube

Un sujet très privé dont je te veux parler, à toi
et à tes fils ; tes gardes, s'il te plaît,
980 donne-leur ordre de s'éloigner, à distance de ma demeure.

Polymestor

Partez ! il n'y a rien à craindre, l'endroit est désert.
Toi, tu es une amie, j'ai l'amitié aussi
de l'armée achéenne. Eh bien, tu vas me faire savoir
en quoi un homme fortuné doit secourir ses amis
985 qui sont dans l'infortune ? sache que je suis prêt.

Hécube

Dis-moi d'abord : le fils que tu gardes chez toi,
Polydore, confié par ma main et celle de son père,
est-il en vie ? Le reste, je t'en parlerai en second lieu.

Polymestor

Parfaitement ! de son côté, le sort te comble.

Hécube

990 Que tu m'es cher ! quelles bonnes paroles, et si dignes de toi !

Polymestor

Que veux-tu donc, en second lieu, me demander ?

Hécube

Si de la mère que je suis, il se souvient, un peu ?

Polymestor

Tu penses ! Il cherchait à venir te rejoindre en cachette.

Hécube

L'or est-il sauf, qu'il emporta en quittant Troie ?

Polymestor

995 Sauf, dans mon palais, sous bonne garde.

Hécube

Garde-le sauf, sans convoiter le bien d'autrui.

Polymestor

Jamais ! puissé-je profiter de ce que j'ai, ô femme !

Hécube

Sais-tu ce que je veux te dire, à toi et à tes fils ?

Polymestor

Je ne sais pas. Tes propos vont m'en informer.

Hécube

1000 Il y a, ô toi que j'aime de l'amour que je te porte en ce moment...

Polymestor

Mais de quel sujet devons-nous, mes fils et moi, être au courant ?

Hécube

... de l'or des Priamides, dans d'anciens souterrains.

Polymestor

C'est là ce que tu veux faire savoir à ton fils ?

Hécube

Parfaitement, et grâce à toi, parce que tu es un homme pieux.

Polymestor

1005 Pourquoi donc fallait-il que mes enfants soient là ?

Hécube

Il vaut mieux, si tu meurs, qu'ils en soient au courant.

Polymestor

Tu as raison. C'est en effet plus sage.

Hécube

Bien ! tu sais où est le sanctuaire d'Athéna d'Ilion ?

Polymestor

C'est là qu'est l'or ? qu'est-ce qui l'indique ?

Hécube

1010 Une pierre noire, qui fait saillie du sol.

Polymestor

Bien ! as-tu encore quelque chose à m'en dire ?

Hécube

Je veux que tu sauves l'argent que j'ai apporté avec moi.

Polymestor

Mais où est-il ? dans tes habits, ou dans une cachette ?

Hécube

Dans la masse du butin, intact, sous ces tentes.

Polymestor

1015 Où ? là ? mais c'est l'enceinte du mouillage achéen.

Hécube

Pour les femmes captives, il est des tentes particulières.

POLYMESTOR

L'intérieur est-il sûr ? bien vide de tout mâle ?

HÉCUBE

Pas d'Achéen à l'intérieur, il n'y a que nous.
Va, entre donc ; les Argiens sont désireux pour leurs navires
1020 de lever l'ancre et de quitter Troie pour rentrer.
Une fois tout accompli du nécessaire, que tu puisses rejoindre
avec tes fils le séjour que tu as donné à mon enfant.

LE CHŒUR

Ce n'est pas encore fait, mais peut-être on te fera justice.
1025 *Loin du port, comme l'on tombe par le fond*
quand on a pris du gîte, tu tomberas du haut des désirs de ton
cœur,
pour avoir dérobé une vie. Car être redevable
1030 *et à la Justice et aux dieux, si commune est leur échéance,*
mortel est ce malheur, mortel.
Il va te fourvoyer, l'espoir qui t'amena ici,
te mettre sur la route mortelle de l'Hadès, infortuné,
et la main qui t'ôtera la vie n'est pas main de guerrier.

POLYMESTOR (*à l'intérieur*)

1035 Pitié pour moi, on m'aveugle de la lumière de mes yeux, malheur !

LE CORYPHÉE

Avez-vous entendu, mes amies, les cris de l'homme thrace ?

POLYMESTOR

Pitié encore ! mes enfants, l'affreux égorgement !

LE CORYPHÉE

Mes amies, on a commis dans la maison des forfaits inouïs.

POLYMESTOR

Ne comptez pas vous échapper d'un pied alerte,
1040 mes coups fracasseront votre demeure jusqu'au fond.
Tiens ! en voilà un lancé d'une main lourde.

LE CORYPHÉE

Voulez-vous que nous fondions sur lui ? c'est le moment ou jamais de faire alliance avec Hécube et les Troyennes, et de les assister.

HÉCUBE

Cogne, ne te gêne pas, fais sauter la porte !
1045 Jamais tu ne rendras un œil brillant à tes prunelles,
tu ne reverras pas tes enfants vivants : je les ai tués.

LE CORYPHÉE

As-tu abattu le Thrace, ton hôte est-il à ta merci,
maîtresse, as-tu bien fait ce que tu dis ?

HÉCUBE

Tu vas le voir à l'instant, devant la porte,
1050 aveugle à l'aveugle démarche de son pas hésitant,
et les corps de ses deux enfants que j'ai tués moi-même,
avec l'aide de ces Troyennes valeureuses ; il m'a rendu
justice. Il sort, comme tu vois, le voici dehors.
Je vais lui laisser le champ libre et m'éloigner
1055 de ce flot de fureur thrace, de ce rude adversaire.

Hécube se retire sur le côté. La tente s'ouvre et montre les cadavres des enfants ; Polymestor en sort.

POLYMESTOR [21]

Pitié pour moi ! par où marcher ?
par où m'arrêter ? par où jeter l'ancre ?
marcher à quatre pattes comme le fauve des montagnes,
sur les mains, penché sur leurs traces ? sur quelle voie
1060 *bifurquer ? celle-ci, celle-là ? si je veux*
m'emparer de ces Troyennes tueuses de mâles
qui m'ont détruit.
Filles de malheur, Phrygiennes de malheur,
ô maudites,
1065 *mais où, pour m'échapper, dans quel recoin sont-elles tapies ?*
La paupière sanglante de mes yeux,
guéris-la, guéris-la-moi, Soleil, du jour
aveugle, délivre-moi.
Oh ! Oh !
1070 *Silence ! j'entends une marche furtive,*
celle des femmes. Par où sauter d'un bond
pour me repaître de leur chair, de leurs os,
m'offrir le festin des fauves sauvages,
les mutiler – outrage pour ravage –

elles vont payer, ô ma détresse !
Vers où, par où m'en vais-je, abandonnant mes enfants seuls
à ces Bacchantes de l'Hadès prêtes à se les déchirer ?
1075 *Égorgés, ils serviront aux chiens de pitance sanglante,*
immondice sauvage jeté dans les montagnes.
Où m'arrêter ? me reposer ?
1080 *comme un navire de haute mer cargue avec ses cordages*
sa toile de lin tissé, lorsque j'aurai bondi,
gardien de mes enfants, sur leur couche funèbre ?

LE CORYPHÉE

1085 Ô malheureux, comme tu peines à supporter le mal que l'on t'a fait !
À des actes infâmes, terrible la sanction
que t'infligea un dieu, quel qu'il soit, de tout son poids.

POLYMESTOR

À l'aide, à moi, les Thraces,
1090 *porte-lances, hommes d'armes, bons cavaliers,*
peuple adepte d'Arès.
Ho les Achéens ! ho les Atrides !
Au secours, au secours, j'appelle au secours,
Ô venez, accourez, par les dieux !
Quelqu'un pour m'entendre ? personne pour m'assister ? que tardez-vous ?
1095 *Des femmes m'ont détruit,*
des femmes, des captives.
Terrible, terrible ce que l'on nous a fait !
Douleur de ma mutilation !
Où me tourner ? où diriger mes pas ?
1100 *m'envoler dans l'éther céleste, vers les demeures élevées*
où Orion et Sirios lancent, flammes de feu,
1105 *les rayons de leurs yeux ? ou bien la voie d'Hadès,*
sauterai-je d'un bond dans son défilé sombre dans ma détresse ?

LE CORYPHÉE

On pardonne à qui souffre le mal plus qu'il n'en peut porter,
de se débarrasser d'une existence désespérée.

Entre Agamemnon.

AGAMEMNON

Le bruit des cris m'a fait venir ; car elle n'a pas cessé,
1110 la fille des rocs de la montagne, de clamer dans le camp,

Écho, en semant le tumulte; si nous n'avions pas su
que les remparts phrygiens étaient tombés sous la lance
 des Grecs,
c'était un fracas à créer une panique considérable!

POLYMESTOR

Ô mon ami très cher – car je t'ai reconnu, Agamemnon,
1115 au son de ta voix –, tu vois ce qui nous arrive?

AGAMEMNON

Ah!
Ô déplorable Polymestor, qui t'a détruit?
Qui a rendu ton œil aveugle, mis en sang tes pupilles
et massacré ces enfants que je vois? L'immense haine,
qu'il avait, quel qu'il soit, contre toi et contre tes enfants!

POLYMESTOR

1120 C'est Hécube, avec les femmes captives,
qui m'a détruit – non, pas détruit, mais pire.

AGAMEMNON

Que dis-tu? Et toi, c'est ton ouvrage, à ce qu'il dit?
Toi, cette audace, Hécube, irréalisable, tu l'as osée?

POLYMESTOR

Pitié pour moi, que veux-tu dire? elle est ici tout près de
 moi?
1125 Montre-moi, dis-moi où elle est, que je l'agrippe de mes
 mains
et la déchire et mette en sang sa chair.

AGAMEMNON

Hé, toi! qu'est-ce qui t'arrive?

POLYMESTOR

Au nom des dieux, je t'en supplie,
laisse-moi porter sur elle ma main enragée.

AGAMEMNON

Arrête; chasse de ton cœur le barbare[22]
1130 et parle: je vous écouterai elle et toi, tour à tour,
et jugerai en toute justice ce qui te vaut ce traitement.

POLYMESTOR

Je vais parler. Les Priamides avaient un frère, le plus jeune,
Polydore, fils d'Hécube. Son père le fait sortir de Troie,
Priam, et me le donne à élever chez moi :
1135 il devait pressentir la prise de Troie.
Je l'ai tué ; pourquoi je l'ai tué ?
Écoute comme j'ai bien fait, par une sage prévoyance.
J'ai craint pour toi qu'en cet enfant un ennemi ne subsistât,
qu'il ne rassemblât Troie, repeuplât la cité
1140 et que les Achéens, s'ils apprenaient qu'un Priamide était en vie,
ne montent une nouvelle expédition en pays phrygien,
pour saccager ensuite nos plaines de Thrace
à force de pillages, et que les voisins des Troyens
souffrent du mal qui nous affecte aujourd'hui, seigneur.
1145 Hécube, alors, sitôt connu le destin mortel de son fils,
me fit venir en me disant qu'elle m'indiquerait
les dépôts cachés des Priamides en Ilion
– de l'or ; seul avec mes enfants elle m'attire
chez elle, pour qu'aucun autre ne le sache.
1150 Je m'assieds au milieu du lit, au repos, genou plié.
En foule, alors, les unes à ma gauche,
les autres à ma droite, comme auprès d'un ami, les filles des Troyens
prennent place : elles admiraient la navette de la main
édonienne[a], en regardant mes vêtements à la lumière.
1155 D'autres examinant mes deux piques thraces
me dénudèrent de mon double armement.
Toutes celles qui avaient enfanté s'extasiaient
sur mes fils, les faisaient sauter dans leurs bras pour les éloigner
de leur père en les faisant passer de main en main.
1160 Alors, après le calme – et quel calme ! – de ces démonstrations,
d'un coup tirant des glaives de leurs robes, quelque part,
elles transpercent mes enfants ; d'autres, comme à la guerre,
se ruent sur moi, me tiennent bras
et jambes ; je voulais porter secours à mes enfants,

---

a. Les Édones étaient un peuple thrace.

1165 mais si je relevais le visage,
par mes cheveux elles le rabaissaient, si je bougeais les bras,
le nombre de ces femmes anéantissait mes efforts, hélas !
Et pour finir, souffrance pire que la souffrance,
elles allèrent jusqu'au bout de l'horreur ; mes yeux,
1170 armées de leurs agrafes, elles en transpercent, ensanglantent
mes pauvres prunelles ; puis, à travers les tentes
partirent en fuyant ; et moi, levé d'un bond,
comme un fauve, je poursuis les chiennes sanguinaires,
explorant la paroi tout entière comme fait un chasseur,
1175 frappant, cognant. Voilà ce que mon zèle à te complaire
m'a valu, pour avoir tué ton ennemi,
Agamemnon ! Pour conclure brièvement :
tout le mal que l'on a dit auparavant des femmes,
ou que l'on dit encore ou bien que l'on dira,
1180 tout cela, je vais le résumer d'un mot :
une semblable espèce, ni la mer, ni la terre n'en nourrissent ;
Quiconque a eu affaire à elle le sait.

LE CORYPHÉE

Ne te crois pas tout permis et ne va pas, à cause de tes malheurs,
étendre tes reproches à l'espèce entière des femmes.
1185 Nous sommes beaucoup et, s'il y en a de détestables,
il en est, dans le nombre, pour compenser les mauvaises[a].

HÉCUBE

Agamemnon, jamais pour les humains
la langue ne devrait valoir plus que les faits[23].
Qui a bien agi devrait parler bien,
1190 qui en revanche a mal agi, avoir une parole creuse,
et l'injustice n'être jamais capable de paroles bien tournées.
Il faut certes être habile pour de telles subtilités,
mais on ne peut pas être habile jusqu'au bout,
et l'on a une fin misérable ; personne, encore, n'y a échappé.

---

a. Ces deux derniers vers, platement gnomiques, sont probablement interpolés.

1195 Telle est la part qui te revient avec ce préambule.
J'en viens à lui et je vais lui donner la réplique.
C'est, prétends-tu, pour éviter double peine aux Achéens,
et pour Agamemnon que tu as tué mon enfant.
Mais d'abord, scélérat, jamais la race
1200 barbare ne deviendra l'amie des Grecs,
ni ne pourrait le devenir. Pour plaire à qui as-tu
déployé tant de zèle ? prétendais-tu à une alliance conjugale,
étais-tu un parent, quel motif avais-tu ?
Ta terre risquait-elle le ravage de ses cultures
1205 s'ils reprenaient la mer ? Qui crois-tu persuader ?
C'est l'or, si tu voulais dire la vérité,
qui a tué mon fils, c'est ta cupidité.
Explique-moi ce point : comment, quand Troie
était prospère, que la cité avait encore ses remparts tout autour,
1210 et que Priam était vivant, la lance d'Hector florissante,
pourquoi alors (si c'est au roi[a] que tu voulais rendre service), puisque tu élevais mon enfant, que tu l'avais chez toi,
ne l'as-tu pas tué, ou amené vivant aux Argiens ?
Mais non ! c'est lorsque nous quittions la lumière du jour,
1215 quand la fumée eut signifié que la ville était aux ennemis,
c'est alors que tu as tué l'hôte venu à ton foyer.
Écoute encore maintenant, que ta scélératesse éclate :
Il fallait, si vraiment tu étais l'ami des Achéens,
que cet or qui, tu le reconnais, n'est pas à toi mais à lui,
1220 tu viennes le leur donner : ils en manquaient et depuis longtemps
s'étaient éloignés de leur terre ancestrale.
Mais toi, même à présent, n'as pas la force d'en dégager
ta main, tu t'obstines encore à le garder chez toi.
1225 Pourtant, si tu avais élevé mon fils comme tu le devais,
si tu me l'avais conservé, quelle gloire tu en aurais !
C'est dans l'adversité que les gens de bien font le mieux voir
leur amitié ; le bonheur, lui, se trouve toujours des amis.
Et si tu étais à court d'argent, et lui prospère,
mon fils, pour toi, aurait été un immense trésor.
1230 Mais maintenant, tu ne l'as plus pour être ton ami,
la jouissance de l'or s'en est allée, et tes enfants aussi,

---

a. Agamemnon.

et toi, voilà où tu en es. À toi, je te le dis,
Agamemnon : si tu prends sa défense, tu seras mal jugé.
Car il n'a ni piété, ni loyauté dans ses devoirs,
1235 ni religion, ni justice, l'hôte que tu favoriseras ;
et de toi, nous dirons que tu te plais avec les scélérats
parce que tu es comme eux – mais je n'injurie pas mes maîtres.

Le coryphée

Hélas ! hélas ! chez les mortels, que la bonne conduite
donne toujours l'inspiration d'un beau discours !

Agamemnon

1240 Il me pèse de juger les fautes d'autrui,
et pourtant, il le faut ; ce serait une honte,
quand on a pris l'affaire en main, de s'en débarrasser.
À mon avis, si tu veux le savoir, ce n'est pour rendre service
ni aux Achéens ni à moi-même que tu as mis à mort ton hôte,
1245 mais pour garder son or dans ton palais.
Tu dis ce qui t'arrange, parce que tu es en difficulté.
Il se peut que chez vous, on tue facilement ses hôtes,
mais c'est pour nous une infamie, pour nous, les Grecs.
Comment dès lors, si je te juge non coupable, échapperai-je au blâme ?
1250 C'est impossible. Tu as eu le courage de faire ce qu'il ne fallait pas,
eh bien, courage aussi pour supporter ce qui ne te plaît pas.

Polymestor

Pitié pour moi ! une femme, je le vois, m'a vaincu,
une esclave, et je rendrai justice à des inférieurs.

Hécube

N'est-ce pas juste, si tu as fait le mal ?

Polymestor

1255 Pitié pour mes enfants, et pour mes yeux, hélas !

HÉCUBE
Tu souffres ? ah bon ? et moi, mon fils, tu crois que je n'en souffre pas ?

POLYMESTOR
Tu prends plaisir à m'outrager, criminelle que tu es ?

HÉCUBE
Ne dois-je pas prendre plaisir à me venger de toi ?

POLYMESTOR
Bientôt tu ne le feras plus, quand l'écume marine...

HÉCUBE
... m'embarquera jusqu'aux frontières grecques ?

POLYMESTOR
... t'engloutira, plutôt, quand de la hune tu tomberas.

HÉCUBE
Qui m'y aura précipitée de force ?

POLYMESTOR
Toi-même, ton pied grimpera sur le mât du navire.

HÉCUBE
Avec des ailes sur le dos, ou de quelle manière ?

POLYMESTOR
Chienne tu deviendras, le feu dans le regard[a].

HÉCUBE
Et comment connais-tu cette métamorphose ?

POLYMESTOR
C'est le devin des Thraces, Dionysos[b], qui l'a dit.

HÉCUBE
Et à toi, il ne t'a rien prédit de tes malheurs présents ?

---
a. La légende de la métamorphose d'Hécube en chienne, bien attestée dans l'Antiquité, trouve ici sa première mention, dans la bouche de Polymestor, peut-être doué de clairvoyance par sa cécité (cf. Tirésias).
b. Selon Hérodote (VII, 111), il existait sur les plus hautes montagnes de Thrace un sanctuaire oraculaire de Dionysos.

POLYMESTOR

Jamais tu ne m'aurais ainsi prise à ta ruse.

HÉCUBE

1270 Est-ce morte ou vivante que j'y achèverai mes jours[a] ?

POLYMESTOR

Morte. Et à ta tombe on donnera le nom…

HÉCUBE

… en résonance avec la forme que j'aurai, tu vas me dire ?

POLYMESTOR

« La Tombe de la pauvre Chienne », repère pour les marins.

HÉCUBE

Peu m'importe, pourvu que je t'aie fait justice.

POLYMESTOR

1275 Oui, mais ta fille aussi, Cassandre, il faudra qu'elle meure.

HÉCUBE

Je crache[b]. Autant pour toi !

POLYMESTOR

Lui, son épouse le tuera : amère femme au foyer !

HÉCUBE

Ah non ! pas une telle folie pour la fille de Tyndare !

POLYMESTOR

Mais si, sur lui elle lèvera la hache.

AGAMEMNON

1280 Hé là, toi ! tu es fou, tu as envie qu'il t'arrive malheur ?

---

a. Vers obscur, mais on peut comprendre qu'Hécube demande si sa métamorphose se produira avant ou après sa mort. Dans le second cas, elle est plus anodine, et relève des légendes étiologiques qui se construisent sur les lieux-dits. La « tombe du chien – ou de la chienne » était effectivement le nom d'un cap en Thrace, selon Thucydide (VIII, 104).
b. On crachait pour détourner (*apo-ptuô*) le mauvais sort. L'aoriste implique soit que le geste a précédé le mot, soit la rapidité nécessaire au geste apotropaïque.

POLYMESTOR
Tue-moi ! Je te dis qu'en Argos t'attend un bain de sang.

AGAMEMNON
Mais emmenez-le, serviteurs, hors d'ici, de force.

POLYMESTOR
Tu souffres de m'entendre ?

AGAMEMNON
Mais fermez-lui la bouche !

POLYMESTOR
Verrouillez-la : c'est dit.

AGAMEMNON
1285 Mais dépêchez-vous donc
de le jeter quelque part sur une île déserte,
il se permet vraiment de dire n'importe quoi !
Et toi, ma pauvre Hécube, va-t'en ensevelir
tes deux cadavres ; Troyennes, il le faut bien,
rejoignez les tentes de vos maîtres ; les souffles
1290 du retour, je les vois, là, qui vont nous escorter.
Espérons une bonne traversée vers la patrie, espérons
revoir nos maisons en bon ordre, enfin délivrés de nos
peines[a].

LE CORYPHÉE
Allez aux ports, allez aux tentes, mes amies,
pour apprendre ce qu'est travailler
1295 *pour un maître. Inflexible est la nécessité.*

---

a. Ironie dramatique : on sait la difficulté de ces retours et les malheurs qui attendent les Grecs.

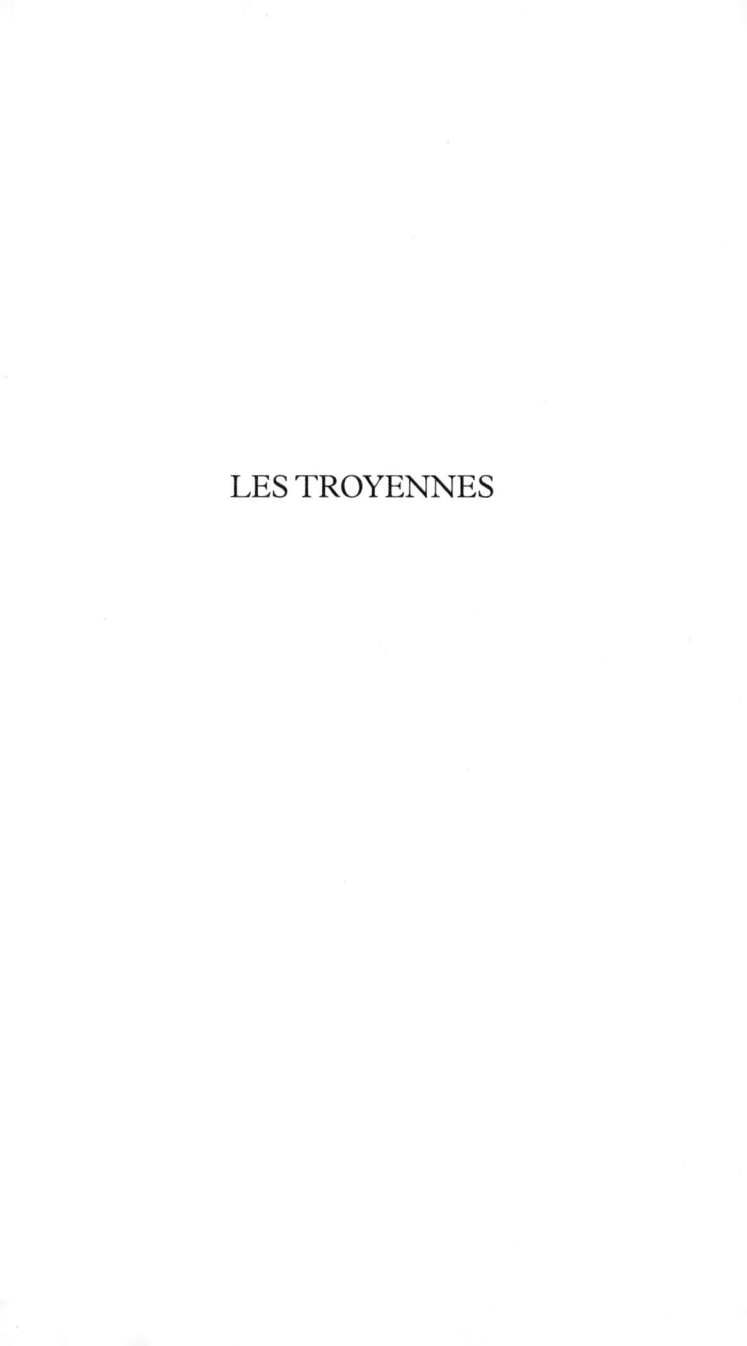

LES TROYENNES

À nos yeux de modernes, les *Troyennes* sont sans doute, avec les *Bacchantes*, la plus belle des tragédies d'Euripide, celle en tout cas qui nous « parle » le plus. Très souvent jouée au XXe siècle, ou adaptée, elle s'est imposée par son actualité : celle de la guerre et de ses désastres ; mais cette actualité ne résonnerait pas autant sans la puissance de sa mise en œuvre scénique et sans l'efficacité de son écriture dramatique.

Avec les *Troyennes*, représentées au printemps 415, Euripide revient sur le sujet d'*Hécube* – le sort de la vieille reine après la défaite de sa cité et le massacre des siens ; mais il en renouvelle totalement le traitement. Il ne s'agit plus cette fois d'une tragédie singulière, mais d'une tragédie collective, historique, puisqu'elle constituait la dernière pièce d'une trilogie liée, consacrée à la guerre de Troie. Des deux autres tragédies, nous ne pouvons guère reconstituer que les sujets. La première, *Alexandros*, qui se passait chez les Troyens, contait l'histoire de Pâris, son exposition, son adolescence sous une fausse identité, sa victoire « incognito » aux jeux troyens, le complot d'Hécube et de Déïphobe pour le tuer et son salut grâce à la reconnaissance finale. Peut-être, comme on l'a suggéré, s'agissait-il de faire porter aux Troyens une certaine responsabilité dans l'origine de la guerre : Hécube et Priam auraient dû mettre à mort l'enfant condamné par le rêve prémonitoire de sa mère et suivre l'indication de l'oracle. Mais les fragments qui nous restent sont insuffisants – compte tenu de la capacité d'Euripide à déjouer le sens des données mythiques – pour l'affirmer. La seconde, *Palamède*, qui mettait en scène les Grecs devant Troie et la condamnation à mort du sage Palamède par les manœuvres frauduleuses d'Ulysse, était – vu le traitement réservé à Ulysse dans l'œuvre d'Euripide – sévère à tout le moins pour Ulysse.

Avec les *Troyennes*, la trilogie fait retour dans le « camp » troyen, si l'on peut parler de « camp » pour un troupeau de femmes, parquées dans des baraques en attendant la déportation et l'esclavage. La fable de la pièce n'est rien d'autre, en effet, que le dernier jour de Troie, jour qui se lève sur le tirage au sort des captives et se couche sur l'embrasement et l'écroulement final de la cité. Mais elle est précédée d'un prologue qui, après avoir donné, selon la règle, les éléments d'une exposition (lieu et temps de l'action, personnages, circonstances nécessaires à son intelligence), annonce une sorte de post-scriptum, un dénouement postérieur à la tragédie, qui concerne les Grecs et les condamne à un retour désastreux, pour les punir de leurs comportements sacrilèges. Tout se passe comme si la trilogie comportait en fait quatre actes et que les *Troyennes*, sous le signe de ce prologue, se donnaient à entendre comme l'exposé des crimes grecs perpétrés à Troie. De là, l'étonnante structure de cette tragédie, sans action, sans héros, puisque les personnages troyens ne font que subir les conséquences de ce que décident les Grecs absents de la scène, tragédie du *pathos* pur, constituée pour l'essentiel d'un *lamento* à peine discontinu qui scande la répétition, l'aggravation de l'épreuve infinie : annonce des résultats du tirage au sort, départ de Cassandre puis d'Andromaque pour la déportation, condamnation à mort et ensevelissement d'Astyanax, mise à feu de Troie, abandon de la cité écroulée. Rien d'autre, en somme, que l'atroce banalité de la guerre – celle de Troie vaut dès lors pour toutes les guerres –, quand elle est vue, du moins, dans le camp des vaincus et que la fascination pour l'exploit singulier ou collectif le cède à la terreur et à la pitié devant le champ de ruines matérielles et morales qu'elle laisse derrière elle. Tel est en effet le parti dramatique d'Euripide, d'incarner cette banalité dans la chair de ceux qui la subissent : chaque coup en est reçu, accusé (il faut entendre ici le mot dans ses deux sens – à la fois éprouvé par ses victimes et renvoyé en accusation contre ceux qui l'ont porté) ; chaque spectateur est convié à changer de camp, à se faire vaincu de vainqueur qu'il était et à mesurer l'impact de ce qu'il s'est permis au nom de la guerre, à entendre le fracas assourdissant d'une ville qui tombe, de ce qui n'était jusque-là pour lui que la formule abstraite d'une nouvelle militaire : « La ville est tombée. »

Cette réécriture de la guerre de Troie, au lendemain ou à rebours des fracas épiques (même si l'*Iliade* fait aux Troyens la part aussi belle – au moins – qu'aux Grecs), c'est en toute conscience qu'Euripide la pratique et la définit, dans les *Troyennes*, comme l'écriture spécifique de la tragédie :

> Pour moi, chante Ilion, ô Muse,
> en poèmes nouveaux, avec des larmes,
> chante son chant funèbre (511-512).

Le début du premier *stasimon* cite explicitement la formule initiale des poèmes et de plusieurs hymnes homériques pour faire entendre à la fois sa filiation et sa différence. Même matière, même solennité (il s'agit d'une *grande* poésie), mais *mode* nouveau qui fait fond sur la déploration : la poésie tragique célèbre moins qu'elle ne compatit, glorifie moins les héros qu'elle n'accompagne le deuil, s'écrit moins pour immortaliser que dans la *parenté* de la *mort* (*epikèdeios* : le terme dit à la fois le lien familier et le devoir funèbre).

Comment procède une telle poésie? Bien loin du réalisme psychologique auquel on l'a souvent réduit, l'art d'Euripide se révèle, dans les *Troyennes*, comme un art essentiellement scénique, visuel, figuratif. La vieille reine Hécube n'a plus rien ici de l'inquiétante monstruosité qu'elle révélait au final d'*Hécube*. La tragédie qui la remet en scène épure son image pour les besoins de la nouvelle configuration : écroulée sur le sol, misérable tas de hardes, au prologue, elle scande la progression de la pièce de ses redressements et de ses effondrements, selon que la situation la sollicite ou l'accable. L'invention scénique, superbe, dit l'essentiel, comme Hécube elle-même le fait remarquer : « Mon effondrement est la mesure de ce que je subis, de ce que j'ai subi et subirai encore » (467-468). L'ensemble de la tragédie se structure, de même, en une succession de visions saisissantes. L'arrivée spectaculaire de Cassandre – préfiguration de l'incendie final –, agitant dans ses bonds de Ménade des torches sur la scène et jouant sa propre cérémonie nuptiale dans un accès de folie qui doit beaucoup moins à Apollon qu'à la décision sacrilège des Grecs de la donner au lit d'Agamemnon, fait voir, mieux que tous les discours, l'horreur du viol et de la déportation. Celle d'Andromaque qui traverse la scène, sans en descendre, sur un char couvert de dépouilles troyennes, serrant contre elle Astyanax qu'on lui arrache pour aller le fracasser du haut des murs de Troie, figure l'inexorabilité du destin qui l'entraîne (et ce destin n'est pas le fait des dieux, mais des seuls Grecs vainqueurs). Il suffit, au troisième épisode, de l'arrivée, sous un soleil resplendissant, d'un Ménélas ivre de contentement, bientôt rejoint par Hélène brillant de tous les feux de sa coquetterie, pour qu'éclatent la sottise et la prétention comiques des responsables de la guerre : scène dérisoire et désolante où la vanité des motifs se masque sous des arguties qui ne résistent pas à l'ironie d'Hécube, mais se découvre au spectateur qui peut en mesurer l'effet dévastateur. Il ne reste plus qu'à voir la vieille Hécube, courbée sur le bouclier d'Hector, ensevelir le corps ensanglanté d'Astyanax, qu'à voir s'effondrer dans les flammes ce qui reste de Troie, et la scène se vider lentement du cortège des Troyennes partant pour rejoindre les vaisseaux grecs. Le *théâtre*, au sens propre du mot, a fait son œuvre.

Mais la poésie tragique se donne aussi à entendre. Poésie lyrique des chœurs et des monodies, l'une des plus belles qu'ait écrites Euripide. Qu'il s'agisse de la monodie d'Hécube couchée sur le sol, qui gémit sa douleur physique et morale au rythme de son dos qu'elle balance comme un navire roule sur sa quille, du premier *stasimon* qui évoque l'entrée du cheval funeste en opposant aux scènes de la ville en liesse le déferlement brutal du carnage, ou bien des chœurs mélancoliques ou angoissés constatant l'abandon des faveurs de l'Olympe et l'égoïsme indifférent des dieux qu'ils ont pourtant honorés.

Le texte des *Troyennes*, c'est ainsi la richesse infinie et intraduisible de la plainte, du gémissement, des modulations de la douleur, de cette longue litanie qui s'interrompt, comme les divagations de Cassandre, pour formuler sans ménagements le sens relu par les vaincus d'une Histoire appropriée par les vainqueurs : la guerre de conquête, démontre une Cassandre parfaitement lucide, est toujours une défaite pour ceux qui l'ont menée. Ils y perdent leur âme, le plus précieux de leurs biens (vie au milieu des leurs, mort dans les bras de leurs proches et sur leur terre), tout ce qui constitue en fait l'humanité. Les Grecs ont gagné, mais ils ont aussi prouvé que la force des armes n'est pas la civilisation. Et il revient à Andromaque, pleurant le destin d'Astyanax, de lancer l'accusation la plus lourde et la plus subversive : « Ô Grecs qui avez inventé la barbarie du mal » (764). On reste surpris, vingt-cinq siècles plus tard, de la violence et de la résonance d'un tel constat : ceux qui se targuent d'avoir atteint le plus haut degré de culture et de civilisation utilisent leur pouvoir et leur ingéniosité à inventer la pire régression.

Il faut, pour comprendre la portée des *Troyennes*, revenir aux circonstances de leur représentation. Qu'Euripide, au printemps 415, ait connu ou non le massacre commis par ses concitoyens à l'île de Mélos, colonie dorienne dont ils avaient tué tous les adultes, vendu les femmes et les enfants pendant l'hiver précédent, il ne pouvait pas ignorer ceux qui avaient précédé et ne pas s'alarmer, comme Thucydide et nombre de leurs contemporains, des comportements sacrilèges, illégitimes et effectivement « barbares » de l'Athènes de la fin du Ve siècle. Cette situation n'est étrangère ni à l'intensité des *Troyennes*, ni à leur exemplarité emblématique. La guerre de Troie, telle que la représente Euripide, est l'archétype de la guerre illégitime dont la fonction de représailles n'est qu'un alibi. Il s'agit donc, non pas de transporter le public dans un passé légendaire et prestigieux, mais de lui renvoyer le miroir de son actualité, d'une réalité athénienne qui n'est plus ce qu'elle a été, ou ce qu'elle prétend être. La violence critique des *Troyennes* est à la mesure de la crise que traverse la cité et dont, malgré tous les avertissements que lui dispense le théâtre, elle ne se relèvera pas.

La traduction qui suit se fonde, comme les précédentes, sur l'édition de Diggle, à l'exception des vers 71, 150, 151, 330, 595, 959-960 et 1140, où l'on a préféré revenir à la leçon des manuscrits. Elle doit beaucoup, d'autre part, à la précieuse traduction commentée de Shirley A. Barlow, publiée par Aris & Phillips Ltd, Warminster, 1986.

Claire Nancy

LES TROYENNES

ARGUMENT

Après la prise de Troie, Poséidon et Athéna prirent la décision de détruire l'armée des Achéens, le premier par inclination pour la cité qu'il avait contribué à fonder, la seconde par haine des Grecs depuis qu'Ajax avait violenté Cassandre. Les Grecs, de leur côté, tirèrent au sort les femmes captives, et, pour celles qui étaient de haut rang, attribuèrent Cassandre à Agamemnon, Andromaque à Néoptolème et à Achille, Polyxène. Ils sacrifièrent donc la jeune fille sur la tombe du héros et lancèrent Astyanax du haut des remparts de Troie. Ménélas remmena Hélène en annonçant qu'il la mettrait à mort, et Agamemnon prit avec lui la prophétesse qu'il destinait à sa couche. Hécube, après avoir prononcé un plaidoyer à charge contre Hélène, pleuré ses morts et leur avoir rendu les devoirs funèbres, fut emmenée dans les quartiers d'Ulysse, à qui on l'avait attribuée comme servante.

Personnages

Poséidon
Athéna
Hécube
Le chœur des captives troyennes
Talthybios
Cassandre
Andromaque
Ménélas
Hélène

Prologue

Le décor représente la cité de Troie, ravagée. Au premier plan, des baraquements grecs. Sur le sol, Hécube est couchée, endormie. Entre Poséidon.

Poséidon [1]

Me voici, j'ai quitté les profondeurs salées de la mer
égéenne – je suis Poséidon ; là-bas, les chœurs des Néréides [a]
tracent les rondes gracieuses de leurs pas.
C'est que, du jour où, autour du sol de Troie, ici,
5 Phoïbos [b] et moi, nous avons élevé une enceinte de remparts [2] de pierre,
alignés droitement au cordeau, jamais mon cœur
n'a renoncé à sa faveur pour la cité des Phrygiens.
Elle, aujourd'hui, part en fumée : la lance argienne
l'a perdue, ravagée ; car l'homme du Parnasse [3],
10 Épeios de Phocide, sur une invention de Pallas,
fabriqua un cheval engrossé d'armes,
il introduit, au-dedans des remparts, cette charge de mort.
Aussi les hommes à venir le nommeront-ils
« cheval des lances [c] », puisqu'il était rempli de lances dissimulées.

---

a. Filles de Nérée, dieu de la mer.
b. Apollon (Phoïbos) et Poséidon avaient édifié les remparts de Troie pour le roi Laomédon.
c. Jeu de mots sur les deux sens de *doureios*, « en bois » et « de lances » (*doru*).

15 Déserts[4], les bois sacrés, les sanctuaires des dieux
ruissellent du sang des meurtres ; contre les marches, au pied même[5]
de Zeus protecteur du foyer, Priam est tombé, mort.
Innombrables, l'or et les dépouilles phrygiennes
sont emportés vers les vaisseaux des Achéens ; eux attendent
20 d'avoir le vent en poupe pour aller, après dix saisons de semailles,
revoir compagnes et enfants, le cœur content[6],
les Grecs qui sont venus attaquer la cité[7].
Et moi, vaincu à la fois par la déesse argienne,
Héra, et par Athéna, qui se sont alliées pour perdre les Phrygiens,
25 je quitte l'illustre Ilion, et mes autels.
Dès que le mal de la dévastation atteint une cité[8],
le divin est touché et ne peut plus compter sur les honneurs.
Innombrables les lamentations des captives
font résonner le Scamandre[a], tandis qu'on tire au sort leurs maîtres.
30 Les unes au soldat d'Arcadie, les autres au Thessalien
ont été adjugées, ou aux fils de Thésée, princes d'Athènes.
Toutes les Troyennes qu'on n'a pas attribuées sont ici,
sous ces abris ; c'est le choix réservé pour les chefs
de l'armée ; avec elles, la Laconienne, la fille de Tyndare[9],
35 Hélène, traitée comme une captive, et ce n'est que justice !
Quant à la malheureuse qui est là – quelqu'un veut-il lui jeter un regard ? [10] –
c'est Hécube, présente, couchée devant la porte.
Elle en verse, des larmes, elle en a à pleurer !
Sa fille, auprès du monument funéraire d'Achille,
40 est morte à son insu, misérablement, Polyxène[11].
S'en sont allés aussi Priam et ses enfants ; et la vierge
que le seigneur Apollon livra à sa course égarée, Cassandre,
voici qu'indifférent au fait divin, à la piété,
Agamemnon lui impose de force un hymen clandestin.
45 Eh bien, ô toi qui fus jadis heureuse, je te dis adieu, ô cité,

---

a. L'un des fleuves qui arrosent la plaine de Troie.

à toi aussi, rempart de pierres bien polies ; si elle n'avait pas voulu ta perte,
Pallas [12], la fille de Zeus, tu te dresserais encore sur tes fondations.

Entre Athéna.

ATHÉNA [13]

Ai-je la permission, à toi le plus proche parent[a] de mon père,
divinité puissante, honorée par les dieux,
50 si je romps avec ma haine ancienne, d'adresser la parole ?

POSÉIDON

Tu l'as ; les réunions de famille,
noble Athéna, font merveille sur les esprits.

ATHÉNA

Je me réjouis de ton humeur affable ; je viens te soumettre
un projet, où nous sommes associés, toi et moi, seigneur.

POSÉIDON

55 Est-ce un dieu qui t'envoie apporter un message nouveau,
Zeus peut-être, ou bien quelque autre divinité ?

ATHÉNA

Non, c'est en pensant à Troie, au sol que nous foulons,
que je viens requérir ton pouvoir pour l'associer au mien.

POSÉIDON

Tu ne vas pas me dire que tu as cessé de la détester,
60 que tu t'es mise à la plaindre, depuis que le feu l'a noircie tout entière ?

ATHÉNA

Reviens d'abord à ma première question : vas-tu t'associer à mon projet
et joindre tes efforts à ce que je veux faire ?

POSÉIDON

Bien sûr ; mais je veux savoir tes intentions :
es-tu venue pour les Achéens, ou bien pour les Phrygiens ?

---

a. Poséidon, fils de Cronos, est le frère de Zeus.

Athéna

65 Aux Troyens, mes anciens ennemis, je veux faire plaisir.
Et à l'armée des Achéens, infliger un retour amer.

Poséidon

Mais qu'as-tu à sauter ainsi d'une attitude à l'autre,
à haïr sans mesure, et à aimer n'importe qui ?

Athéna

Tu ne sais pas l'outrage que j'ai subi, moi et mon temple ?

Poséidon

70 Mais si, quand Ajax[a] entraînait Cassandre par la force ?

Athéna

Et que les Achéens ne lui ont rien fait, rien dit ?

Poséidon

Pourtant, s'ils ont ravagé Troie, c'est bien grâce à ta force.

Athéna

Justement ! Je veux que tu m'aides à leur nuire.

Poséidon

De mon côté, tout est prêt, selon tes volontés. Mais que
vas-tu leur faire ?

Athéna

75 Je veux provoquer un retour qui tourne mal[b] pour eux.

Poséidon

Pendant qu'ils sont à terre, ou bien une fois sur la mer
salée ?

Athéna

Quand leur flotte quittera Ilion pour rentrer au pays,
Zeus leur enverra une pluie, une grêle
indicibles, il fera bouillonner de ténèbres l'éther ;
80 il dit qu'il me donnera le feu de sa foudre
pour frapper les navires achéens, les embraser de flammes.
Toi, de ton côté, rends-leur le passage égéen

---

a. Ajax le Locrien avait, pour la violer, arraché Cassandre du temple
d'Athéna où elle s'était réfugiée, sous sa protection sacrée.
b. On a tenté de rendre le jeu de mot *noston dusnoston*.

grondant de triples vagues, de tourbillons de mer,
et remplis de cadavres le fond des creux d'Eubée ;
85 qu'à l'avenir ils sachent vénérer mes sanctuaires,
ces Achéens, et révérer les autres dieux.

Poséidon

Ce sera fait ; pour te procurer ce plaisir, les longs discours
sont superflus. Je soulèverai le large de la mer égéenne.
Les rivages de Myconos, les récifs de Délos,
90 et Skyros et Lemnos, les promontoires de Capharée [a]
garderont les cadavres de leurs morts innombrables.
Va, grimpe dans l'Olympe, prends des mains de ton père
les traits de la foudre, et guette bien
dès que l'expédition argienne aura détaché ses amarres.
95 Insensé le mortel qui ravage les cités,
les temples et les tombes, ces lieux sacrés des morts.
S'il les livre à la dévastation, ce sera à son tour de périr.

Poséidon et Athéna quittent la scène. Hécube lève la tête pour chanter.

Hécube [14]

Debout, infortunée, du sol lève la tête,
et la nuque ; il n'y a plus de Troie
100 ici, plus de reine de Troie.
Le destin tourne, supporte-le.
Navigue en suivant le courant, navigue en suivant le destin,
ne dresse pas la proue de l'existence
face à la vague, navigue en suivant le hasard.
105 Hélas ! Hélas !,
que reste-t-il à ma misère qui ne soit à pleurer ?
Patrie, époux, enfants, tout est fini pour moi.
Ô faste grandiose de mes ancêtres,
aujourd'hui affalé [15] tu n'étais que néant.
110 Sur quoi me taire ? sur quoi ne pas me taire ?
Sur quoi chanter mon deuil ?
Malheureuse, les membres affaissés sous le poids
du destin, gisant ainsi,
étendue le dos sur une couche dure !

---

a. Cap au sud de l'Eubée, célèbre pour avoir provoqué le naufrage
d'une partie de la flotte achéenne.

115 Aïe ma tête, aïe mes tempes,
et mes flancs! oh! quel désir me prend de rouler,
de balancer mon dos et son épine
d'un bord à l'autre de mon corps
pour scander la complainte de mes larmes sans fin.
120 Les malheureux ont aussi leur musique[16],
pour entonner les désastres qui n'ont pas voix aux chœurs.

Strophe

Étraves des navires, de vos rames rapides
vous avez avancé vers la sainte Ilion
au travers de la mer couleur pourpre
125 *et des ports sûrement abrités de la Grèce,*
– vos flûtes sonnaient le péan[a] *de la haine*
et vos syrinx leur voix qui parlait clair[b]*!*
vous avez accroché vos cordages[c] *tressés*
selon la tradition d'Égypte,
130 *malheur!, dans les golfes de Troie,*
quand vous alliez quérir l'épouse honnie
de Ménélas, la honte de Castor[d]*,*
le déshonneur de l'Eurotas[e]*,*
la femme qui égorge
135 *Priam, lui qui sema cinquante enfants,*
et qui moi, la misérable Hécube,
m'a fait échouer dans ce désastre.

Hélas! la place où je me tiens,
assise devant la tente d'Agamemnon!
140 *En esclave on m'emmène,*
vieille arrachée à sa maison, tête rasée,
en deuil, navrant ravage!
À nous, ô misérables épouses
des Troyens à la lance de bronze,

---

a. Ce terme désigne aussi bien un chant de victoire (ici, guerre) qu'un chant de deuil.
b. *Euphthongos* : ne peut pas signifier ici « mélodieux ». On a repris le sens littéral : « qui articule bien ».
c. Littéralement : « la tradition tressée d'Égypte »; l'expression désigne des cordages en fibres de papyrus.
d. Castor et Pollux, les frères jumeaux d'Hélène, très affectés, selon l'*Iliade*, par l'inconduite de leur sœur.
e. Fleuve qui arrose la plaine de Sparte.

à vous, filles aux tristes noces,
145 la fumée monte d'Ilion, clamons notre douleur.
*Comme la mère fait de son cri pour les oiseaux
ailés, ainsi, j'entamerai, moi,
la mélopée – non, pas la même
que jadis, pas celle*
150 *qu'appuyée au sceptre de Priam,
le pied menant le chœur au son clair
des cadences phrygiennes, j'entamai pour les dieux.*

Entre le premier demi-chœur [17].

PARODOS

DEMI-CHŒUR A

Strophe 1

*Hécube, pourquoi ces appels, pourquoi ces alarmes ?
Que cherches-tu à dire ? au travers des parois,*
155 *j'ai entendu les gémissements que tu gémis ;
au travers des poitrines, la terreur assaille
les Troyennes, qui enfermées dans ces baraques
clament la douleur de l'esclavage.*

HÉCUBE

Ô mes enfants, vers les navires achéens, déjà,
160 *se tend la main qui saisira la rame.*

DEMI-CHŒUR A

*Malheur à moi, que veulent-ils ? leurs navires, déjà, vont-ils
m'emmener loin du pays natal ?*

HÉCUBE

Je ne sais pas, je devine un désastre.

DEMI-CHŒUR A

Io, Io,
165 *déplorables Troyennes, pour écouter
l'annonce de vos peines, quittez l'abri de vos baraques ;
les Argiens préparent le retour.*

HÉCUBE

Ho! ho!
Non, ma Cassandre
avec ses transes de bacchante
— pour subir le déshonneur argien[a] —,
170 *ne me la laissez pas sortir,*
ma ménade,
n'ajoutez pas à mes douleurs.
Io, Io
Troie[18], malheureuse Troie, c'en est fini de toi.
Et malheureux aussi ceux qui te quittent,
175 *vivants ou vaincus par la mort.*

Entre le second demi-chœur.

DEMI-CHŒUR B

Antistrophe 1

Hélas! tremblante j'ai quitté les tentes
d'Agamemnon pour t'écouter,
ma reine; est-ce que ma triste mort
est déjà résolue pour les Argiens,
180 *ou bien, déjà rangés à leurs poupes, les marins*
sont-ils prêts à manier les rames?

HÉCUBE

Ô mon enfant, de grand matin je suis venue
saisie de frissons jusqu'à l'âme.

DEMI-CHŒUR B

Les Danaens ont-ils déjà envoyé un héraut?
185 *À qui vais-je servir d'esclave misérable?*

HÉCUBE

Tu es tout près d'être tirée au sort.

DEMI-CHŒUR B

Io, Io,
lequel des Argiens ou lequel des Phthiotes[b],

---

a. Cassandre, déjà déshonorée par Ajax, est exposée par son délire aux exactions ennemies (cf. scholiaste).
b. Habitants de Phthie, ou de la Phthiotide, au sud de la Thessalie, dont Achille était originaire.

lequel sur la terre de son île m'emmènera,
désolée, loin de Troie ?

Hécube

190 *Hélas, hélas,*
à qui ma misère,
où, en quelle région, ma vieillesse s'en ira-t-elle, esclave,
comme un frelon[a] *– quelle pitié ! –,*
comme une forme de cadavre,
simulacre sans force des morts,
hélas, hélas !,
commise à la garde des portes
195 *ou à l'office de nourrice, moi qui à Troie*
avais les honneurs souverains ?

Le chœur

Strophe 2

Hélas ! Hélas ! Quelles plaintes
pour clamer la douleur de ton abaissement ?
Plus jamais, tissant sur mon métier troyen,
200 *je ne ferai danser le va-et-vient de ma navette.*
Pour la dernière fois, de mes parents je peux voir la maison,
pour la dernière fois. S'aggraveront mes peines,
que j'approche la couche d'un Grec
– maudite en soit la nuit, et maudit le destin –,
205 *ou que j'aille à la source Pirène*[b],
servante pitoyable, puiser les eaux sacrées.
Ah ! si seulement nous allions dans l'illustre
pays fortuné de Thésée !
210 *Mais surtout pas au tourbillon de l'Eurotas*
à ce séjour d'Hélène qui m'est le plus odieux
où, devenue esclave, j'aurai devant moi Ménélas
le ravageur de Troie.

Antistrophe 2

La noble terre du Pénée[c],
215 *marche splendide de l'Olympe,*
est chargée d'opulence – j'ai entendu sa renommée –,
de riches floraisons et de riches moissons.

---

a. Le frelon, improductif, vit en parasite.
b. Fontaine célèbre de Corinthe.
c. Fleuve de Thessalie qui coule au pied du mont Olympe.

*Aller là-bas est mon second désir, après la terre
sacrée de Thésée, la toute divine.*
220 *Et celle de l'Etna, la terre d'Héphaïstos,
la terre tournée face à la Phénicie*[a]*,
la mère des monts de Sicile, j'entends d'elle
que son mérite, couronné, est partout célébré.
Et le pays tout proche*
225 *pour qui navigue sur la mer ionienne,
celui qu'arrose, roi des fleuves,
le Crathis*[b]*, teignant de feu
les cheveux blonds, et de ses eaux toutes divines il nourrit,
dans l'opulence, un pays riche en hommes.*

230 Ah, mais voici venir de l'armée danaenne,
son héraut, dispensateur de messages récents.
Il presse le pas pour les exécuter.
Qu'apporte-t-il ? que veut-il dire ? nous voilà esclaves
de la terre dorienne, c'est fait.

Entre Talthybios.

Premier épisode

Talthybios [19]

235 Hécube : tu te rappelles que j'ai souvent fait la route
de Troie, comme héraut de l'armée achéenne ;
je t'ai déjà été, autrefois, présenté, femme ; je suis
Talthybios et je viens te donner les dernières nouvelles.

Hécube

La voici, mes compagnes, la voici la terreur qui m'habitait
depuis longtemps.

Talthybios

240 Il a eu lieu, votre tirage au sort, si c'était là votre terreur.

---

a. Ce terme désigne ici la colonie phénicienne de Carthage.
b. Fleuve qui se jette dans le golfe de Tarente et qui était réputé pour la propriété colorante de ses eaux.

HÉCUBE

Hélas, quelle cité de Thessalie,
de Phthiotide désignes-tu, ou de la terre cadméenne[a] *?*

TALTHYBIOS

C'est par homme, chacun une, pas toutes à la fois, qu'on vous a adjugées.

HÉCUBE

Mais qui, alors, est adjugée à qui ? laquelle des femmes d'Ilion
245 *peut espérer un sort heureux ?*

TALTHYBIOS

Je le sais ; mais pose tes questions une à une, pas toutes à la fois.

HÉCUBE

Mon enfant, qui l'a obtenue,
dis-le-moi, ma pauvre Cassandre ?

TALTHYBIOS

Elle, c'est une part de choix : elle est allée au noble Agamemnon.

HÉCUBE

250 *Quoi ! esclave de son épouse*
lacédémonienne ? Malheur, malheur à moi !

TALTHYBIOS

Non, comme épouse occulte de son lit.

HÉCUBE

Quoi ? La vierge de Phoïbos, celle qui reçut du dieu
aux cheveux d'or le privilège de vivre sans époux ?

TALTHYBIOS

255 L'amour l'a frappé en plein cœur pour la jeune inspirée.

HÉCUBE

Jette, ma fille, tes rameaux tout divins[b]*,*
ôte à ton corps la parure sacrée
de ton habit de bandelettes.

---

a. C'est-à-dire de la Thèbes grecque, ville fondée par Cadmos.
b. Insignes de la fonction prophétique de Cassandre.

Talthybios

Ce n'est pas un honneur d'entrer au lit d'un roi ?

Hécube

260 *Et l'enfant que vous m'avez récemment enlevée,*
que m'en avez-vous fait ?

Talthybios

Polyxène, tu veux dire ? sur qui questionnes-tu ?

Hécube

Sur elle. Sous le joug de quel homme le sort l'a-t-il placée ?

Talthybios

On l'a assignée au service[a] de la tombe d'Achille.

Hécube

265 *Malheur à moi ! j'ai enfanté une préposée aux tombes ?*
Mais qu'est-ce que cet usage, mon cher,
ou ce rite des Grecs ?

Talthybios

Estime ta fille heureuse ; pour elle tout va bien.

Hécube

Qu'est-ce que cette formule ?
270 *dis-moi plutôt : voit-elle le soleil ?*

Talthybios

Le destin s'en est occupé, il l'a délivrée de ses peines.

Hécube

Et l'épouse d'Hector, l'homme aux pensées de bronze,
la malheureuse Andromaque, que va-t-elle devenir ?

Talthybios

Part de choix, elle aussi, elle est allée au fils d'Achille.

---

a. Par cette formule à double entente et celles qui suivent, Talthybios évite d'apprendre à Hécube la mort de Polyxène.

Hécube

275 *Et moi, de qui serai-je la servante, avec ma vieille tête*
et le besoin d'un bâton à ma main comme troisième appui[a] *?*

Talthybios

Au roi d'Ithaque, Ulysse, on t'a adjugée comme esclave.

Hécube

Ho Ho
Frappe ta tête rasée,
280 *déchire de tes ongles le double sillon de tes joues.*
Malheur, malheur à moi!
L'abominable fourbe [20]
qui m'a obtenue pour esclave,
cet ennemi du droit, ce chien sans foi ni loi,
285 *qui met tout sens dessus dessous, passe d'un camp à l'autre*
et repasse au premier semer l'hostilité
de sa langue fourchue
et partout change en ennemis ceux qui étaient amis.
Pleurez sur moi, Troyennes.
290 *Je cède au coup du sort, c'en est fini*
de moi, la malheureuse : j'ai tiré au sort
la pire des malchances.

Le coryphée

Tu sais pour toi, maîtresse ; mais mon destin
qui donc des Achéens ou des Grecs le détient?

Talthybios

Allez, il faut faire venir Cassandre,
295 et au plus vite, serviteurs, car au chef de l'armée
je dois la remettre en mains propres, et, ensuite, aller conduire aux autres
les captives désignées.
Hé là! Qu'est-ce que cette lueur d'une torche qui brûle à l'intérieur[21]?
Elles mettent le feu – mais que font-elles? – les Troyennes, là-bas au fond,
300 sous prétexte qu'elles vont quitter ce pays

---

a. La tournure, très élaborée, signifie littéralement : « qui ai besoin sous la main d'un bâton qui marche le troisième [hapax] pour ma vieille tête ».

pour Argos, et qu'elles veulent mourir
en se faisant brûler ? C'est vrai qu'un esprit libre,
en pareilles circonstances, a du mal à plier l'échine sous le
malheur.
Ouvrez, ouvrez ! Elles ne vont pas, pour se tirer d'affaire,
305 aller contre les Achéens et rejeter sur moi toute la faute !

Hécube

Non, elles ne mettent pas le feu ; c'est ma fille
en délire, c'est Cassandre qui précipite ici sa course.

Cassandre entre sur scène en brandissant des torches enflammées.

Cassandre [22]

Strophe

Lève, approche la torche[a], porte-la-moi. Je célèbre, j'éclaire
– regardez, regardez –
310 *ce sanctuaire de flambeaux, ô seigneur Hyménée !*
Que béni soit l'époux,
mais bénie moi aussi, moi l'épouse promise
en Argos, à des noces royales.
Hymen, ô dieu de l'hyménée !
315 *Puisqu'aussi bien, mère, toute à tes larmes,*
à tes gémissements tu te tiens à pleurer
mon père mort, la patrie bien-aimée,
c'est moi qui à mes noces
320 *éclaire la lumière du feu ;*
qu'elle brûle, qu'elle brille[b]
en ton honneur, Hyménée,
en ton honneur, Hécate[c], cette lumière
qu'au lit des vierges
la coutume prescrit.

Antistrophe

325 *Bondis, lance ton pas jusqu'à l'éther, mène, mène la danse,*
Évohan évohé[d] !
Comme au temps de mon père, aux plus bénis des jours.

---

a. Texte riche en assonances et en homophonies que l'on a tenté de rendre.
b. Même jeu d'homophonies.
c. Hécate est peut-être invoquée à cause des flambeaux qui sont son emblème.
d. Cris rituels des bacchanales.

*Cette danse est sacrée.
Viens la mener, Phoïbos, dans ton sanctuaire,*
330 *au milieu des lauriers, fais-le pour ta prêtresse.
Hymen, hymen de l'hyménée !
Viens, ma mère, danser, conduis la danse,
esquisse de ton pas la ronde, par ici, par là,
suis par amour mes pas, consens-moi la cadence.*
335 *Acclamez l'Hyménée, ô
et la fiancée, avec des hymnes,
des cris de bénédiction.
Allez, ô filles des Phrygiens
en vos robes de fête,*
340 *chantez le destin de mes noces,
l'époux décidé pour ma couche.*

Le coryphée

Reine, retiens les bonds bachiques de ta fille.
Ils pourraient l'enlever jusqu'à l'armée argienne.

Hécube

Héphaïstos[a], tu portes le flambeau aux noces des mortels,
mais tu attises aujourd'hui une flamme lugubre,
345 adieu mes grandes espérances. Hélas, ma fille,
ce n'est pas sous la pique ni sous la lance argienne,
que je pensais un jour que tu te marierais !
Passe-moi cette torche ; tu ne tiens pas la flamme droite
en t'agitant comme une ménade, et tes malheurs, ma fille,
350 ne t'ont pas rendue plus raisonnable. Tu restes toujours la même.
Emportez ces flambeaux, et à ses chants nuptiaux
donnez, Troyennes, le répons de vos larmes.

Cassandre

Mère, couvre ma tête entière de couronnes de victoire,
et réjouis-toi que j'épouse le roi.
355 Conduis-moi jusqu'à lui ; si je n'y mets pas, pour toi, assez de cœur,
va, pousse-moi de force. Car s'il est vrai que Loxias[b] existe,

---

a. Dieu du feu, associé à ce titre aux torches nuptiales.
b. Loxias, l'Oblique, l'un des noms d'Apollon qui évoquait le caractère énigmatique des oracles.

le fameux roi des Achéens, Agamemnon,
épousera en moi une épouse plus funeste qu'Hélène.
Je le tuerai et à mon tour, je ruinerai sa maison,
360 je vengerai ainsi mes frères et mon père.
Je n'en dirai pas plus. Je ne chanterai pas la hache
qui viendra sur ma nuque et sur celle des autres,
ni les conflits tueurs de mère que mes noces
déclencheront, ni le renversement de la maison d'Atrée.
365 Notre cité plutôt, je montrerai qu'elle est bénie
plus que les Achéens. Je suis possédée, c'est vrai ; pourtant
je saurai, pour le faire, sortir de ma folie bachique.
Eux, pour une seule femme, pour un seul trait de Cypris [a],
se sont mis en chasse d'Hélène et ont perdu des milliers d'hommes.
370 Leur général, cet esprit fort!, pour obtenir le plus odieux [23]
a perdu le plus précieux, les joies de la maison :
ses enfants, offerts à son frère pour le prix d'une femme,
et d'une femme consentante, pas violentée comme prise de guerre !
Quand ils furent arrivés sur les bords du Scamandre,
375 ils mouraient, eux que l'on n'avait pas privés des bornes de leur terre [24],
non plus de leur patrie avec ses hauts remparts ; ceux qu'Arès emportait,
sans revoir leurs enfants, sans être enveloppés
par les bras d'une épouse d'un dernier vêtement, gisent là,
sur un sol étranger. Et chez eux, c'était la même chose.
380 On mourait, elles veuves, et eux privés d'enfants dans la maison :
ils les avaient nourris en vain ! sur leurs tombes,
il n'y aura personne pour venir à la terre faire le don du sang.
Voilà l'éloge qu'a mérité leur expédition [25].
Mieux vaut taire l'infamie. Je ne veux pas laisser chanter en moi
385 la muse qui se voue à célébrer le mal.

---

a. La Chypriote, appellation homérique et tragique d'Aphrodite.

Les Troyens, eux – je commence par là, c'est la plus grande gloire –
mouraient pour sauver leur patrie. Ceux qu'enlevait la lance
– leurs corps, au moins, portés à la maison par leurs amis –
au pays des ancêtres reposaient dans les bras de la terre
390 enveloppés par les mains qui avaient à le faire.
Les autres, ceux des Phrygiens qui ne mouraient pas au combat,
écoulaient tous leurs jours avec leur femme et leurs enfants
à la maison, joies refusées aux Achéens.
Pour Hector, maintenant, ton grand chagrin, écoute ce qu'il en est.
395 S'il n'est plus, sa mort l'a fait considérer comme un héros,
et l'arrivée des Achéens est l'ouvrière de sa gloire.
S'ils étaient demeurés chez eux, sa valeur resterait inconnue.
Pâris a épousé la fille de Zeus; s'il ne l'avait pas fait,
on ne parlerait pas de l'alliance qu'il a conclue dans sa maison.
400 Éviter la guerre, bien sûr, est le devoir de tout homme sensé.
Mais si l'on en vient là, il n'y a aucune honte pour une cité
à recevoir la couronne d'une mort glorieuse. C'est le contraire qui est infamant.
Voilà pourquoi tu ne dois pas, mère, pleurer sur ton pays,
ni sur mon lit; car mes pires ennemis
405 et les tiens, grâce à mes noces, je les détruirai.

Le coryphée

Quel plaisir tu trouves à rire des malheurs de ta maison,
à chanter des prophéties que ton avenir, peut-être, ne confirmera pas.

Talthybios

Si Apollon ne t'inspirait pas une folie bachique,
il t'en coûterait cher de congédier mes chefs,
410 de ce pays, sur de telles paroles.
Mais les grands airs et les soi-disant esprits forts
ne valent guère mieux que ceux qui ne comptent pour rien.

Ainsi le plus grand roi de tous les Grecs ensemble,
le fils chéri d'Atrée, est bien tombé, avec cette ménade ! :
415 c'est un amour de choix ! moi, tout pauvre que je suis,
je n'en aurais sûrement pas voulu pour mon lit !
Pour en revenir à toi – tu as l'esprit vraiment trop dérangé ! –,
je laisse aux vents le soin d'emporter comme tes éloges des Phrygiens
tes insultes aux Argiens. Suis-moi
420 jusqu'aux navires, beau parti de notre général !
Et toi, lorsque le rejeton de Laërte demandera
que je t'amène, suis-moi ; tu seras la servante d'une femme
vertueuse, à en croire ceux qui sont arrivés à Troie.

Cassandre

Il fait bien le malin, ce serviteur ! Qu'est-ce donc qui lui vaut le nom
425 de « héraut », à cette espèce exécrable à tous les mortels
mise au service des rois et des cités ?
Tu prétends que ma mère ira dans le palais
d'Ulysse ? où sont alors les dires d'Apollon[a],
ceux qu'il m'a signifiés, assurant qu'elle mourrait
430 ici même ? Je veux taire les outrages qui suivront.
Le malheureux, il ne sait pas quelles épreuves l'attendent.
De mes misères, de celles des Phrygiens un jour il se fera
une image dorée. Car il naviguera dix ans,
en plus de ceux qu'il a passés ici, avant d'arriver seul dans son pays,
435 par la passe étroite de rochers qu'habite [26]
la terrible Charybde et l'hôte des montagnes dévoreur de chair crue,
le Cyclope, et la Ligurienne qui transforme en pourceaux,
Circé, et les naufrages sur la mer salée,
et les amateurs de lotus, et les vaches sacrées du Soleil
440 dont les chairs saignantes feront un jour entendre
à Ulysse une voix bien amère[b]. J'abrège :

---

a. Apollon avait prédit la mort d'Hécube et sa transformation en chienne que Cassandre refuse ici de mentionner (cf. la fin de l'*Hécube*).
b. Cf. *Odyssée*, XII : les chairs des vaches du Soleil, tuées contre la volonté d'Ulysse par ses compagnons, se mettent à marcher et à parler, présage qui annonce le naufrage où Ulysse les perdra tous.

chez Hadès il descendra vivant et il n'échappera à l'eau marine
que pour trouver à son arrivée chez lui d'innombrables malheurs.
Mais à quoi bon décocher[a] ainsi contre Ulysse ses peines ?
445 Presse le pas tant que tu peux. Allons épouser mon fiancé chez Hadès.
Crois-moi ! misérable, misérable sera ta sépulture, de nuit, et pas de jour,
toi qui te flattes d'une réussite grandiose, chef suprême des Danaens.
Moi, les ravins rouleront mon cadavre jeté nu,
grossis par les pluies torrentielles, près du tombeau de mon fiancé.
450 Ils me donneront à déchirer aux fauves, moi, la servante d'Apollon.
Ô bandelettes de mon dieu tant aimé, parures de l'évohé[27],
adieu ! je renonce aux fêtes où jadis j'aimais à m'en parer.
Quittez mon corps, je vous arrache, tant qu'il est encore pur,
je vous confie aux vents rapides ; qu'ils te les portent, ô roi de la divination.
455 Où est l'embarcation du général ? où me faut-il monter à bord ?
Tu n'as pas de temps à perdre : guette le vent dans tes voiles
car sache qu'avec moi tu sors de ce pays une des trois Érinyes[b].
Adieu, ma mère ; ne pleure pas ; ô patrie bien-aimée,
et vous, dessous la terre, mes frères et toi mon père qui nous a engendrés
460 bientôt vous viendrez m'accueillir ; j'arriverai chez les morts en triomphe
dès que j'aurai ravagé la maison des Atrides, ceux qui nous ont détruits.

Talthybios entraîne Cassandre. Hécube s'effondre sur le sol.

---

a. Littéralement : « lancer comme des traits ».
b. Déesses de la vengeance, souvent comptées par trois, et associées aux malheurs des Atrides, à la suite du crime d'Iphigénie.

Le coryphée

Gardiennes de la vieille Hécube, ne voyez-vous pas
votre maîtresse s'effondrer sans un cri, de tout son long ?
Ramassez-la vite ; vous n'allez tout de même pas abandonner, misérables,
465 une vieille femme à terre ? Remettez-la debout.

Hécube

Laissez-moi (rien ne sert d'aller contre l'envie[a], ô jeunes filles)
couchée à terre ; car mon effondrement est la mesure
de ce que je subis, de ce que j'ai subi et subirai encore.
Ô dieux ! piètres alliés ceux que j'invoque là
470 et c'est pourtant un geste à faire d'interpeller les dieux
dès que la chance tourne en malchance pour l'un de nous.
J'ai donc envie, d'abord, de chanter mon bonheur une dernière fois,
j'inspirerai ainsi plus de pitié pour mon malheur.
Reine je fus, un roi me prit en mariage,
475 et j'en conçus des enfants sans égal,
moins pour le nombre – vaine gloire – que pour le rang : le plus haut en Phrygie,
tels qu'aucune femme, troyenne, grecque ou barbare
ne pourrait jamais se vanter d'en avoir mis au monde.
Et ces enfants, je les ai vus tomber sous la lance grecque,
480 j'ai coupé mes cheveux sur les tertres de mes morts
et l'auteur de leurs jours, Priam, je ne l'ai pas pleuré
sur la foi de propos rapportés, je l'ai de mes yeux vu
moi-même égorgé au foyer de l'autel domestique,
j'ai vu la ville prise. Les vierges que j'élevai
485 pour être des partis estimés, de premier choix,
je n'en ai pas le fruit : on les a arrachées de mes bras.
Elles, il n'est aucun espoir qu'un jour elles me revoient,
moi non plus jamais je ne les reverrai.
Enfin, pour couronner ces malheurs accablants,
490 je vais partir pour être esclave en Grèce, vieille comme je suis.
Les pires dégradations pour mon âge
me seront imposées, que je sois portière[28]

---

a. Formulation très contractée : « le geste d'affection qu'on ne veut pas [*mè*] n'en est pas un [ne fait pas plaisir] ».

à garder les verrous, moi la mère d'Hector,
que j'aille faire le pain, étendre à même le sol
495 mes vieux flancs tout fripés, moi qui dormais sur un bâti royal,
vêtir mon corps usé de vêtements usés,
de loques, dont aucun riche ne voudrait.
Las sur moi, malheureuse, pour une seule union
d'une seule femme, que m'est-il arrivé, que m'arrivera-t-il ?
500 Mon enfant, ô Cassandre qui fais la bacchante avec les dieux [29],
quelle misère a dénoué[a] ta pureté ?
Et toi, infortunée, où es-tu, Polyxène ?
Dire que je n'ai ni mâle ni rejeton femelle
parmi tous ceux que j'eus, pour secourir mon infortune !
505 Mais pourquoi me relever ? Mais qu'en attendez-vous ?
Menez plutôt mon pied, si délicat jadis à Troie,
et aujourd'hui réduit en esclavage, à mon tas d'herbe jeté sur le sol,
et au rocher où reposer ma tête, que je m'y laisse tomber et m'y consume
rongée de larmes. S'il est des gens heureux,
510 ne croyez à la chance d'aucun, avant qu'il ne soit mort [30].

Premier stasimon

Le chœur

Strophe

Pour moi, chante Ilion, ô Muse [31],
en poèmes nouveaux, avec des larmes,
chante son chant funèbre.
515 *Car aujourd'hui je vais lancer pour Troie ma mélopée :*
dire comment par le char quadrupède
des Argiens je fus perdue, infortunée prise de guerre,
le jour où ils laissèrent le cheval résonnant

---

a. Le terme est à la fois littéral (dénouer la ceinture signifie prendre la virginité) et métaphorique : « perdre ».

520 *jusqu'au ciel, caparaçonné d'or, empli d'hommes*
en armes, à nos portes, eux, les Achéens.
Un cri jaillit du peuple,
de la roche troyenne – c'est là qu'il se tenait – :
« Allez, ô vous voilà au terme de vos peines,
525 *montez-nous cette idole de bois,*
pour la Troyenne, fille de Zeus. »
Quelle jeune fille, alors, qui ne montât?
Quel vieillard qui ne sortît de sa maison?
Avec des chants de joie
530 *ils se saisirent du piège désastreux.*

Antistrophe

Entière, la nation phrygienne
s'élança jusqu'aux portes;
car, taillée dans le pin des montagnes,
cette embuscade argienne en bois poli,
535 *– désastre de la Dardanie*[a] *– elle voulait l'offrir à la déesse,*
plaire à cette indomptable aux chevaux immortels.
Ils jettent tout autour les tresses de lin, comme pour un navire
on fait de sa carène noire; jusqu'au siège
540 *de pierre, jusqu'au sol de Pallas la déesse,*
ils amenèrent le meurtrier de leur patrie!
Ils étaient à la peine, ils étaient à la joie
quand vint sur eux l'obscurité nocturne.
La flûte lybienne alors se met à retentir,
545 *et les airs phrygiens, et les vierges*
– haut le pied – frappaient le rythme,
criaient et chantaient d'allégresse; dans
les maisons l'éclat des illuminations
abandonna le feu, qui sembla brûler sombre[b],
550 *à son propre sommeil.*

Épode

Et moi, dans le palais,
je célébrai la vierge des montagnes,
la fille de Zeus, en chantant
555 *en dansant. De carnage, à travers*
la cité, une clameur pénétra

---

a. C'est-à-dire la Troade, du nom de Dardanos, ancêtre des Troyens.
b. Le texte est difficile, mais l'idée semble claire : tout à la joie des illuminations qui font paraître pâles les feux domestiques du soir, on laisse mourir ceux-ci.

les demeures de Pergame ; les petits en-
fants aux robes des mères accrochaient
leurs mains terrifiées.
560 *Arès sortait de l'embuscade,*
œuvre de la jeune Pallas.
Alors, les égorgements de Phrygiens
ceinturèrent les autels, et dans les lits
déserts la désolation coupant[a] *les chevelures*
565 *des jeunes femmes tressait une couronne*
à la Grèce féconde en guerriers,
à la patrie phrygienne une offrande funèbre.

Andromaque entre sur scène avec son fils Astyanax sur un char empli de dépouilles troyennes.

Deuxième épisode

Le coryphée

Hécube, vois-tu venir Andromaque
portée sur un char étranger ?
570 Contre le battement[32] de sa poitrine se tient
son petit Astyanax, le fils d'Hector.
Mais où t'emmène le dos de ce chariot,
pauvre femme,
assise auprès des armes en bronze d'Hector
et des dépouilles phrygiennes prises de haute lutte
575 dont le fils d'Achille ira couronner
les temples de Phthie[33], à son retour de Troie ?

Andromaque

Strophe 1

Les Achéens : ils sont nos maîtres, et ils m'emmènent[34].

Hécube

Hélas !

---

a. Le texte, difficile et obscur, évoque probablement le sacrifice féminin de la chevelure, en signe de deuil (sens suggéré ici par la traduction dédoublée d'*èrèmia*).

ANDROMAQUE
Pourquoi gémis-tu mon péan ?

HÉCUBE

Douleur !

ANDROMAQUE
… celui de mes souffrances…,

HÉCUBE

580 *Ô Zeus !*

ANDROMAQUE
… de mes misères.

HÉCUBE

Mes enfants…

ANDROMAQUE
Nous le fûmes jadis…

HÉCUBE

Antistrophe 1

Adieu félicité, adieu Troie.

ANDROMAQUE
Tout ce que tu endures !

HÉCUBE
… noblesse de mes enfants…

ANDROMAQUE

Hélas ! hélas !

HÉCUBE
Hélas, oh mes…

ANDROMAQUE

585 *… misères*

HÉCUBE
Sort pitoyable…

ANDROMAQUE

… de la cité

HÉCUBE
... *qui s'en va en fumée.*

ANDROMAQUE

Strophe 2

À moi, viens, mon époux.

HÉCUBE
*Tes cris appellent l'hôte d'Hadès,
mon fils, ô sans espoir.*

ANDROMAQUE
590 *... secourir ta compagne*

Antistrophe 2

toi, ô fléau des Achéens[35],

HÉCUBE
*oui, toi, de mes enfants
le premier qui naquis à Priam,*

ANDROMAQUE
... mène-moi m'endormir chez Hadès.

ANDROMAQUE

Strophe 3

595 *Nos désirs portent loin...*

HÉCUBE
*... à la mesure, ma pauvre, de nos
grandes douleurs.*

ANDROMAQUE
... notre cité se meurt !

HÉCUBE
Douleurs sur douleurs s'amoncellent.

ANDROMAQUE
C'est la malveillance des dieux, du jour où ton fils[a] *réchappa
de l'Hadès ;
pour un lit détestable, il a perdu la citadelle de Troie :*

---

a. Pâris, que sa mère refusa de tuer à sa naissance, bien qu'elle eût rêvé, enceinte, qu'elle portait un tison. Le texte fait ici référence à l'*Alexandros*, tragédie qui inaugurait la trilogie troyenne d'Euripide jouée en 415.

*en sang, aux pieds de Pallas la déesse, les cadavres des morts
étendus sur le sol s'offrent aux serres des vautours.*
600 *Il a fini par mettre Troie sous le joug de l'esclave.*

HÉCUBE

Antistrophe 3

Ô ma patrie, ô sans espoir!

ANDROMAQUE
Je te quitte en pleurant.

HÉCUBE
Tu le vois maintenant, le terme pitoyable.

ANDROMAQUE
Et ma maison, où j'accouchai!

HÉCUBE
Ô mes enfants, sans ma cité déserte[a]*, moi la mère que vous
avez laissée!
Quelles lamentations, quelles déplorations!*
605 *larmes sur larmes coulent pour pleurer
nos maisons; le mort, au moins, ne sait plus rien de ses douleurs.*

LE CORYPHÉE

Comme les éprouvés se plaisent à pleurer,
et aux thrènes plaintifs, à la musique du chagrin!

ANDROMAQUE

610 Ô mère de l'homme dont la lance, jadis, tua
le plus d'Argiens, mère d'Hector, vois-tu tout ce qui nous
arrive?

HÉCUBE

Je vois l'œuvre des dieux, qui dressent haut les tours[36]
de ce qui n'est rien, et ruinent ce qui fait illusion.

ANDROMAQUE

Comme butin on nous emmène, mon fils et moi; la
noblesse
615 tombe en esclavage. Tout a changé de face.

---

a. *Erèmoptolis*: hapax que l'on peut comprendre à la fois comme
« dont la cité est dévastée » et comme « privée de cité ».

Hécube

Terrible est la nécessité. À l'instant, loin de moi,
s'en est allée Cassandre, arrachée par la force.

Andromaque

Hélas ! hélas !
C'est qu'un nouvel Ajax, il faut croire, un second[a]
a surgi pour ta fille ; mais le mal te frappe aussi ailleurs.

Hécube

620 Mon mal est sans mesure, je le sais, et sans nombre.
Coup après coup, il s'acharne à l'envi contre moi.

Andromaque

Ta fille est morte, Polyxène : on l'a égorgée
sur la tombe d'Achille, offrande pour un cadavre sans vie.

Hécube

Ô, pauvre de moi ! Voilà donc éclaircie l'énigme
625 de Talthybios et ses phrases peu claires.

Andromaque

Je l'ai vue de mes yeux, je suis descendue de ce char[b],
l'ai couverte d'un voile et je me suis frappé, pour elle, la poitrine.

Hécube

Malheur, ma fille ! le sacrilège de ton immolation !
Malheur, une seconde fois : quelle mort abominable !

Andromaque

630 Sa mort fut ce qu'elle fut ; et pourtant cette mort
est un destin plus heureux que ma vie.

Hécube

Non, mon enfant, c'est différent d'être mort et de voir la lumière ;
d'un côté, c'est le rien, l'autre laisse espérer.

---

a. Est-ce Agamemnon qu'Andromaque désigne ainsi comme un nouveau ravisseur sacrilège de Cassandre ? Le texte joue aussi sur le fait que l'on comptait deux Ajax parmi les héros grecs.
b. « ce char » : où je me tiens. Andromaque joue tout ce dialogue sans descendre de son char.

ANDROMAQUE[a]
N'être pas né, je le dis, équivaut à la mort,
mais il vaut mieux mourir que vivre dans la douleur.
On ne souffre aucun mal lorsque l'on ne sent rien.
Mais quand on fut heureux, tomber dans le malheur
640 égare l'âme hantée par sa prospérité ancienne.
Elle, comme si jamais elle n'avait vu le jour,
est morte et ne sait rien de ses propres misères.
Mais moi, j'avais visé la considération,
je l'avais obtenue, au mieux, et j'ai pourtant manqué la cible de la chance.
645 Tout ce qu'on a trouvé de vertus féminines[37],
je m'y suis appliquée dans la maison d'Hector.
Il faut savoir d'abord, qu'on ait ou non des raisons
de blâmer une femme, que ce qui attire sur elle
la réputation mauvaise, c'est qu'elle ne reste pas à l'intérieur[38].
650 Quel qu'en fût mon regret, je demeurai dans la maison ;
sous mon toit, les propos séduisants des commères
je ne les admis pas ; je me réglai sur mon maître intérieur,
– mon propre jugement : c'était un maître honnête et je m'en contentai.
À mon époux j'offrais le silence de ma langue et mon regard
655 tranquille ; je savais le vaincre sur le terrain qui m'était imparti
et lui consentir la victoire sur le sien.
De tout cela le bruit s'est répandu jusqu'au camp achéen,
il a causé ma perte. Quand je fus capturée,
le fils d'Achille voulut me prendre
660 pour épouse ; et je serai esclave chez un assassin.
Si je parviens à repousser le visage bien-aimé d'Hector
pour déplier mon cœur à l'époux d'aujourd'hui,
j'aurai l'air de manquer au mort ; si je déteste
l'autre, je me ferai haïr de ceux qui sont mes maîtres.
665 On dit pourtant qu'il suffit d'une nuit pour dénouer
l'aversion d'une femme pour la couche d'un homme.

---

a. Les manuscrits proposent ici deux vers probablement interpolés :
« Ô mère, ô toi qui l'as mise au monde, écoute mes arguments, si beaux qu'ils te mettront de la joie dans le cœur. »

Mais je n'ai que dégoût pour qui rejette son premier mari
et chérit le second de nouvelles étreintes.
La pouliche elle-même, quand on l'a séparée, sous le joug,
670 de sa compagne d'élevage, renâcle à le tirer.
Et pourtant la nature a privé la bête de parole,
d'usage de l'intelligence et l'a faite inférieure.
En toi, ô Hector bien-aimé, j'avais l'époux qui me comblait[39].
Intelligence, naissance, fortune, courage, tout en toi était grand.
675 Intacte tu me pris dans la demeure paternelle,
le premier sous le joug tu mis ma couche virginale.
Voilà que tu es mort, et moi je prends la mer
pour la Grèce, captive destinée au joug de l'esclavage.
N'est-elle pas moins grave que mes propres malheurs
680 la mort de Polyxène, qui t'arrache des larmes ?
Moi, je n'ai même plus cette compagne de toute vie mortelle,
l'espérance, et je ne peux abuser mon esprit,
attendre un avenir meilleur, bien qu'on se plaise à croire.

Le coryphée

Ta détresse est la mienne ; et ton thrène
685 m'apprend le degré de mes peines.

Hécube

Moi-même, je ne suis jamais montée sur un navire,
mais les peintures que j'ai vues, les récits entendus m'ont instruite[40].
Les marins, quand ils n'essuient qu'une tempête modeste,
mettent tout en œuvre pour échapper au péril :
690 l'un est au gouvernail, l'autre s'affaire aux voiles,
l'autre encore empêche le bateau de faire eau ; mais qu'une grosse
mer, déchaînée, les submerge, ils s'en remettent au hasard,
et s'abandonnent aux courants de la vague.
J'en fais autant : face à tant de souffrances
695 je demeure sans voix, je laisse faire et tiens ma langue.
Elle m'a vaincue, la houle du malheur soulevée par les dieux.
Va, ma fille chérie, laisse le sort d'Hector.
Tes larmes ne le sauveront pas.
Honore plutôt ton maître d'aujourd'hui,

tends-lui l'appât amoureux de ton comportement.
Si tu le fais, tu charmeras ton entourage, et c'est notre intérêt à tous :
peut-être cet enfant, fils de mon fils, tu pourrais l'élever
et rendre ainsi à Troie le plus grand des services, pour qu'un jour
les enfants nés de toi rebâtissent
Ilion et que notre cité existe de nouveau.
Mais une digression[41] s'impose ici à mon discours :
qui est-ce que je revois, ce serviteur des Achéens
qui vient nous annoncer des décisions nouvelles ?

Entre Talthybios.

TALTHYBIOS

Ô toi qui fus jadis l'épouse d'Hector, le plus vaillant des Phrygiens,
ne va pas me haïr ; car c'est bien malgré moi que je dois t'annoncer
ce que te mandent ensemble les Danaens et les fils de Pélops.

ANDROMAQUE

Qu'y a-t-il ? ton prélude me paraît de bien mauvais augure.

TALTHYBIOS

Ils ont décidé que ton fils, là... comment pourrais-je te le dire ?

ANDROMAQUE

Ne me dis pas qu'il aura un maître différent du mien ?

TALTHYBIOS

Aucun des Achéens, jamais, ne deviendra son maître.

ANDROMAQUE

Est-ce qu'on le laisse ici, ultime reste des Phrygiens ?

TALTHYBIOS

Je ne sais comment te ménager en t'annonçant ces mauvaises nouvelles.

ANDROMAQUE

Tes scrupules t'honorent, sauf si tu viens m'annoncer un malheur.

Talthybios

Ils vont tuer ton fils : du grand malheur te voilà avertie.

Andromaque

720 Oh non ! bien pire que mes noces, ce malheur que j'entends !

Talthybios

La voix d'Ulysse l'a emporté, à l'assemblée des Grecs...

Andromaque

C'est trop vraiment ! sans mesure est le mal qu'on nous fait.

Talthybios

... il a dit que le fils du plus vaillant des pères ne devait pas grandir...

Andromaque

Que sa voix l'emporte ainsi pour décider du sort des siens !

Talthybios

725 ... qu'il fallait le jeter du haut des murs de Troie.
Va, laisse faire, tu te montreras raisonnable.
Ne t'accroche pas à lui, souffre dignement ton malheur,
ne fais pas la forte quand tu es impuissante.
Tu n'as de soutien nulle part ; tu dois te rendre compte :
730 ta cité a péri, et ton époux aussi, tu es en notre pouvoir,
et pour nous, livrer bataille à une femme seule
est à notre portée ! Aussi, ne cherche pas à te débattre,
à faire quoi que ce soit d'infamant ou d'odieux,
ni à lancer des imprécations contre les Achéens : je ne le voudrais pas,
735 car si tu as le malheur de dire une parole qui irrite l'armée,
ton fils risque d'être privé de sépulture et de plaintes funèbres ;
tandis qu'en te taisant, en tenant ton malheur pour acquis,
peut-être ne laisseras-tu pas le corps de ton fils privé de sépulture,
peut-être trouveras-tu les Achéens mieux disposés pour toi.

ANDROMAQUE

740 Ô mon chéri, ô mon enfant comblé d'honneurs,
tu vas mourir sous les coups ennemis, laisser ta mère désolée.
C'est la noblesse de ton père qui provoque ta mort,
celle qui pour tant d'autres fut source de salut :
la grandeur de ton père ne t'a pas porté chance !
745 Ô mon lit malchanceux, et mes noces
qui me firent jadis venir dans le palais d'Hector !
L'enfant de mes couches ne devait pas être immolé aux Grecs
mais régner sur l'Asie abondante en semailles.
Ô mon enfant, tu pleures ? comprends-tu tes malheurs ?
750 Pourquoi t'agrippes-tu à moi, pourquoi t'accroches-tu à ma robe
comme un petit oiseau se pressant sous mes ailes ?
Hector ne viendra pas, il ne saisira pas sa glorieuse lance
pour surgir de la terre et te porter secours,
ni la parenté de ton père, ni la puissance des Phrygiens.
755 Un saut atroce, sur la nuque te précipitera
de haut, impitoyable, t'arrachera brutalement le souffle.
Ô petit corps, caressé et chéri de ta mère,
ô l'odeur délicieuse de ta peau ! c'est donc pour rien
que mon sein t'a nourri quand tu étais dans les langes ;
760 En vain le mal que je me suis donné, les peines qui m'épuisaient.
Là, pour la dernière fois, viens embrasser ta mère,
serrer celle qui t'a donné le jour, mets tes bras
autour de mon cou, ta bouche sur la mienne.
Ô Grecs qui avez inventé la barbarie du mal,
765 pourquoi tuez-vous cet enfant qui n'est coupable en rien ?
Et toi, rejeton de Tyndare[a], je dis, moi, que tu n'es pas
la fille de Zeus, mais de bien d'autres dont tu tiens :
la Vengeance, d'abord, et le Ressentiment,
le Meurtre, la Mort, toutes les plaies que la terre nourrit.
770 Jamais je n'approuverai la présomption qui fait de Zeus ton père,
de toi qui fus la Kère[b] de tant de Grecs et de Barbares !

---

a. Hélène.
b. Déesse de la mort.

Je te maudis : tes beaux yeux n'ont servi
qu'à perdre dans la honte nos campagnes célèbres de Phrygie.
Allez ! emmenez, emportez, précipitez, si votre décision est de précipiter !
775 Festoyez de ses chairs ! puisque les dieux
nous perdent et qu'il m'est impossible d'éviter
la mort à mon enfant ! Recouvrez mon corps misérable,
précipitez-le dans vos navires. Ah le bel hyménée qui
m'attend, après que j'ai livré mon enfant à sa perte !

Talthybios prend l'enfant. Le char quitte la scène, emmenant Andromaque.

Le coryphée

780 Triste Troie, combien de victimes
pour une femme unique et un lit détestable !

Talthybios

Viens, petit, quitte l'étreinte tendre
de ta mère désolée ; monte en haut des créneaux
qui couronnent les remparts de tes pères, où tu dois
785 rendre ton dernier soupir, selon l'arrêt du vote.
Emmenez-le ; mais pour cette mission il faudrait
un héraut qui n'ait pas de pitié,
pas de honte, ou qui en soit moins familier
que mon tempérament.

Talthybios sort.

Hécube

790 Ô mon enfant, ô fils de mon pauvre fils,
on nous arrache ta vie, contre toute justice,
à ta mère et à moi ; que va-t-il m'arriver ? que puis-je
faire, infortuné, pour toi ? voici ce que je t'offre :
les coups dont je frappe ma tête, mes poings sur ma poitrine ;
795 ce pouvoir-là me reste. Je pleure sur la cité,
sur toi aussi je pleure. Tout y est.
Que nous manque-t-il pour l'épreuve
implacable de la ruine totale ?

Deuxième stasimon [42]

Strophe 1

Ô Télamon[a], ô roi de Salamine nourricière d'abeilles
800 *qui élus domicile dans l'île balayée par les vagues,*
dans l'île qui s'incline vers le coteau sacré où Athéna,
pour la première fois, révéla le rameau de l'olivier gris-vert,
la couronne céleste et l'emblème de l'éclatante Athènes,
tu vins un jour, tu vins accompagner l'archer,
805 *redoubler la vaillance du rejeton d'Alcmène[b]*
pour renverser Ilion, Ilion, notre cité
(au temps jadis où tu quittas la Grèce[c]).

Antistrophe 1

Lorsque de Grèce il amena la fleur de ses guerriers, furieux
810 *de n'avoir pas eu ses coursiers, aux bords du Simoïs[d] aux eaux claires*
il arrêta sa rame traversière des mers, fixa sa proue
par les amarres
et prit dans son vaisseau l'arme infaillible de sa main,
l'arc qui devait tuer Laomédon; les pierres de taille par Phoïbos
815 *alignées au cordeau, il les soumit au souffle écarlate du feu*
et dévasta notre pays de Troie.
Voilà deux fois, qu'en deux assauts, la lance ensanglantée
autour de leurs remparts, défait les Dardanides.

Strophe 2

820 *En vain donc, ô dans tes vases d'or, la démarche alanguie,*
fils de Laomédon,
tu t'affaires – office suprême – à remplir les coupes de Zeus.
825 *La terre qui t'a donné le jour, cependant, est mise à feu et brûle.*
Les rivages marins
ont retenti d'appels, sem-

---

a. Frère de Pélée, père d'Ajax et de Teucros, et roi de Salamine, qui aida Héraclès à détruire Troie. Héraclès voulait en effet se venger de Laomédon qui avait promis de lui offrir des chevaux pour le remercier d'avoir sauvé sa fille emportée par un monstre marin, et n'avait pas tenu sa promesse.
b. Héraclès, sujet de l'antistrophe.
c. Vers probablement ajouté, pour remplacer le vers original perdu, et qui fait double emploi avec le vers suivant.
d. Le second des fleuves qui arrosent Troie.

830 *blables à l'oiseau criant pour ses petits,*
ici pour les époux, là les petits enfants,
ailleurs les vieilles mères.
La rosée de tes bains,
les pistes de tes gymnases
835 *ne sont plus ; et toi, tu entretiens*
près du trône de Zeus la grâce de ton visage juvénile
et ta beauté sereine ; la terre de Priam, cependant,
se meurt sous la lance grecque.

Antistrophe 2

840 *Éros, Éros*[a]*, qui vins jadis dans les palais dardaniens,*
ô toi, la grande affaire des célestes,
comme tu dressas haut, alors, les murailles de Troie en nouant
845 *des alliances divines. L'inconduite de Zeus,*
je n'en parlerai plus.
Les rayons de l'Aube[b] *aux ailes blanches*
chers au cœur des mortels
850 *ont vu la ruine de mon pays,*
ont vu Pergame ruinée.
Elle a pourtant pris pour son lit un époux
venu de notre terre, celui qui lui fait des enfants.
855 *Depuis les astres, un quadrige d'or*
s'en est venu le prendre et l'enlever ;
pour sa patrie, quelle espérance ! Mais les charmes de Troie
ont cessé de séduire les dieux.

Troisième épisode

Ménélas entre en scène.

Ménélas

860 Ô splendeur superbe du soleil qui éclaire le jour
où mon épouse va tomber entre mes mains,

---

a. Éros est invoqué ici comme instigateur des amours de Zeus pour Ganymède et d'Aurore pour Tithon, amours divines pour des Troyens dont la cité n'a retiré aucun bénéfice.
b. La déesse Aurore, amoureuse du Troyen Tithon, fils de Laomédon et frère de Priam, avait envoyé un quadrige pour amener celui-ci sur l'Olympe. Elle l'épousa et demanda à Zeus de lui accorder l'immortalité.

(Hélène, elle m'a déjà beaucoup mis à l'épreuve
– je suis Ménélas –, moi et l'expédition des Achéens)
je suis venu à Troie, pas tant comme on le croit
865 à cause d'une femme que contre un homme qui, dans mon propre
palais, a pris mon épouse tel un butin, trompant mon hospitalité.
Pour lui, grâces aux dieux, il a payé sa faute,
et avec lui, son pays tombé sous la lance grecque.
Mais elle, la Laconienne (je n'ai aucun plaisir
870 à prononcer le nom de l'épouse qui fut jadis la mienne),
je viens la chercher : dans la baraque des captives
elle est là, comptée au nombre des Troyennes avec les autres.
Ceux qui l'ont reconquise en peinant sous la lance
me l'ont donnée : à moi de la tuer ou sinon, sans la tuer,
875 de la ramener si je veux dans notre terre argienne.
Or moi, j'ai décidé de ne pas régler à Troie le sort
d'Hélène, mais de la reconduire par mer, à coups de rame,
jusqu'en Grèce et puis, sur place, de la donner, pour la tuer,
à tous ceux qui ont à venger la mort de proches en Ilion.
880 Allez-y, entrez dans la baraque, serviteurs,
ramenez-la en la traînant par les cheveux
qui se sont tant souillés de sang ; sitôt que soufflera
le bon vent, nous partirons la ramener en Grèce.

Hécube [43]

Ô toi qui supportes la terre et sur terre as fixé ton séjour,
885 qui que tu sois, énigme résistant au savoir,
ô Zeus, ordre immanquable de la nature ou bien intelligence des humains,
je t'adresse mes prières ; car toujours, empruntant tes voies
silencieuses, tu mènes les affaires mortelles selon le cours de la justice.

Ménélas

Qu'est-ce que tu fais ? C'est un nouveau style pour prier les dieux ?

Hécube

890 Je te félicite, Ménélas, de penser à tuer ton épouse.
Mais évite de la voir, crains qu'elle ne t'ait par le désir[44],
car elle capte les yeux des hommes, capture les cités,
incendie les maisons; tels sont ses sortilèges.
Je la connais, moi, comme toi, et ceux qui en ont pâti.

Hélène

895 Ménélas, voilà un prélude qui laisse
tout à craindre : de force, les bras de tes serviteurs
me font sortir devant ces constructions.
Je sais – je m'en doute bien – que tu me détestes ;
et pourtant, j'ai une question à te poser : que pensez-vous,
900 les Grecs et toi, faire de ma vie ?

Ménélas

On n'a rien précisé : l'armée entière
m'a laissé le soin de te tuer, en ma qualité d'offensé.

Hélène

Est-ce que je peux, dans ce cas, répliquer par mes arguments,
montrer que si je meurs, ma mort sera injuste ?

Ménélas

905 Je ne viens pas pour discuter, mais pour te tuer.

Hécube

Écoute-la, qu'elle n'en soit pas privée au moment de mourir,
Ménélas, et concède-moi le droit d'argumenter
contre elle ; des crimes qu'elle a commis à Troie,
tu ne sais rien, toi ! une fois l'addition faite,
910 le compte la tuera sans qu'il y ait aucune échappatoire.

Ménélas

C'est concéder du temps perdu. Enfin, si elle y tient,
libre à elle de parler. Mais c'est pour tes arguments, sache-le bien,
que je le lui accorderai, certainement pas pour lui faire plaisir.

Hélène

Sans doute – que tu trouves mes arguments bons ou mauvais –
915 refuseras-tu de me répliquer, puisque tu vois en moi une ennemie.
À moi donc d'imaginer tes accusations si tu acceptes le dialogue
et d'y répliquer terme à terme,
mes arguments contre les tiens, et tes charges contre moi[a].
Pour commencer, celle qui donna naissance à nos malheurs
920 ce fut la mère de Pâris ; en second lieu, la ruine de Troie
et la mienne remontent au vieillard qui refusa de tuer le nouveau-né,
cette copie lugubre du tison, le dénommé Alexandre.
Ce qui en découla, écoute-le en vérité.
Il eut à arbitrer l'attelage triple des trois déesses :
925 Pallas offrait à Alexandre
de mener une expédition phrygienne pour conquérir la Grèce,
Héra lui promettait de régner sur l'Asie
et sur les confins de l'Europe, si Pâris fixait son choix sur elle.
Cypris, enfin, s'exaltait de mes charmes et lui promit de les lui offrir, si elle gagnait le prix
930 de beauté ; les conséquences, mesure-les en vérité :
Cypris l'emporte sur les déesses et mes amours ont été
tout profit pour la Grèce : vous n'êtes pas tombés au pouvoir des Barbares,
sans vous être rangés sous la lance, sans être sous leur règne.
Mais ce qui fit la chance de la Grèce a provoqué ma perte.
935 On m'a vendue pour ma beauté et l'on m'insulte
pour cela qui devrait me valoir une couronne sur la tête.
Je n'en viens toujours pas, me diras-tu, au fait,
à ma fuite clandestine loin de ton domicile.
940 Une déesse[b] – et pas des moindres – accompagnait,
le Mauvais Génie issu de cette femme – que tu l'appelles

---

a. Vers en général considéré comme interpolé.
b. Aphrodite, dont Hélène se présente comme le pur instrument.

Alexandre ou Pâris à ta guise.
Et c'est lui, ô toi lâche entre les lâches, que tu laissas chez toi
quand tu embarquas de Sparte pour t'en aller en Crète.
Bon,
945 Ce n'est pas à toi, c'est à moi-même que je vais adresser ma question :
qu'avais-je donc en tête pour quitter la maison et suivre
un étranger, trahissant ma patrie et mon foyer ?
Prends-t'en à la déesse, fais-toi plus fort que Zeus
qui, tout puissant qu'il est sur les autres divinités,
950 est pourtant son esclave ; et accorde-moi le pardon !
Ici, tu pourrais m'opposer un argument spécieux :
à la mort d'Alexandre[a], quand il fut descendu au fin fond de la terre,
j'aurais dû, puisque aucun dieu ne travaillait mon lit,
quitter son palais pour rejoindre les bateaux argiens.
955 C'est à quoi, justement, je me suis employée ; et j'en prends à témoin
les gardiens des remparts, les sentinelles des murailles
qui m'ont trouvée souvent en pleine évasion, descendant
une corde attachée aux créneaux pour rejoindre le sol.
Mais un nouvel époux, de force, m'enleva,
960 Deiphobe[b], qui partageait mon lit en dépit des Phrygiens.
Comment, alors, ma mort pourrait-elle être juste, mon époux,
juste venant de toi, moi que l'un épouse par la force
et que ma situation domestique a vouée, au lieu de la victoire,
à un esclavage amer ? Maintenant, si tu veux l'emporter
965 sur les dieux, ta prétention montre bien ta sottise.

LE CORYPHÉE

Reine, défends tes fils et ta patrie,
annule sa force persuasive ; ses beaux
discours cachent un être malfaisant ; tout le danger est là.

---

a. Pâris fut tué par une des flèches empoisonnées de Philoctète.
b. Rival malheureux de Pâris lors des jeux qu'évoquait l'*Alexandre*, d'autant plus humilié par sa défaite que Pâris y avait concouru sous l'identité d'un esclave, avant d'être reconnu pour le fils de Priam.

Hécube

Pour commencer, je vais me ranger aux côtés des déesses
970 et je démontrerai qu'elle ne parle pas juste.
Car je ne crois pas qu'Héra ni que Pallas, la vierge,
en soient venues à ce point de sottise
que l'une ait vendu Argos aux Barbares,
et Pallas Athènes aux Phrygiens pour les soumettre à l'esclavage.
975 Non, les déesses ne sont pas venues au mont Ida pour s'amuser
et rivaliser de leurs charmes; quelle raison pouvait pousser la déesse
Héra à désirer à ce point le prix de beauté?
se trouver un époux supérieur à Zeus?
et Athéna courait-elle après un dieu pour l'épouser,
980 elle qui supplia son père de la laisser vierge
tant elle refusait les amours? Ne prête pas cette folie aux déesses
pour déguiser ta faute; tu n'as aucune chance de convaincre les gens avertis.
Tu as dit que Cypris (il y a vraiment de quoi rire!)
était venue avec mon fils chez Ménélas.
985 N'aurait-elle pas pu rester tranquillement dans le ciel
et t'amener à Troie avec tout Amyclées[a]?
Mon fils, en fait, était d'une beauté exceptionnelle,
et c'est ton propre esprit qui, à sa vue, est devenu Cypris.
La frénésie sexuelle, chez les mortels, c'est toujours Aphrodite[b],
990 un nom qui ne commence pas comme affolant pour rien!
Quand tu l'as vu, vêtu à la barbare,
tout brillant d'or, tu as perdu la tête.
Il faut dire qu'en Argos tu vivais chichement;
quand tu as quitté Sparte pour la cité phrygienne
995 avec ses ruisseaux d'or, tu as rêvé de les faire déborder

---

a. Cité du Péloponnèse, voisine de Sparte, célèbre pour son culte d'Aphrodite. La formule hyperbolique évoque la toute-puissance d'Aphrodite, qui pouvait offrir Hélène à Pâris sans prendre la peine de se déplacer.

b. Jeu de mots sur *Aphroditè-aphrosunè* que, faute de pouvoir le restituer rigoureusement, on a disséminé dans les deux vers avec les termes « frénésie », « Aphrodite », « affolant ».

par tes dépenses ; tu n'avais pas assez du palais
de Ménélas pour déchaîner le train de tes goûts luxueux.
Bon ! tu prétends que mon fils t'a fait violence pour t'emmener.
Qui, à Sparte, s'en est aperçu ? Quels cris
1000 as-tu fait retentir ? Castor adolescent
et son jumeau étaient là, ils n'avaient pas encore rejoint les astres.
Et quand tu arrivas à Troie, avec les Argiens
sur tes traces, quand sous la lance on tomba au combat,
t'annonçait-on un avantage à Ménélas,
1005 tu faisais son éloge, pour attrister mon fils
confronté à un rival amoureux imposant.
La chance, au contraire, était-elle aux Troyens ? Ménélas
n'existait plus.
Tu n'avais d'yeux que pour la chance et t'appliquais
à te régler sur elle ; la valeur ne t'intéressait pas.
1010 Tu nous racontes ensuite tes tentatives d'évasion avec des cordes
pour descendre des remparts : tu serais restée malgré toi !
Où donc t'a-t-on surprise avec un lacet pour te pendre,
ou bien aiguisant un poignard, toutes attitudes d'une femme honnête
regrettant l'absence de son ancien époux ?
1015 Et pourtant, combien de fois j'ai essayé de te faire entendre raison :
« Ma fille, va-t'en ! Pour ce qui est de mes fils, ils trouveront
d'autres épouses ; et toi, je te ferai passer jusqu'aux vaisseaux
des Achéens à la dérobée. Arrête cette guerre
entre les Grecs et nous. » Mais tu en étais fâchée,
1020 car tu menais grand train dans le palais d'Alexandre
et tu voulais voir les barbares en adoration devant toi.
Cela comptait beaucoup pour toi. Et là-dessus, tu viens faire
ta sortie soigneusement parée, respirer
le même air que ton époux, ô rebut repoussant !
1025 quand tu devais arriver en rampant, dans des lambeaux de vêtements,
tremblant d'effroi, tête rasée, comme les Scythes,
pleine d'humilité plutôt que d'impudence

après les crimes que tu as commis !
Ménélas – pour que tu saches où je veux en venir –,
1030 offre à la Grèce une couronne digne d'elle en tuant cette femme
qui est tienne, institue cette règle générale
que meure toute femme qui trahit son époux.

Le coryphée

Ménélas, inflige à ton épouse un châtiment digne de tes ancêtres,
de ta maison, évite-toi le blâme de la Grèce,
1035 qu'elle te traite de femme, quand, face à l'ennemi, tu as révélé ta valeur.

Ménélas

Tu en es arrivée à la même conclusion que moi :
cette femme a quitté mon foyer consentante,
pour un lit étranger ; simagrées[a] sa mention
de Cypris ! Va trouver qui te lapidera,
1040 payer en un instant les longues peines des Achéens ;
et mourir pour apprendre à me déshonorer !

Hélène

Non ! je t'en prie à genoux, la maladie venue des dieux,
ne me l'impute pas, ne me tue pas, pardonne !

Hécube

Ne trahis pas tes alliés, ceux qu'elle a fait mourir !
1045 Je t'en supplie et en leur nom et en celui de leurs enfants.

Ménélas

Arrête, vieille femme ! pour elle je n'ai aucun égard.
À ma suite, je donne ordre de l'escorter jusqu'aux proues
des navires, où elle prendra la mer.

Hécube

Ne la laisse pas embarquer sur le même bateau que toi.

Ménélas

1050 Pourquoi ? Pèserait-elle plus lourd qu'avant ?

---

a. Essai de restitution de l'allitération *Kupris-kompou*.

Hécube

Il n'est pas d'amant qui n'ait toujours de la tendresse.

Ménélas

Cela dépend… si l'esprit de l'aimée a fait trop d'embardées[a] !
Mais il en sera comme tu veux ; elle n'embarquera pas sur le bateau
où je serai ; tu n'as pas tort.
1055 Une fois à Argos, la misérable aura la mort misérable
qu'elle mérite et fera comprendre aux femmes
qu'elles n'ont qu'à bien se conduire. Ce qui n'est pas facile !
Quoi qu'il en soit, sa mort convertira leur frénésie
en crainte, fût-elle plus éhontée que la sienne !

On entraîne Hélène, Ménélas sort à sa suite.

TROISIÈME STASIMON

Strophe 1

1060 *C'est donc vrai*[45] *: ton temple*
d'Ilion, ton autel odo-
rant, tu les as livrés aux Achéens,
ô Zeus, avec la flamme des galettes,
la fumée de la myrrhe vola-
1065 *tile, et la sainte Pergame,*
et l'Ida, l'Ida, ses ravins où le lierre se plaît,
que les torrents dévalent à la fonte des neiges,
sa barrière frappée par le premier soleil,
1070 *le sanctuaire de ton séjour resplendissant.*

Antistrophe 1

C'en est fini pour toi des sacrifices, des chœurs
tout bruissants de louanges, et, dans l'obscu-
rité, des grandes nuits qui célébraient les dieux,
des statues que l'on moulait dans l'or

---

a. « Embarquer », « embardées » : le grec joue sur *esbainein-ekbainein*, le second terme signifiant aussi au figuré « sortir de sa trajectoire », « enfreindre ».

1075 *et des gâteaux phrygiens, de ces « lunes » rituelles*[a]
toujours comptées par douze.
Je veux, je veux savoir : as-tu une pensée, seigneur,
quand tu as regagné ton siège céleste,
et l'éclat de l'éther, pour ma cité perdue,
1080 *elle que les assauts du feu éclatant ont rasée*[46] *?*

Strophe 2

Toi que j'aimais, ô mon époux,
tu es un mort condamné à l'errance,
1085 *sans sépulture, sans eau lustrale ; et moi, une barque marine*
à la vitesse de ses ailes me fera traverser
jusqu'en Argos et ses parcs à chevaux, où l'on habite
les murs de pierre que les Cyclopes dressèrent jusqu'au ciel.
En foule, les enfants à nos portes
1090 *s'accrochent, en larmes, et crient et crient en gémissant :*
« Mère, pitié pour moi, me voilà seule : les Achéens m'em-
mènent loin de toi, de tes yeux,
à leur vaisseau bleu sombre ;
1095 *ses rames fendront la mer*
vers Salamine, l'île sainte,
ou vers l'entre-deux-mers, la cime[b]
de l'Isthme où sont les portes
du séjour de Pélops.

Antistrophe 2

1100 *Si seulement, lorsque l'esquif de Ménélas*
sera en pleine mer,
pouvait, brandi à deux mains, sacré, s'abattre en plein milieu
    du pont
le feu éblouissant de la foudre égéenne,
1105 *tandis que d'Ilion, toute en larmes,*
pour être esclave en Grèce, de ma terre il m'exile,
et que les miroirs d'or où se plaisaient les grâces
de nos vierges sont désormais aux mains
de la fille de Zeus !
1110 *Que jamais il n'arrive en terre laconienne ni en la*
salle du foyer de ses ancêtres,
ni dans la ville de Pitané[c]*,*

---

a. Galettes ou gâteaux ainsi nommés en raison de leur forme.
b. Acrocorinthe, qui domine l'entrée du Péloponnèse.
c. District de Sparte.

ni aux portes de bronze d'Athéna[a]
puisqu'il emmène son funeste hymen,
1115 la honte de la puissante Grèce,
le fléau douloureux des eaux
du Simoïs.

Talthybios revient. Ses hommes portent le corps d'Astyanax, couché dans le bouclier d'Hector.

Io, Io
de nouveau nous survient du nouveau,
bouleversant pour le pays. Voyez, pauvres
1120 épouses des Troyens, votre Astyanax,
ce cadavre qu'ils ont lancé, disque atroce, des tours,
les Danaens l'ont tuée ; ils vous l'apportent.

EXODOS

TALTHYBIOS

Hécube, de notre flotte ne reste plus qu'un bâtiment,
rames[47] parées :
le restant du butin, la part du rejeton d'Achille,
1125 il va le transporter vers les rivages de la Phthie.
Néoptolème, lui, a déjà pris la mer, à la nouvelle
des déboires qui ont surpris Pélée : Acaste, le fils de Pélias,
l'aurait chassé de son pays.
Aussi, trop vite pour pouvoir s'offrir une pause,
1130 il est parti, Andromaque avec lui, et son départ brutal
m'arracha bien des larmes :
elle pleurait sur sa patrie, s'adressait
à la tombe d'Hector. À l'autre, elle demanda
le droit d'ensevelir ce corps, lui qui a rendu l'âme, jeté
1135 du haut des murs, le fils de ton Hector :
que la terreur des Achéens, ce bouclier au dos d'airain
que je tiens là, celui dont son père se protégeait les flancs,
on ne l'emporte pas au foyer de Pélée
ni dans la chambre même où elle sera prise en mariage,
  elle,

---

a. Le temple d'Athéna, édifié sur l'acropole de Sparte.

1140 la mère de ce mort, Andromaque – qu'elle n'ait pas la
douleur de le voir –
mais que plutôt, au lieu du cèdre et des parois de pierre,
l'enfant y soit enseveli ; qu'on le remette
entre tes bras pour que tu recouvres le corps de linges
et de couronnes, comme tu peux, selon ce qui te reste.
1145 Puis elle s'en est allée, et la hâte du maître
l'a empêchée d'ensevelir son enfant elle-même.
Nous autres, quand tu auras fait la toilette du mort,
nous verserons de la terre sur lui, et nous lèverons l'ancre.
Remplis donc ta mission au plus vite.
1150 Il est une peine, déjà, que je t'ai épargnée[48] :
lorsque je traversai les eaux, là, du Scamandre,
j'y ai baigné le corps, j'ai lavé ses blessures.
Il faut que j'aille ouvrir le sol pour creuser une tombe.
Si nous pressons les choses, ta tâche avec la mienne
1155 menées de front donneront au bateau le signal du retour.

Talthybios quitte la scène.

HÉCUBE

Posez à terre le bouclier d'Hector à l'arrondi parfait,
spectacle de douleur que je regarde à contrecœur.
Vous dont la lance a plus de poids que votre intelligence,
ô Achéens, qu'avez-vous craint de cet enfant
1160 pour perpétrer ce meurtre sans exemple ? Qu'il ne relève
un jour Ilion de ses ruines ? Vous n'étiez vraiment rien
si, après nous avoir écrasés malgré les succès
qu'Hector remportait à la lance avec des milliers d'autres,
maintenant que la cité est prise et les Phrygiens anéantis,
1165 un nourrisson vous terrorise ! Je méprise la peur
quand on s'y abandonne sans en passer par la raison.
Ô mon chéri, ô quelle disgrâce que ta mort !
Tu serais mort pour ta cité, tu aurais au moins eu la grâce
de la jeunesse,
celle des noces et de la royauté qui nous égale aux dieux.
1170 Tu serais bienheureux s'il y a là quelque bonheur !
Ces biens, tu en as eu la connaissance en toi, et la vision,
enfant[a],

---

a. Vers difficiles dont l'interprétation est cependant guidée par l'opposition (*mèn, dè*) entre une connaissance familière, inconsciente (celle de l'enfant), et une jouissance effective réservée à l'adulte que ne deviendra jamais Astyanax.

sans le savoir, mais d'aucun tu n'as joui, quand ta maison te les offrait !

Quelle misère ! ta tête affreusement rasée
par les murailles de tes ancêtres, les fortifications de Loxias !
1175 Ô boucles que ta mère arrangea si souvent
et couvrit de baisers, où éclate à présent, entre tes os brisés,
le rire sanglant de la mort ! (je ne vais pas dissimuler l'horreur).
Ô mains, ô la douceur d'y retrouver les mains de ton père,
je vous tiens devant moi, jointures disloquées.
1180 Bouche chérie qui faisais tant de grâces,
te voilà morte ; alors, tu m'as menti quand tu disais, te jetant dans mes robes :
« Ô mère, quelle grande mèche de mes boucles
je raserai pour toi, quel long cortège de mes compagnons
je conduirai jusqu'à ta tombe, en te faisant des adieux tendres. »
1185 Plutôt que toi pour moi, c'est moi pour toi, toi le plus jeune,
c'est moi, la vieille femme qui n'ai plus de cité, plus d'enfant,
moi qui ensevelis ton pauvre petit corps.
Pitié pour moi ! tous mes baisers, et tous mes soins,
toutes mes nuits, c'en est fini pour moi ! Que pourrait bien trouver
un poète à graver sur ta tombe ?
1190 « Ici gît un enfant qu'ont tué les Argiens
tant ils en avaient peur. » Épitaphe infamante pour la Grèce !
De tes biens paternels, on ne t'a rien laissé ; tu auras, malgré tout,
le cercueil où tu reposeras, son bouclier au dos de bronze.
Toi qui du bras superbement fléchi d'Hector
1195 étais la sauvegarde, tu as tué le héros qui ne t'aurait jamais laissé.
Ô la douceur de son empreinte restée sur la poignée
et sur les bords tout arrondis du bouclier, de la sueur
qui lui coulait du front, souvent, en plein effort,
jusqu'au menton qu'Hector appuyait contre lui.
1200 Allez me chercher de quoi parer ce pauvre petit corps,

parmi ce qui nous reste. Ce ne sera pas bien beau,
avec l'état où le destin nous laisse. Le peu que j'ai, en tout cas, tu l'auras.
Il est fou le mortel qui croit sa réussite
assurée et qui s'en félicite. Les destins ont le comportement
1205 d'un homme capricieux : ils virevoltent de-ci,
de-là, et personne, jamais, ne peut être assuré de garder le succès.

Les suivantes d'Hécube entrent chargées de vêtements et de parures pour le corps d'Astyanax.

Le coryphée

Les voici ! elles portent dans leurs bras ce qu'elles ont trouvé
de dépouilles phrygiennes, comme parure pour en vêtir le corps.

Hécube

Ô mon enfant, ce n'est pas pour fêter une victoire hippique,
1210 ou bien au tir à l'arc sur tes jeunes rivaux – ces coutumes prisées
des Phrygiens, sans être pour autant avidement courues –
que la mère de ton père te met ces ornements
prélevés sur ce qui fut ton bien, mais parce que l'être honni des dieux,
Hélène, t'a dépouillé, qu'elle a aussi tué la vie
1215 en toi et perdu ta maison tout entière.

Le coryphée

Ho, ho, touchée,
tu m'as touchée au cœur ! Ô ta grandeur perdue pour moi,
ô souverain de ma cité !

Hécube

Les vêtements destinés à ton corps le jour de ton mariage
pour épouser le parti le plus noble d'Asie,
1220 ces robes d'apparat phrygiennes, j'en habille ton corps.
Et toi qui fus jadis, couvert de victoires, mère
d'innombrables trophées, ô bouclier chéri d'Hector,
reçois cette couronne : tu vas mourir avec ce corps d'une mort immortelle.

Car toi, bien plus que les armes d'Ulysse, le vil
1225 et l'esprit fort, tu mérites l'honneur.

Le coryphée

Hélas, hélas,
l'atroce chagrin; il s'en ira, ô
mon enfant, sous la terre qui va te recevoir.
Gémis, mère…

Hécube

Hélas!

Le coryphée

1230 *… les cris rituels sur les morts.*

Hécube

Pitié pour moi!

Le coryphée

Pitié, vraiment, pour tes malheurs qu'aucun oubli n'effacera.

Hécube

Ces tissus sur tes plaies, je vais les appliquer, ici, pour te soigner.
Triste soigneur, qui ne l'est que de nom, et ne l'est pas de fait.
Le reste, chez les morts, ton père y veillera pour toi.

Le coryphée

1235 *Frappe-toi, frappe-toi la tête*
de tes mains, donne-leur la cadence des rames.
Io sur moi, sur moi.

Hécube

Ô mes femmes, si chères…

Le coryphée

Dis, Hécube, dis ta pensée[a]. Quelle parole veux-tu nous faire entendre?

Hécube

1240 Ainsi, les dieux ne nous réservaient rien, que mes propres souffrances,

---

a. Texte altéré et imcomplet : *sas* n'est suivi d'aucun substantif. Le mot « pensée » vient ici y suppléer.

et Troie pour être la cité désignée à leur haine.
En vain, nos hécatombes ! Et pourtant, si le dieu
nous avait engloutis en refermant le sol sur nous,
nous aurions disparu, sans poèmes pour nous célébrer,
1245 sans donner à chanter aux Muses pour les mortels futurs [49].
Avancez, ensevelissez ce corps dans son triste tombeau.
Il a ce qu'il lui faut de couronnes pour le monde d'en bas.
Moi, je crois que les morts sont bien indifférents
à la richesse des présents qu'ils pourront obtenir.
1250 Ce n'est que vaine vanterie du monde des vivants.

On emmène le corps.

LE CORYPHÉE

Io, Io,
le malheur de ta mère, qui a vu en charpie
les grands espoirs de vie qu'elle fondait sur toi.
Né de nobles parents, tu reçus
tous les vœux
1255 *et tu as succombé à une mort affreuse.*
Ah ! Ah !
qui vois-je là-bas, sur les hauteurs de Troie
lever comme des rames des mains
enflammées de tisons ? Est imminent pour Troie
quelque nouveau malheur.

Talthybios revient sur scène.

TALTHYBIOS

1260 Voici les ordres : capitaines, vous qu'on a préposés à incendier
la citadelle de Priam, cessez de garder en réserve,
inactive, la flamme dans vos mains ; mettez le feu,
pour raser jusqu'en ses fondations la cité d'Ilion,
que nous partions de Troie, le cœur content, pour retourner chez nous.
1265 Quant à vous, car mon annonce unique est à double visage,
filles de Troie, sitôt que sonnera, haut et clair,
l'appel de la trompette au signal de nos chefs,
rendez-vous à la flotte achéenne : vous quittez le pays.
Et toi, ô la plus malheureuse de toutes les vieilles femmes,
1270 va-t'en avec eux, avec ceux-là : ils viennent te chercher,
envoyés par Ulysse,
puisqu'en exil – c'est le tirage au sort – tu seras son esclave.

Hécube

Pitié, pauvre de moi ! me voici cette fois à l'extrême,
à l'ultime de tous les malheurs jusqu'ici supportés.
Je quitte ma patrie, le feu dévore ma cité ;
Viens, mon vieux pied, hâte ta marche difficile,
pour saluer ma cité condamnée.
Ô toi qui dressais haut la tête au milieu des barbares,
ô Troie, on va t'ôter jusqu'à ton nom illustre :
on t'incendie et nous, voici qu'ils nous font, déjà, quitter notre pays
pour l'esclavage ; ô dieux ! Mais qu'ai-je à appeler les dieux ?
Dans le passé, ils n'ont pas écouté nos appels au secours.
Alors ! courons dans le bûcher ; ma gloire la plus grande
c'est avec ma patrie, de mourir, embrasée.

Talthybios

Te voilà possédée, ma pauvre, à force de malheur !
Allez, emmenez-la, pas de ménagements ; nous devons à Ulysse
la remettre en mains propres, lui ramener sa récompense.

Hécube

Strophe 1

Oh ! Oh ! Oh ! Oh[a] *!*
fils de Cronos, seigneur de la Phrygie, père
de notre peuple, le sort indigne des fils
de Dardanos, ce que nous souffrons là, est-ce que tu le vois ?

Le chœur

Il le voit ; mais la ville grandiose
n'a plus rien d'une ville. Tout a péri. Il n'y a plus de Troie.

Hécube

Antistrophe 1

Oh ! Oh !
Ilios flambe, de Per-
game le feu consume les toits,
la citadelle et le faîte des murs.

Le chœur

Comme l'aile du vent dissipe une fumée,
ainsi, pour avoir succombé à la lance, disparaît notre terre.

---

a. Pour transposer le cri de la plainte « oïoïoïoï ».

1300 *Les poutres se précipitent sous les assauts du feu furieux*
et des javelots meurtriers.

HÉCUBE
Strophe 2
Ô terre qui as nourri tous mes enfants...

LE CHŒUR
Ho, ho !

HÉCUBE
Ô mes enfants, écoutez, comprenez l'appel de votre mère.

LE CHŒUR
Tu lances le cri funèbre pour convoquer les morts.

HÉCUBE
1305 *Oui, j'incline vers le sol mon corps de vieille femme*
et je frappe la terre de mes mains alternées.

LE CHŒUR
À mon tour, je pose le genou en terre,
j'appelle des Enfers mon
triste époux.

HÉCUBE
1310 *On nous emmène, on nous entraîne...*

LE CHŒUR
Ô la douleur, la douleur que tu cries !

HÉCUBE
... vers le toit de notre esclavage...

LE CHŒUR
... loin de notre patrie.

HÉCUBE
Io, io, Priam, Priam,
toi qui es mort sans sépulture et sans ami,
tu ne vois rien de mon désastre.

LE CHŒUR
1315 *Noire, la mort a voilé ses deux yeux,*
mort sacrée reçue d'un égorgeur sacrilège.

Hécube

Antistrophe 2

Io, édifices divins, et toi, ma cité bien-aimée…

Le chœur

Ho, ho !

Hécube

… vous massacrent la flamme et la pointe des lances.

Le chœur

Bientôt, sur cette terre bien-aimée, vous croulerez, vous n'aurez plus de nom.

Hécube

1320 *Tout comme la fumée, la cendre prend son vol vers le ciel de mon palais, je ne verrai plus rien.*

Le chœur

Le nom de notre terre ne sera plus connu. Ici, et là, tout disparaît. La pauvre Troie n'existe plus.

Hécube

1325 *Comprenez-vous ? Entendez-vous ?*

Le chœur

C'est le fracas de Troie qui tombe.

Hécube

Tout s'ébranle, s'ébranle…

Le chœur

… engloutit la cité.

Hécube

Io, Io, tremblant, mon corps tremblant, fais avancer ma trace ; dirige-toi
1330 *vers les jours d'esclavage.*

Le chœur

Io, pauvre cité ! et malgré tout, porte tes pas jusqu'aux bateaux des Achéens.

On emmène Hécube. Talthybios et le chœur quittent la scène.

LE CYCLOPE

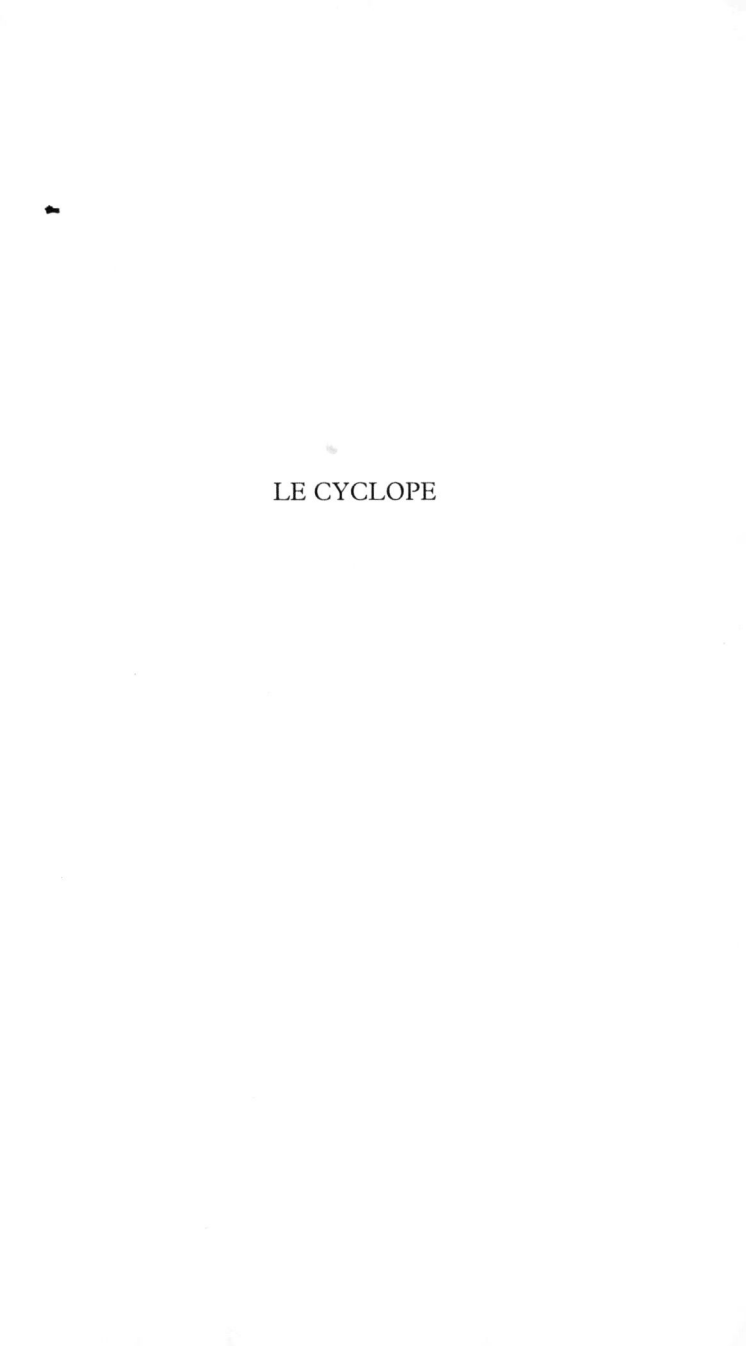

« Quand Phrynichos et Eschyle développèrent dans la tragédie les mythes et le pathétique, on entendit prononcer le fameux mot "Quel rapport avec Dionysos ?"[a]. » Cette réaction du public devant l'évolution de la tragédie était même passée en proverbe : « Cela n'a rien à voir avec Dionysos[b] ! » C'est par cette disparition de l'élément dionysiaque dans la tragédie[c] que l'on explique le plus souvent la naissance du drame satyrique. Défini, comme son nom l'indique, par son chœur de Satyres, ces génies de la nature, mi-hommes, mi-bêtes[d], qui font partie de l'entourage de Dionysos, ce genre dramatique inconnu en dehors de la Grèce nous fait retrouver l'atmosphère de licence et de joie exubérante propre au dieu du vin. Représenté à Athènes lors des Dionysies urbaines, à l'issue de chaque trilogie tragique, le drame satyrique aurait eu pour fonction de procurer aux spectateurs la détente et le délassement indispensables après la tension créée par la tragédie. Horace, dans un célèbre passage de son *Art poétique*[e], affirme lui aussi l'antériorité de la tragédie sur le drame satyrique, et compare cette alliance du sérieux et du plaisant à une matrone à qui l'on demanderait de danser un jour de fête.

---

a. Plutarque, *Propos de table*, I, 1, 5.
b. *Ouden pros ton Dionyson*, proverbe rapporté notamment par le lexique byzantin de la *Souda*.
c. Les *Bacchantes* d'Euripide sont la seule tragédie conservée à sujet dionysiaque.
d. Cette partie animale est tantôt bouc, tantôt cheval, comme dans le drame satyrique, où les Satyres qui sont d'origine péloponnésienne se confondent avec leurs cousins attiques, les Silènes. Cf. F. Brommer, *Satyroi*, Würzburg, 1937.
e. Horace, *Art poétique*, 220-239.

Une reconstitution plus précise de la naissance du drame satyrique se heurte toutefois à bien des difficultés. Car ces témoignages, qui prolongent les vues des philologues alexandrins, entrent en contradiction avec un passage de la *Poétique* d'Aristote, qui, inversant apparemment le rapport entre les deux genres, place au contraire un élément satyrique à l'origine de la tragédie : « La tragédie, observe le philosophe, prit de l'étendue, abandonnant les fables courtes et le langage plaisant qu'elle devait à son origine satyrique – *ek saturikou* –, et elle acquit sur le tard de la majesté[a]. » Comment concilier, à son tour, cette présentation des faits avec l'affirmation, rencontrée un peu plus haut dans le même chapitre[b], selon laquelle la tragédie serait issue du dithyrambe ? Peut-être faut-il supposer, à un moment inconnu de cette lente émergence des genres dramatiques, l'existence de chœurs de Satyres qui auraient chanté des hymnes en l'honneur de Dionysos. Et tandis que le dithyrambe abandonnait progressivement son contenu originel pour donner naissance à la tragédie, le drame satyrique l'aurait récupéré à son profit, maintenant ainsi l'esprit dionysiaque au cœur de la création dramatique.

De cette préhistoire très incertaine du genre, un nom émerge, à la fin du VI[e] siècle av. J.-C. : celui de Pratinas, traditionnellement considéré comme le premier auteur de drames satyriques[c], et qui aurait composé trente-deux pièces satyriques, sur un total de cinquante. Mais le peu qui nous reste de son œuvre ne nous permet guère de juger de la forme primitive du genre. La production satyrique d'Eschyle, fort appréciée en son temps[d], n'a pas survécu davantage. Tout au plus peut-on affirmer, en se fondant sur les tétralogies dont la composition a pu être restituée[e], que le drame satyrique y était thématiquement lié aux tragédies, alors qu'il acquiert son autonomie chez ses successeurs, en même temps que disparaît l'usage de la trilogie liée. En dehors des peintures de vases qu'il a

---

a. Aristote, *Poétique*, 1449a 19-21.
b. *Ibid.*, 1449a 10-11.
c. Cf. *Souda s.v.* « Pratinas ».
d. Cf. Pausanias, II, 13, 6.
e. Cf. S. Radt, *Tragicorum graecorum fragmenta*, III, p. 111-119.

inspirées[a], notre connaissance du genre repose donc essentiellement sur deux témoignages littéraires : les fragments étendus des *Limiers* de Sophocle[b], qui nous ont été restitués, au début de ce siècle, par un papyrus d'Oxyrhynchos, et le *Cyclope* d'Euripide, seul drame satyrique intégralement conservé.

Les Satyres qui composent le chœur, et dont l'association avec Dionysos n'est sans doute pas très ancienne, se caractérisent pas leur nature sauvage et lubrique. Dans le drame satyrique, ils sont plus ou moins confondus avec les Silènes, autres génies de la nature, mi-hommes mi-chevaux, et ils ont d'ailleurs pour père le vieux Silène, personnage du drame à qui cette parenté confère du même coup une étroite solidarité avec le chœur. Leur costume, connu par des peintures de vases – notamment le fameux cratère de Pronomos, daté de la fin du V[e] siècle –, se compose d'un simple pagne (*perizôma*) en peau de bête ou en tissu, auquel sont fixés une queue de cheval et un phallus en érection, qui donne lieu, au cours de la pièce, à des allusions grivoises[c]. Leur bestialité se lit également à leur masque hirsute, barbu le plus souvent[d], et affublé d'oreilles pointues. En parfaite conformité avec leur nature, le drame satyrique se déroule dans un cadre sauvage et champêtre, ce même décor de montagnes, de forêts et de prairies où prendront place ultérieurement les bergers des *Idylles* de Théocrite et les jeunes héros des *Pastorales* de Longus.

L'un des principaux ressorts du comique réside dans la confrontation entre la bande égrillarde des Satyres et les héros mythiques auxquels le drame satyrique, comme la tragédie, emprunte ses personnages. Le thème de la captivité des Satyres, qui permet, comme dans le *Cyclope*, d'expliquer leur présence en un lieu avec lequel ils n'ont normalement rien à voir, fait partie des *topoi* du genre,

---

a. Cf. F. Brommer, *Satyrspiele, Bilder griechischer Vasen*, 2e éd., Berlin, 1959.

b. Cf. S. Radt, *Tragicorum graecorum fragmenta*, IV, p. 274-308.

c. Cf. *Cyclope*, 169, 439-440.

d. Pollux (*Onomasticon*, IV, 142), dans son énumération des masques du drame satyrique, cite toutefois, à côté du Satyre barbu, un Satyre imberbe.

tout comme l'évocation nostalgique du bonheur de la vie dionysiaque et du contraste qu'elle offre avec les misères de leur condition présente[a]. Leur délivrance est l'une des conséquences de la victoire remportée par le héros sur le monstre ou le fléau de l'humanité qui les a faits prisonniers. Ce mélange de comique et de sérieux, qui lui a valu, de la part du rhéteur Démétrios, la définition de *tragôdia paizousa*, « tragédie qui plaisante[b] », assure au drame satyrique, entre tragédie et comédie, une place originale dans l'histoire des formes théâtrales de la Grèce antique.

L'intrigue du *Cyclope* fait revivre, sur la scène du V[e] siècle, l'épisode célèbre du chant IX de l'*Odyssée*[c]. Les principales données du récit homérique, trop connues du public pour admettre des changements notables, se retrouvent ainsi dans la pièce d'Euripide : l'arrivée d'Ulysse et de ses compagnons à la grotte de Polyphème, en l'absence de son occupant, la vaine tentative du héros pour fléchir le monstre, le repas anthropophagique du Cyclope, qui dévore deux des marins grecs, le stratagème imaginé par Ulysse pour lui échapper, avec les mêmes séquences de l'enivrement et de l'aveuglement de l'ogre et, pour finir, cette fameuse ruse sur le nom de Personne, qui achève de tourner en ridicule le géant vaincu. Au-delà de cette trame narrative, l'influence du modèle épique se fait souvent sentir jusque dans la lettre du texte, avec des réminiscences précises de l'*Odyssée*, par exemple dans le récit de la sauvage mise à mort des compagnons d'Ulysse[d], ou l'évocation du pieu tournoyant dans l'œil de Polyphème, pour laquelle Euripide reprend la comparaison homérique de la tarière[e]. De l'épopée à la scène, la signification d'ensemble de l'épisode demeure, elle aussi, la même. Le face-à-face entre Ulysse et Polyphème, qui symbolise l'opposition de la civilisation et de la sauva-

---

a. Cf. *Cyclope*, 25-26, 37-40, 63-81, 204-205, 495-502.
b. Démétrios, *Du style*, 169.
c. Pour une comparaison d'ensemble entre le *Cyclope* d'Euripide et son modèle homérique, voir W. Wetzel, *De Euripidis fabula satyrica, quae Cyclops inscribitur, cum Homerico comparata exemplo*, Wiesbaden, 1965.
d. *Cyclope*, 396-402, et *Odyssée*, IX, 288-290.
e. *Cyclope*, 460-463, et *Odyssée*, IX, 382-390.

gerie, trouve même une résonance nouvelle, en ce Ve siècle qui, en Grèce, a vu l'essor des sciences et des arts. Et la victoire du héros sur le monstre, qui consacre la supériorité des valeurs grecques et le triomphe de l'intelligence sur la force brutale, peut apparaître comme une réponse confiante aux convulsions de cette époque troublée, où les cités grecques se déchirent, et où les assises morales et religieuses de la société sont ébranlées par les idées nouvelles.

Plus significatifs pourtant que ces similitudes sont les changements apportés par Euripide à la tradition homérique. La part qui lui revient dans ces innovations ne peut toutefois pas être déterminée avec certitude, dans la mesure où il n'est pas le premier à avoir porté à la scène la légende odysséenne. Avant lui, le sujet avait inspiré les poètes comiques Épicharme et Cratinos[a], et fourni à Aristias, le fils de Pratinas, la matière d'un drame satyrique, déjà intitulé le *Cyclope*[b]. Le peu qui reste de ces œuvres ne permet pas de mesurer l'influence qu'elles ont exercée sur la pièce d'Euripide, au-delà des quelques ressemblances formelles attestées par les rares fragments conservés. En l'absence de ce maillon de la tradition littéraire, on se contentera de souligner les points sur lesquels notre poète s'écarte délibérément de son modèle épique, en essayant de rendre raison de ces variations.

Un certain nombre de modifications sont imposées par le changement de genre. Ce sont tout d'abord les ingrédients mêmes du drame satyrique : le chœur des Satyres, et le personnage de Silène, dont Euripide doit, du même coup, justifier l'introduction dans la légende de Polyphème, avec laquelle ils n'ont originellement aucun rapport. Il le fait dans le prologue, en reprenant le mythe de l'enlèvement de Dionysos par des pirates tyrrhéniens, et en supposant que Silène et ses fils ont fait naufrage au pays des Cyclopes, alors qu'ils étaient partis à la recherche du dieu[c].

---

a. Il reste quelques fragments de la comédie de Cratinos, intitulée *Odussês*. Cf. R. Kassel et C. Austin, *Poetae comici graeci*, IV, p. 192-200 (fr. 143-157).
b. Cf. *Souda*, a 3668, où est cité, comme étant passé en proverbe, le seul fragment conservé de ce drame satyrique d'Aristias (fr. 4 N).
c. *Cyclope*, 10-22.

Devenus les esclaves de Polyphème, ils sont préposés à la garde de ses troupeaux et accomplissent toutes les tâches domestiques inhérentes à leur nouvelle condition[a].

D'autres différences avec le récit homérique s'expliquent par les exigences de la mise en scène. Dans le *Cyclope*, Ulysse et ses marins ne sont pas enfermés à l'intérieur de la grotte par un rocher qui en obstrue l'entrée. Il faut, en effet, que le héros puisse ressortir de l'antre pour raconter aux spectateurs, sur le modèle des récits de messagers, les agapes monstrueuses qui se sont déroulées à l'intérieur[b]. Euripide ne reprend pas non plus, pour des raisons évidentes, la ruse imaginée par Ulysse dans l'*Odyssée* pour faire sortir ses compagnons de l'antre, en les ligotant sous le ventre des moutons de Polyphème. On voit mal, en effet, comment une telle scène aurait pu être représentée au théâtre! Ces changements modifient du même coup la portée de certaines données traditionnelles. L'épisode de l'aveuglement perd de son intérêt dramatique, dès lors que les Grecs peuvent sortir librement de la grotte, et le jeu sur le nom de Personne, qui était destiné, dans l'*Odyssée*, à priver Polyphème du secours de ses frères, n'est plus que l'occasion d'une scène bouffonne où les Satyres promènent le Cyclope aveugle d'un bout à l'autre de la scène, pour le plus grand plaisir du spectateur[c]. C'est ici la tradition qui s'affirme comme telle, en un jeu dont Euripide s'amuse lui-même lorsqu'il fait dire à Ulysse, ressortant de la grotte où il vient d'assister au repas de l'ogre : « Cela ressemble à une fable[d]! »

Mais l'actualisation du mythe de Polyphème sur la scène du V[e] siècle s'accompagne d'autres changements où se décèle l'influence des circonstances historiques et du contexte intellectuel contemporains. La localisation en Sicile du pays des Cyclopes, qui n'appartient pas à la tradition homérique, mais qui paraît couramment admise à l'époque classique[e], doit peut-être être mise en rapport avec

---

a. *Cyclope*, 23-35.
b. *Ibid.*, 382-408.
c. *Ibid.*, 672-688.
d. *Ibid.*, 376.
e. Voir la note 7, p. 345.

la désastreuse expédition athénienne des années 415-413, et fournirait un *terminus post quem* pour la représentation du *Cyclope*. La relecture anachronique de l'expédition de Troie à travers le prisme des guerres médiques[a] porte elle aussi la marque du siècle, mais elle est devenue monnaie courante dans la littérature grecque de ce temps.

C'est surtout dans l'éclairage donné à la figure de Polyphème qu'Euripide fait œuvre de novateur, et qu'il revisite le mythe en l'imprégnant des couleurs de son temps. Son Cyclope qui, en plus de son activité pastorale, est chasseur à l'occasion, se caractérise dans l'ensemble par un plus grand degré de sophistication que son ancêtre homérique, et il est doté d'une maîtrise de la parole et des idées qui n'appartenait pas à son prédécesseur. Là où le monstre de l'*Odyssée*, « tel un lion nourri dans les montagnes[b] », dévorait ses victimes crues, celui d'Euripide les consomme cuites, en distinguant, comme dans le sacrifice dont il parodie odieusement les usages, parties à bouillir et parties à rôtir[c]. Ce raffinement dans la cruauté et cette manière de tourner en dérision les rites religieux de la Grèce ne font que mieux ressortir la monstruosité de ce repas anthropophagique, pour lequel le Cyclope n'a même plus l'excuse de la bestialité pure.

L'ogre du folklore est en même temps devenu, chez l'homme de théâtre, un hédoniste soucieux avant tout de son confort et de la satisfaction de ses besoins quotidiens. Il expose sa conception de l'existence dans le célèbre *agôn* où il oppose aux supplications d'Ulysse une fin de non-recevoir[d]. Il y professe un idéal de bonheur individuel fondé sur le matérialisme le plus prosaïque, associé à un souverain mépris des dieux et des lois humaines. On a depuis longtemps reconnu, dans l'exposé de cette philosophie, un écho à certaines théories qui avaient cours dans l'Athènes contemporaine. L'éloge de la richesse, l'affirmation du droit du plus fort, la supériorité reconnue à la nature sur la loi renvoient, sur le mode parodique et caricatural, à certaines prises de position des sophistes et

---

a. *Cyclope*, 290-296.
b. *Odyssée*, IX, 292.
c. *Cyclope*, 243-246, 357-359, 402-404.
d. *Ibid.*, 316-346.

à cette idéologie antidémocratique que véhiculaient, dans l'Athènes du Ve siècle, de jeunes aristocrates ambitieux et sans scrupules, dont le Calliclès du *Gorgias* de Platon fournit la plus parfaite illustration.

Mais il s'agit bien de parodie et de caricature. Ce démarquage burlesque est dominé par le rire, et l'effet comique réside surtout dans le décalage entre le personnage, représentant de l'humanité la plus primitive, et le discours cohérent, réfléchi et sophistiqué qu'Euripide lui prête, dans l'association incongrue du cannibale et du philosophe, à travers cette figure d'ogre discoureur, capable de fonder en raison un certain choix de vie. C'est encore sur ce comique de l'incongru que joue le poète lorsqu'il nous montre un Polyphème qui, du fin fond de son antre, est parfaitement au fait de la guerre de Troie[a], et des Satyres capables, malgré leur rusticité naturelle, de développer dans toutes ses composantes le *topos* de la critique d'Hélène[b], largement répandu dans le théâtre du V[e] siècle.

Vertere seria ludo, « changer le sérieux en comique[c] », tel est le pari réussi de cette œuvre pleine de verve et de fantaisie, où le langage trivial de Silène et de ses fils voisine avec la solennité du style épique, où pastiche et parodie alternent avec les accents de la pastorale, et où tout concourt, en définitive, à célébrer la puissance et la gloire de Dionysos.

On ignore à quelle date le *Cyclope* a été représenté, et à quelle tétralogie il appartenait. Si la comparaison avec d'autres œuvres d'Euripide (*Hécube*) ou d'Aristophane (les *Cavaliers*) a pu amener certains commentateurs à le situer assez haut dans la production euripidéenne (av. 438 pour Kaibel, vers 428 pour Wilamowitz), des arguments stylistiques et dramaturgiques avaient conduit R. Marquart[d] à proposer, dans sa dissertation de 1912, une datation tardive, postérieure à 415. L'importance accordée à la Sicile,

---

a. *Cyclope*, 280-281, 283-284.

b. *Ibid.*, 179-186.

c. Horace, *Art poétique*, 226.

d. R. Marquart, *Die Datierung des Euripideischen Kyklops*, Leipzig, 1912.

qui se comprendrait bien au lendemain de l'année 415[a], prêche également en faveur de cette datation basse, adoptée par les éditeurs les plus récents, avec une fourchette oscillant entre 414[b] et 408 av. J.-C.[c]. Cette hypothèse trouve un point d'appui supplémentaire dans le rapprochement avec une peinture de vase qui représente une scène manifestement inspirée du *Cyclope* d'Euripide[d], et que les spécialistes datent autour de 410 av. J.-C.

Voici la liste des principaux passages pour lesquels nous nous sommes écartée de l'édition de Diggle pour revenir au texte des manuscrits, ou adopter des corrections différentes des siennes : 6, 56-57, 164-166, 188, 345, 402, 471, 499. Certaines difficultés du texte sont signalées dans les notes complémentaires à notre traduction.

Plusieurs commentaires du *Cyclope* ont paru au cours des vingt dernières années. On retiendra surtout celui de R.G. Ussher (*Euripides Cyclops*, Rome, 1978, avec une bonne bibliographie), et celui de R. Seaford (*Euripides Cyclops*, Oxford, 1984), qui comprend une excellente introduction au drame satyrique. L'édition, plus ancienne, de J. Duchemin (Le *Cyclope d'Euripide*, Paris, 1945) reste utile pour certaines discussions philologiques.

Christine MAUDUIT

---

a. Voir L. Paganelli, *Echi storico-politici nel « Ciclope » euripideo*, Padoue, 1979, p. 115-125.
b. La date de 414 est retenue notamment par J. Duchemin et L. Paganelli ; R.G. Ussher propose, après R. Marquart, celle de 412.
c. Datation proposée par R. Seaford, sur la base de certains rapprochements avec le *Philoctète* de Sophocle (voir note 54, p. 351).
d. La scène, qui figure sur un cratère lucanien conservé au British Museum (n° 1947), représente les préparatifs de l'aveuglement de Polyphème. Voir par exemple F. Brommer, *Satyrspiele...*, *op. cit.*, ill. 11 et 12.

LE CYCLOPE

ARGUMENT

Ulysse, au retour d'Ilion, fut jeté en Sicile, au pays de Polyphème. Il y trouva les Satyres, réduits en esclavage, leur donna du vin, et s'apprêtait à recevoir d'eux des agneaux et du lait. Apparition de Polyphème, qui demande pourquoi on emporte ses biens. Silène prétend alors avoir surpris l'étranger en train de le piller.

Personnages

Silène
Le chœur des Satyres
Ulysse
Le Cyclope

Prologue

La scène se passe en Sicile, au pied de l'Etna. Le décor représente la grotte de Polyphème. Silène en sort, un râteau à la main.

Silène

Ô Bromios[a], je te dois des peines sans nombre,
aujourd'hui, et dans ma jeunesse, quand mon corps était en pleine vigueur.
Cela commença lorsque, rendu fou par Héra[1],
tu partis en abandonnant les Nymphes des montagnes, tes nourrices[2].
5 Ensuite, il y eut le combat contre les fils de la Terre[b],
où, posté à ta droite, mon bouclier contre ta jambe,
je frappai Encélade[3], d'un coup de lance en plein dans son écu d'osier,
et le tuai. Mais voyons, n'ai-je pas vu en rêve ce que je raconte là ?
Par Zeus, non, puisque j'ai bel et bien montré sa dépouille à Bacchos.

---

a. Littéralement « le Grondant », l'un des noms de Dionysos, qui se réfère au caractère bruyant du dieu et de ses fêtes.
b. Les Géants, nés de la Terre (Gaia) fécondée par le sang qui coulait de la blessure d'Ouranos, mutilé par son fils Cronos. À l'instigation de leur mère, ils se dressèrent contre les dieux olympiens, qui les défirent dans un combat (la Gigantomachie), grâce à l'aide décisive d'Héraclès.

10 Et aujourd'hui, elle est plus grande encore, la peine que j'endure[a].
Le jour où Héra a lancé contre toi le peuple
des pirates tyrrhéniens, pour te faire vendre au loin[4],
me voilà, sitôt informé, qui prends la mer avec mes enfants[b]
pour partir à ta recherche ; à l'extrémité de la poupe,
15 seul maître à bord, je dirigeais le navire à double rang de rames[5],
tandis que mes enfants, assis aux rames, faisaient blanchir la mer livide
sous leurs coups fracassants, et te cherchaient, Seigneur.
Déjà, nous touchions le cap Malée[c][6]
quand le vent d'est, soufflant sur le navire,
20 nous jeta contre ce roc de l'Etna[7],
où les fils à l'œil unique[8] du dieu marin[d],
les Cyclopes tueurs d'hommes[9], habitent des antres solitaires.
Nous avons été pris, et l'un d'eux, dans sa maison, nous a faits
ses esclaves[10] ; le maître que nous servons, on l'appelle
25 Polyphème ; au lieu de célébrer, par nos évohés[e], les fêtes de Bacchos,
nous faisons paître les troupeaux du Cyclope impie.
Mes enfants, au fin fond des collines,
gardent les jeunes bêtes – car ils sont jeunes eux-mêmes –,
mais moi, je reste ici, où j'ai ordre de remplir les abreuvoirs
30 et de balayer le logis ; et quand ce Cyclope

---

a. Le verbe grec *exantleô*, que l'on retrouve aux v. 110 et 282, signifie dans son sens propre « vider l'eau qui se trouve à fond de cale ». Cette image nautique, qui convient bien au contexte, est impossible à rendre en français, notre expression « écoper d'une peine » ayant un tout autre sens.
b. Il s'agit des Satyres, qui, dans le drame satyrique, sont considérés comme les fils de Silène.
c. Situé à la pointe sud-orientale du Péloponnèse, non loin de l'île de Cythère, le cap Malée était connu pour la violence de ses vents, d'où le proverbe, rapporté par Strabon (VIII, 6, 20) : « En doublant le Malée, oublie tes foyers. »
d. Les Cyclopes sont les fils de Poséidon.
e. Cri rituel poussé par les fidèles de Dionysos lors des fêtes du dieu.

maudit prend ses dîners impies, c'est moi qui le sers.
À présent justement, il me faut – c'est son ordre –
balayer la maison avec ce râteau de fer,
pour que mon maître le Cyclope, qui est absent pour le moment,
35 soit reçu avec ses bêtes dans un antre propre.
Mais voici que j'aperçois mes fils, qui ramènent du pâturage
les troupeaux. Qu'est-ce que c'est ? Comment pouvez-vous mener aujourd'hui vos danses bruyantes[11],
comme au jour où, serrant les rangs autour de Bacchos,
en un joyeux cortège, vous marchiez vers la maison d'Althéa[a],
40 en balançant vos corps au chant des lyres ?

Les Satyres entrent dans l'orchestra.

Parodos

Le chœur (*à un bélier qui s'écarte*)

Strophe

Fils d'un noble père,
et d'une noble mère,
par où veux-tu gagner les rochers ?
N'as-tu pas par ici une brise au souffle léger,
45 *un pâturage à l'herbe épaisse,*
et l'eau tourbillonnante des rivières,
au repos dans les abreuvoirs, près de l'antre
où bêlent tes petits ?

Psitt ! Par ici, veux-tu !
50 *Viens par ici, paître la pente humide de rosée !*
Ohé ! Je vais te jeter une pierre, sans plus attendre.
Approche, hé, approche, bête à cornes !
À l'étable du pâtre,
du Cyclope qui court les champs !

---

a. Épouse d'Œnée, le roi de Calydon, dont Dionysos s'était épris, et avec qui, d'après une tradition, il aurait eu Déjanire. Pour remercier Œnée de son hospitalité et de sa complaisance, le dieu lui fit don d'un plant de vigne, et lui en enseigna la culture.

(à une brebis)

Antistrophe

55 *Relâche tes mamelles gonflées!*
Laisse venir au pis les agneaux
restés dans la bergerie.
Ils te réclament, les bêlements
de ces petits, qui dorment au long du jour.
60 *Quand vas-tu donc quitter les prés herbeux,*
et regagner le gîte,
au creux des rochers de l'Etna?

Épode

Fini Bromios, finis les chœurs,
et les Bacchantes porteuses de thyrses[a],
65 *le grondement des tambourins,*
près des sources aux eaux vives,
et les clairs filets de vin!
Je ne suis plus à Nysa[b], *au milieu*
des Nymphes, à chanter iacchos, iacchos[c],
70 *en quête d'Aphrodite,*
quand je volais à sa poursuite,
avec les Bacchantes aux pieds blancs.
Ô mon bien-aimé, mon cher Bacchos,
75 *où vas-tu solitaire,*
secouant ta blonde chevelure?

Et moi, ton serviteur,
je suis aux gages du Cyclope,
esclave du monstre à l'œil unique, et j'erre
80 *avec ce misérable manteau de bouc*[12],
privé de ton amitié.

---

a. Bâton entouré de lierre et coiffé d'une pomme de pin, qui est l'un des attributs des Bacchantes.
b. Montagne mythique diversement située par les Anciens, et considérée comme le cadre de l'enfance de Dionysos.
c. Cri rituel poussé en l'honneur de Dionysos lors des Mystères d'Éleusis (cf. Aristophane, *Grenouilles*, 316-317). Iacchos, personnification de ce cri, est aussi l'un des noms du dieu (cf. *Bacchantes*, 725).

Premier épisode

Silène

Silence, mes enfants ! Dans l'antre au toit de roc,
dites aux serviteurs de rassembler le troupeau.

Le coryphée

Allez ! Mais pourquoi, mon père, te presses-tu ainsi ?

Silène

85 Je vois près de la côte la coque d'un navire grec,
et des maîtres de rame, avec un commandant,
qui s'avancent vers notre antre ; autour du cou,
ils portent des pots vides – ils sont en quête de nourriture –,
et des cruches pour l'eau. Ah ! les pauvres étrangers !
90 Qui peuvent-ils être ? Ils ne savent pas quel homme est notre maître
Polyphème, pour mettre le pied sur ce sol inhospitalier,
et, dans la mâchoire du Cyclope
anthropophage, venir se jeter, pour leur malheur !
Mais restez tranquilles, que nous apprenions
95 d'où ils ont gagné ce promontoire sicilien de l'Etna.

Ulysse entre avec ses marins.

Ulysse

Étrangers, pourriez-vous nous dire où trouver l'eau courante d'un fleuve,
remède contre la soif, et quelqu'un qui veuille bien
vendre de la nourriture à des marins qui en manquent ?
Oh !
Qu'est-ce que c'est ? On croirait entrer dans la cité de Bromios !
100 C'est une troupe de Satyres que j'aperçois là, devant la grotte.
Je salue, pour commencer, le plus vieux d'entre vous.

Silène

Salut, étranger, dis-nous qui tu es, et quelle est ta patrie.

Ulysse

Ulysse d'Ithaque, prince des Céphalléniens[a].

Silène

Je connais le bonhomme : crécelle fielleuse, sang de Sisyphe[b].

Ulysse

105 Ce héros, c'est moi-même. Ne m'insulte pas.

Silène

D'où est parti le navire qui t'a mené ici, en Sicile ?

Ulysse

D'Ilion, et des travaux de Troie.

Silène

Comment ? Tu ne connaissais pas le chemin du retour vers ta patrie ?

Ulysse

Des vents déchaînés m'ont entraîné ici contre mon gré.

Silène

110 Aïe ! Tu endures le même destin que moi.

Ulysse

Est-ce que toi aussi, tu as été jeté ici contre ton gré ?

Silène

Oui, en poursuivant les brigands qui avaient enlevé Bromios.

---

a. Ce nom désigne, dans l'*Iliade* (II, 631-637), l'ensemble des peuples sur lesquels règne Ulysse, c'est-à-dire les habitants d'Ithaque et des îles voisines (Zakynthos, Samè), et ceux de la côte d'Acarnanie, qui leur fait face.
b. D'après une tradition qui semble remonter aux *Chants cypriens*, et qui est bien attestée dans la tragédie (cf. Sophocle, *Ajax*, 190, *Philoctète*, 417, 625, 1311 ; Euripide, *Iphigénie à Aulis*, 524, 1362), Ulysse serait le fils de Sisyphe, qui aurait séduit Anticléia avant qu'elle n'épouse Laërte. Cette filiation est toujours rappelée dans une intention dépréciative, Sisyphe étant l'incarnation de la ruse et de la fourberie.

Ulysse

Mais quelle est cette contrée, et quels sont ses habitants ?

Silène

C'est le mont Etna, point culminant de la Sicile.

Ulysse

115 Où y a-t-il des murs, des remparts de cité ?

Silène

Il n'y en a pas. Sur ces caps, point d'humains, étranger.

Ulysse

Mais qui occupe le pays ? Une race de fauves ?

Silène

Les Cyclopes, qui habitent des grottes et non des maisons.

Ulysse

Qui les commande ? Ou est-ce le peuple qui a le pouvoir en partage ?

Silène

120 Ils vivent en solitaires [13]. Personne n'obéit jamais à personne.

Ulysse

Sèment-ils l'épi de Déméter – sinon, de quoi vivent-ils ?

Silène

De lait, de fromage, et de la chair de leurs bêtes.

Ulysse

La boisson de Bromios, l'ont-ils, le jus de la vigne ?

Silène

Pas du tout ! Aussi, nul ne danse sur la terre qu'ils habitent.

Ulysse

125 Sont-ils hospitaliers, respectueux des étrangers [14] ?

Silène

Ils la disent exquise, la viande d'étranger !

Ulysse

Que dis-tu ? Ils aiment se repaître de chair humaine ?

Silène

Personne n'est venu en ce lieu sans y être égorgé.

Ulysse

Mais le Cyclope, justement, où est-il ? Dans sa maison ?

Silène

130 En vadrouille sur les pentes de l'Etna, il traque les fauves avec ses chiens [15].

Ulysse

Sais-tu ce que tu vas faire, pour que nous puissions repartir d'ici ?

Silène

Non, Ulysse, je ne sais pas. Mais pour toi, nous ferions n'importe quoi.

Ulysse

Vends-nous du pain, nous en manquons.

Silène

Il n'y en a pas, je te l'ai dit : rien d'autre que de la viande.

Ulysse

135 Eh bien ! C'est également un doux remède contre la faim.

Silène

Il y a aussi du fromage caillé et du lait de vache.

Ulysse

Apportez-les. Pour le commerce, c'est le grand jour qui convient.

Silène

Mais toi, en échange, dis-moi, tu donneras combien d'or ?

Ulysse

Ce n'est pas de l'or que j'apporte, mais le breuvage de Dionysos.

Silène

140 Ah, les mots délicieux ! Depuis le temps que nous en manquons !

Ulysse

D'autant que c'est Maron qui m'a donné le breuvage, le fils du dieu.

Silène

Celui que j'ai élevé jadis dans le creux de mes bras ?

Ulysse

Le fils de Bacchos, pour être plus clair.

Silène

Est-il sur les bancs du navire, ou l'apportes-tu avec toi ?

Ulysse

145 C'est cette outre qui le renferme, comme tu le vois, vieillard.

Silène

Ça ? Il n'y a même pas de quoi me remplir la bouche[16] !

Ulysse

Si. Il y a à boire deux fois ce qui coule de l'outre !

Silène

La belle source que tu dis-là, et bien à mon goût !

Ulysse

Veux-tu que je te fasse goûter d'abord le vin pur ?

Silène

150 C'est la règle. Car la dégustation appelle l'achat.

Ulysse

Justement, je traîne aussi une coupe, à la remorque de l'outre.

Silène

Vas-y, verse, fais glouglou, que je ravive mes souvenirs en buvant.

Ulysse

Voilà !

SILÈNE

Misère, quelle belle odeur il a !

ULYSSE

Tu l'as vue, l'odeur ?

SILÈNE

Non, par Zeus, mais je la flaire.

ULYSSE

155 Goûte donc, pour que tes éloges ne se limitent pas à des mots.

SILÈNE

Oh ! là là ! Il m'invite à danser, ce Bacchos. Tralala !

ULYSSE

A-t-il traversé ton gosier avec un beau glouglou ?

SILÈNE

Et comment ! Il est même arrivé jusqu'au bout de mes ongles.

ULYSSE

160 En plus de ce vin, nous te donnerons de la monnaie.

SILÈNE

Desserre seulement l'outre ; laisse là l'or.

ULYSSE

Apportez donc les fromages, ou un petit du troupeau.

SILÈNE

J'y cours ! Je n'ai cure de mon maître.
Vider une coupe, rien qu'une, j'en ai une folle envie,
165 quitte à donner en échange les bêtes de tous les Cyclopes,
et à me jeter du cap Leucade[a] dans la mer[17],
ivre une fois pour toutes, les sourcils relâchés !
Oui vraiment, pour ne pas aimer boire, il faut être fou !

---

a. Extrémité sud de l'île du même nom, située dans le nord-ouest de la Grèce, en face de la côte d'Acarnanie.

C'est alors qu'on peut faire dresser tout droit celui-là[a],
170 palper un sein,
caresser des deux mains une prairie bien apprêtée; et l'on a, en même temps, la danse,
et l'oubli des maux. Et je n'irais pas baiser
ce breuvage, quitte à faire pleurer[b]
cette brute de Cyclope, et son œil au milieu du front?

LE CHŒUR

175 Écoute, Ulysse. Nous voulons bavarder un peu.

ULYSSE

À la bonne heure! Votre amitié va au-devant de la mienne.

LE CHŒUR

Vous avez bien pris Troie et mis la main sur Hélène?

ULYSSE

Oui, et bien plus: toute la maison des Priamides, nous l'avons mise à sac.

LE CHŒUR

Eh bien, quand vous avez pris la donzelle[18],
180 ne l'avez-vous pas tous besognée à tour de rôle,
puisqu'elle se plaît à multiplier les maris?
La traîtresse! Il a suffi qu'elle voie l'autre, avec ses culottes bigarrées
autour des jambes, et son carcan
d'or en travers du cou[19],
185 pour perdre la tête et planter là cet excellent
bonhomme de Ménélas! Nulle part, jamais, la race
des femmes n'aurait dû voir le jour... sinon pour moi tout seul!

SILÈNE

Tiens, voilà pour vous les bêtes que nourrissent les pâtres,
Seigneur Ulysse, les petits des brebis bêlantes,

---

a. Ces mots s'accompagnent, on l'aura compris, d'un geste en direction du phallus postiche qui fait partie du costume de Silène et des Satyres.
b. Notre traduction essaie de rendre le jeu sur l'expression grecque *klaiein keleuein*, que l'on emploie couramment au sens de « souhaiter du mal à quelqu'un », « envoyer au diable », mais qui signifie littéralement « ordonner de pleurer », ce qui convient parfaitement dans ce passage où Silène l'applique à l'œil du Cyclope.

190 et des fromages de lait caillé, à profusion.
Emportez-les. Et éloignez-vous au plus vite de l'antre,
après m'avoir donné en échange le breuvage de la grappe bachique.
Malheur! Voici le Cyclope qui arrive. Qu'allons-nous faire?

Ulysse

Nous sommes perdus, c'est sûr, vieillard. Où faut-il fuir?

Silène

195 À l'intérieur de cette grotte, où vous pourrez échapper à sa vue.

Ulysse

Ton conseil est étrange : c'est se jeter dans ses filets.

Silène

Étrange, non : il y a de nombreux refuges dans la grotte.

Ulysse

Eh bien non! Car Troie se répandrait en lamentations,
si je devais fuir devant un seul homme quand, face à la masse innombrable
200 des Phrygiens[a], j'ai si souvent tenu tête, mon bouclier au bras.
Allons, s'il faut mourir, nous mourrons noblement,
ou bien nous sauverons, avec nos vies, notre glorieux passé.

Polyphème entre.

Le Cyclope

Arrière, place au cortège[b]! Qu'est-ce que c'est? Qu'attendez-vous pour agir?
Pourquoi ces transports bachiques? On n'est pas chez Dionysos, ici[20],

---

a. Désigne ici les Troyens, la Phrygie étant la région située dans le nord de l'Asie Mineure.
b. L'expression grecque *aneche, pareche*, dont le sens exact est mal établi, est habituellement employée dans un contexte nuptial, et produit un effet de comique dans la bouche de Polyphème.

205 finis les crotales[a] de bronze et les battements de tambourins !
Comment vont, dans l'antre, mes petits nouveau-nés ?
Sont-ils à la mamelle, à se presser
sous le flanc de leurs mères ? Et les clayons d'osier,
sont-ils remplis de fromages frais ?
210 Hein ? Que dites-vous ? À l'un de vous, ce bâton va bientôt tirer des larmes. Levez les yeux, au lieu de regarder par terre !

Le chœur

Voilà. C'est vers Zeus lui-même que nos têtes sont levées.
Sur les astres[21] et Orion[b] je fixe le regard.

Le Cyclope

Le déjeuner est-il fin prêt ?

Le chœur

215 Il est à ta disposition. Ton gosier n'a plus qu'à se tendre.

Le Cyclope

Et les cratères aussi, sont-ils remplis de lait ?

Le chœur

De quoi vider, si tu veux, une jarre entière.

Le Cyclope

Lait de brebis, lait de vache, ou les deux mélangés ?

Le chœur

Celui que tu veux. Ne m'avale pas moi, c'est la seule chose !

Le Cyclope

220 Aucun risque ! En me bondissant au milieu du ventre,
vous me feriez périr sous vos cabrioles.

---

a. Instrument de musique, semblable à des castagnettes, qui était utilisé lors des fêtes de Dionysos.
b. Chasseur mythique, transformé en constellation après sa mort. Derrière cette référence apparemment flatteuse, se dissimule peut-être une allusion sarcastique au sort qui attend Polyphème, Orion ayant été aveuglé par Œnopion pour avoir tenté de violenter sa fille Méropé (cf. Apollodore, I, 4, 3).

Hé là! Qu'est-ce que cette foule que je vois près des enclos?
Des brigands ou des pillards ont-ils débarqué dans le pays [22]?
Je vois là mes agneaux hors de l'antre,
225 liés ensemble par le corps, avec des tresses d'osier,
et des clayons pleins de fromages, pêle-mêle au milieu, et le vieux
avec son front chauve tout gonflé de coups.

Silène

Misère, j'ai la fièvre, on m'a rossé, pauvre de moi!

Le Cyclope

Qui, on? Qui t'a boxé le crâne, vieillard?

Silène

230 Ceux-là, Cyclope, parce que je les empêchais de te dévaliser.

Le Cyclope

Ils ne savaient pas que je suis dieu, et fils de dieu?

Silène

Je le leur disais bien. Mais eux, ils pillaient tes biens,
et le fromage, ils le mangeaient, malgré mes protestations,
et ils emmenaient les agneaux; toi, ils devaient, disaient-ils,
235 te lier à un carcan de trois coudées, et, sous le regard de ton œil unique,
t'extirper les entrailles de vive force,
t'écorcher joliment le dos avec le fouet,
et ensuite, te jeter, pieds et poings liés, sur les bancs du navire, et te vendre
240 pour manœuvrer des pierres, ou te flanquer à la meule.

Le Cyclope

C'est vrai? Alors pourquoi ne vas-tu pas, au plus vite,
aiguiser le tranchant des couteaux, et faire un grand tas de fagots
pour allumer le feu? Égorgés sur-le-champ,
ils vont remplir ma panse, tirés tout chauds des braises
245 pour fournir un repas au sacrificateur [23];
le reste sera cuit et attendri au chaudron.
Je suis saturé des repas de gibier montagnard;

j'en ai assez de ces festins de lions
et de cerfs. Il y a longtemps que je suis privé de chair humaine.

Silène

250 La nouveauté après les habitudes, mon maître,
possède plus de saveur. Au vrai, elle ne date pas d'hier,
l'arrivée des derniers étrangers à ta grotte.

Ulysse

Cyclope, écoute à leur tour les étrangers.
C'est par besoin de nourriture, et pour en acheter,
255 que, quittant notre navire, nous sommes venus jusqu'aux abords de ta grotte.
Les agneaux, cet individu était en train de nous les vendre
contre une coupe de vin ; il nous les donnait, ayant reçu à boire :
c'était de gré à gré, et il n'y avait là aucune violence.
Il n'y a pas un mot de sensé dans ce qu'il raconte,
260 maintenant qu'il a été pris en train de vendre tes biens à ton insu.

Silène

Moi ? Puisses-tu périr misérablement !

Ulysse

Si je mens.

Silène

Par Poséidon, ton géniteur, ô Cyclope,
par le grand Triton et par Nérée,
par Calypso et par les filles de Nérée,
265 par les flots sacrés et par la race des poissons tout entière[24],
je te le jure, mon tout beau, mon Cyclopounet,
mon petit maître chéri : non, je n'étais pas en train de vendre
tes biens aux étrangers. Si je mens, qu'ils périssent misérablement,
oui, comme des misérables, ces enfants que je chéris par-dessus tout.

Le chœur

270 Garde le vœu pour toi ! De mes propres yeux, je t'ai vu
trafiquer de ces biens avec les étrangers. Et si c'est moi qui mens,
que périsse mon père ! Mais ne fais pas de tort aux étrangers.

Le Cyclope

Vous mentez. Moi en tout cas, j'ai confiance en lui[a]
plus qu'en Rhadamanthe[b], et je le tiens pour plus juste.
275 Mais je veux bien les interroger. D'où est parti votre navire, étrangers ?
De quel pays êtes-vous ? Quelle cité vous a éduqués ?

Ulysse

Nous sommes originaires d'Ithaque, mais nous venons d'Ilion,
après avoir détruit la ville ; les souffles marins
nous ont chassés jusqu'à ton pays, Cyclope.

Le Cyclope

280 Est-ce vous qui êtes allés venger le rapt de cette débauchée
d'Hélène, sur la cité d'Ilion, voisine du Scamandre ?

Ulysse

C'est nous : terrible épreuve, que nous avons endurée jusqu'au bout !

Le Cyclope

Honteuse expédition, oui, qui, pour une seule
femme, vous a fait cingler vers la terre des Phrygiens !

Ulysse

285 Ce fut l'œuvre d'un dieu. N'en accuse aucun mortel.
Mais nous, ô noble fils du dieu de la mer,
nous te supplions, avec un langage d'hommes libres :
N'aie pas le cœur de tuer des gens venus à ta grotte en amis,

---

a. Polyphème désigne ici Silène.
b. L'un des juges des Enfers, renommé pour sa justice (cf. Platon, *Lois*, 624b : *dikaiotaton*).

ni d'en faire une pâture impie pour tes mâchoires.
290 C'est nous, seigneur, qui avons conservé à ton père le séjour de ses temples,
dans les profondeurs de la Grèce [25].
Et ils restent intacts, le havre sacré du Ténare [a],
et les replis escarpés du cap Malée [b]; à Sounion [c],
il est sauf, le roc de la divine Athéna, au sol riche en argent,
295 tout comme les refuges de Géreste [d]. Le sort de la Grèce,
nous ne l'avons pas – insupportable opprobre! – livré aux Phrygiens.
De ces bienfaits tu as ta part, toi aussi; car c'est dans les profondeurs de la Grèce
que tu habites, au pied de l'Etna, ce roc qui distille le feu [26].
C'est d'ailleurs une loi, chez les mortels – si tu dédaignes mes raisons –,
300 que d'accueillir des suppliants que la mer a détruits,
de leur faire des présents d'hospitalité et de leur fournir des vêtements [27],
et non d'embrocher leurs membres sur des piques à rôtir les bœufs,
pour t'en remplir la panse et la mâchoire.
C'est assez que la terre de Priam ait vidé la Grèce,
305 que, de tant de cadavres, elle ait bu le sang répandu par la lance,
et qu'elle ait, pour leur perte, privé les épouses de leur mari, privé de leurs fils
les vieilles femmes et les pères chenus. Ceux qui ont survécu,

---

a. Cap situé à l'extrémité sud du Péloponnèse (aujourd'hui cap Matapan), où s'élevait un temple de Poséidon.
b. À proximité du cap Malée (voir note au v. 18), s'ouvrait un port abritant une statue de Poséidon et une grotte consacrée au dieu (cf. Pausanias, III, 23, 2).
c. Le cap Sounion, à la pointe sud-est de l'Attique, était consacré à Athéna et à Poséidon. Le « sol riche en argent » fait allusion aux mines de plomb argentifère du Laurion, situé au nord de Sounion.
d. Cap situé à la pointe sud-ouest de l'Eubée, siège d'un culte de Poséidon (cf. Aristophane, *Cavaliers*, 561).

si tu les fais brûler ensemble pour les frais d'un amer festin,
où se tournera-t-on? Allons, crois-moi, Cyclope :
310 renonce au vorace appétit de ta mâchoire, et préfère
la piété à l'impiété. Car, souvent,
un gain infâme se paie par un châtiment.

SILÈNE

Je veux te donner un conseil : des chairs
de cet homme-là, ne laisse pas une miette. Si tu mords dans sa langue,
315 tu deviendras subtil et disert entre tous, Cyclope.

LE CYCLOPE

La richesse, mon petit bonhomme, voilà le dieu des sages[28];
le reste, c'est du bruit pour rien, de belles paroles!
Ces caps marins où réside mon père,
je leur souhaite bien le bonjour! Pourquoi t'être abrité derrière de tels propos?
320 Quant à la foudre de Zeus, elle ne me fait pas trembler, étranger,
et j'ignore en quoi Zeus est un dieu plus puissant que moi.
Le reste, je m'en moque. Et à quel point je m'en moque,
écoute. Quand de là-haut il déverse la pluie,
je trouve dans cette caverne un toit où m'abriter ;
325 je m'y repais d'un veau rôti ou d'un gibier sauvage,
j'arrose copieusement mon ventre, couché sur le dos,
d'une amphore de lait que je vide d'un coup,
et je joue... de la tunique, en la faisant gronder pour rivaliser avec le tonnerre de Zeus[29].
Et quand le Borée de Thrace nous verse la neige,
330 je m'emmitoufle dans des peaux de bêtes,
et j'allume un feu ; la neige, je m'en moque bien !
La terre, qu'elle le veuille ou non, est bien forcée
de faire pousser l'herbe qui engraisse mes bêtes.
Et celles-là, je ne les sacrifie à nul autre que moi-même
– pas aux dieux ! –
335 et à la plus grande des divinités, le ventre que voici.
Car boire et manger au jour le jour,
voilà ce qu'est Zeus pour les gens sensés,
et ne se faire aucun chagrin. Quant à ceux qui ont établi

LE CYCLOPE, 308-358   273

    les lois, pour enjoliver la vie humaine,
340 qu'ils aillent au diable ! Moi, pour ma part,
    je ne vais pas renoncer à me faire du bien, et je vais te dévorer, toi !
    Comme présents d'hospitalité – pour qu'on n'ait rien à me reprocher –, tu recevras
    du feu, et ce chaudron de bronze, hérité de mon père, qui, quand l'eau y bouillira,
    enveloppera joliment tes chairs déchiquetées.
345 Mais entrez donc, et en l'honneur du dieu qui a ici son gîte,
    debout autour de l'autel, régalez-moi !

Il pousse les Grecs dans la grotte.

ULYSSE

Hélas ! J'ai survécu aux épreuves de Troie,
et à celles de la mer, mais c'est pour débarquer aujourd'hui
dans le cœur cruel et sans havre d'un impie !
350 Ô Pallas, ô maîtresse, fille de Zeus, déesse,
maintenant, oui, maintenant, viens à mon secours ; plus grandes que celles d'Ilion
sont les épreuves où j'aborde : me voici au bord du danger.
Et toi qui habites le brillant séjour des astres,
Zeus protecteur des hôtes, regarde ce spectacle ; si tu ne le vois pas,
355 c'est à tort qu'on te reconnaît pour le dieu Zeus : tu n'es rien !

Il entre dans la grotte, suivi de Silène.

PREMIER STASIMON

LE CHŒUR

Strophe

De ton large gosier, Cyclope,
ouvre bien grands les bords ; car ils sont prêts pour toi,
bouillis, rôtis, tout chauds sortis des braises,
bons à croquer, à ronger,

à découper, les membres de tes hôtes,
360 *couché dans l'épaisse toison de ta peau de chèvre.*
Non, non, ne m'en donne aucune part!
Seul, pour toi seul, charge la coque du navire.
Loin de moi ce gîte,
loin de moi le sacrifice
365 *que fait, à l'écart des autels,*
le Cyclope de l'Etna,
qui se délecte de la chair de ses hôtes.

Antistrophe

Sans pitié, malheureux, est celui qui
370 *sacrifie des gens venus en suppliants au foyer de sa maison,*
pour les manger bouillis, et de ses dents maudites,
couper, ronger
leurs chairs tirées toutes chaudes des braises[30].

Ulysse ressort de la grotte, portant l'outre de vin.

Deuxième épisode

Ulysse

375 Ô Zeus, que dire? J'ai vu, à l'intérieur de l'antre, des choses horribles,
incroyables : on aurait dit une fable, non des actes humains!

Le chœur

Qu'y a-t-il, Ulysse? A-t-il fait son régal
de tes chers compagnons, le Cyclope sans foi ni loi?

Ulysse

Oui, de deux d'entre eux, après avoir avisé et soupesé à deux mains
380 les plus charnus et les mieux nourris.

Le chœur

Comment, infortuné, avez-vous subi ce sort?

Ulysse

Lorsque nous fûmes entrés sous ce toit de roc,
il commença par allumer un feu, en jetant

sur un large foyer les tronçons d'un haut chêne,
385 – à peu près la charge que transporteraient trois chariots –,
et il mit un chaudron de bronze à bouillir sur le feu[31].
392 Puis, avec des aiguilles de sapin, à même le sol,
il se fit une couche à côté de la flamme.
Il remplit à ras bord un cratère d'environ dix amphores,
en y versant, après les avoir traites, le lait blanc de ses vaches,
390 et il plaça près de lui une coupe en bois de lierre, large de trois
coudées, et profonde de quatre, à ce que l'on pouvait voir,
des broches, faites de branches d'épines, dont la pointe avait été cuite au feu,
et le reste, dégrossi à la serpe,
395 et des vases à égorger, grands comme l'Etna, pour les mâchoires de sa hache[32].
Quand tout fut prêt, cet être haï des dieux,
ce cuisinier d'Hadès, saisit ensemble deux de mes compagnons
pour les égorger ; d'un même élan,
400 il <lança> l'un sur la panse de bronze du chaudron,
tandis qu'il attrapait l'autre par le tendon du talon[33],
et que, le cognant contre la pointe acérée d'un bloc de pierre,
il lui faisait jaillir la cervelle[34]. Ayant détaché
les chairs d'un couteau vorace, il les rôtit au feu,
et il mit les membres à bouillir au chaudron.
405 Et moi, malheureux, les yeux débordants de larmes,
je m'attachais aux pas du Cyclope, et je le servais !
Les autres, comme des oiseaux, restaient blottis d'effroi
dans les recoins de la grotte, le teint exsangue.
Mais lorsque, gorgé de la chair de mes compagnons,
410 il tomba à la renverse en exhalant de son gosier un lourd relent,
il me vint une inspiration divine ; j'emplis une coupe
de ce vin de Maron, et je la lui tends à boire,
avec ces mots : « Ô fils du dieu marin, Cyclope,
regarde ce que la Grèce tire de ses vignes,
415 ce divin breuvage, où brille Dionysos. »
Et lui, gavé de son infâme pâture,
la prit, vida d'un seul trait la rasade,

puis il en fit l'éloge, la main levée : « Ah, le plus cher des hôtes,
c'est une fameuse boisson que tu me donnes, pour couronner un fameux festin. »
420 Moi, le voyant tout réjoui,
je lui tendis une autre coupe, sachant bien que
le vin l'assommerait, et qu'il ne tarderait pas à payer.
Le voici qui en vient aux chansons ; et moi, lui versant
coupe sur coupe, je lui échauffais les entrailles avec la boisson.
425 Il chante, auprès de mes marins en pleurs,
des airs discordants, et l'antre en renvoie l'écho. Alors, je suis sorti
sans bruit, bien décidé à me sauver, avec toi, si tu le veux.
Eh bien, dites-moi : désirez-vous, oui ou non,
fuir un homme insociable, et habiter
430 la demeure de Bacchos, avec les Naïades[35] ?
Ton père, à l'intérieur, a acquiescé à ce projet.
Mais comme il est sans force, et qu'il profite de la boisson,
pris à la coupe comme à un piège à glu,
il bat de l'aile ; toi, en revanche, puisque tu es jeune,
435 sauve-toi avec moi, et renoue avec ton vieil ami
Dionysos, qui n'a rien du Cyclope.

Le chœur

Très cher ami, oui, puissions-nous voir ce jour
en ayant échappé au Cyclope, cette tête impie.
Car cela fait bien longtemps que nous imposons le veuvage
440 à notre cher siphon. Et lui, nous ne pouvons le dévorer[36].

Ulysse

Écoute donc ce que je projette pour tirer vengeance
de la bête scélérate, et te délivrer de ta servitude.

Le chœur

Parle : le son de la cithare asiatique
ne serait pas plus doux à nos oreilles que l'annonce de la mort du Cyclope.

Ulysse

445 Il veut aller faire la fête chez ses frères,
les Cyclopes : ce breuvage de Bacchos l'a mis en joie.

Le chœur

J'ai compris ; ton idée, c'est de le surprendre tout seul
dans les bois et de l'égorger, ou de le précipiter du haut des rochers.

Ulysse

Non, rien de tel ; c'est à une ruse que je songe.

Le chœur

450 Laquelle ? Tu es malin, c'est sûr, on nous le dit depuis longtemps.

Ulysse

De cette fête, j'entends le détourner, en lui disant
qu'il ne doit pas donner ce breuvage aux Cyclopes,
mais être seul à le garder, pour passer sa vie agréablement.
Et lorsqu'il cédera au sommeil, vaincu par Bacchos,
455 il y a, dans sa maison, une branche d'olivier,
dont j'aiguiserai le bout avec mon poignard,
et que je mettrai au feu ; ensuite, quand je la verrai rougeoyer,
je l'enlèverai pour la planter, brûlante, en plein
dans l'œil du Cyclope, et je lui ferai fondre la vue avec le feu.
460 Comme un homme qui, pour ajuster les pièces d'un navire,
manœuvre la tarière d'un geste de rameur, à l'aide de deux courroies[37],
ainsi je ferai tourner[38] le tison dans l'œil porte-lumière
du Cyclope, et je lui sécherai les deux prunelles en une !

Le chœur

Bravo ! Bravo !
465 Je jubile, tes inventions nous rendent fous de joie !

Ulysse

Ensuite, toi, mes amis, et le vieux,
je vous embarquerai dans les flancs de mon noir vaisseau,
et, à l'aide des doubles rames, je vous emmènerai loin de ce pays.

Le chœur

Est-il possible que, comme pour une libation au dieu,
470 je porte la main, moi aussi, au tison aveuglant ?
Car ce travail-là, je veux y prendre part.

Ulysse

Oui, il le faut même : le tison est de taille, tous devront s'en saisir.

Le chœur

Pour sûr, même cent chariots, j'en soulèverais la charge,
si au Cyclope – malheur à lui ! –
475 nous enfumons l'œil comme un nid de guêpes.

Ulysse

Silence à présent. Tu sais toute la ruse.
Quand j'en donnerai l'ordre, obéissez au maître de l'ouvrage.
Je ne vais pas abandonner les amis
que j'ai à l'intérieur pour me sauver tout seul.
480 [Pourtant, je pourrais m'enfuir : je suis sorti des profondeurs de l'antre ;
mais il ne serait pas juste que j'abandonne mes amis,
qui sont venus ici avec moi, pour me sauver tout seul[39].]

Le chœur

Allons, qui sera le premier, et qui derrière le premier,
à son poste, serrera le manche du tison,
485 pour l'enfoncer entre les paupières du Cyclope,
et extirper la lumière de son œil ?

Un chant s'élève à l'intérieur[40].

Silence, silence. Le voici, il est ivre
et braille un air sans grâce ;
490 le rustre, il chante faux, bientôt il va pleurer !
Il sort de sa demeure de roc.
Eh bien ! à nous de le dégrossir avec nos chants de fête,
le grossier personnage !
De toute façon, il va être aveugle.

Le Cyclope sort de la grotte.

Deuxième stasimon

Strophe 1

495 *Bienheureux, qui crie évohé!*
sous l'effet des grappes aux sources chéries,
qui s'épanouit à la fête
en serrant un ami dans ses bras,
tandis que sur sa couche, s'offre la fleur
500 *d'une lascive courtisane ;*
les cheveux brillants de parfum, il s'écrie :
« Qui m'ouvrira la porte ? »

Le Cyclope

Strophe 2

Oh! Oh! Je suis plein de vin,
et je brille après ce plantureux festin,
505 *chargé comme la coque d'un navire marchand,*
jusqu'au pont supérieur de mon ventre!
Elle m'entraîne, l'aimable cargaison,
à partir pour la fête, en cette saison printanière,
chez les Cyclopes, mes frères.
510 *Allons, mon hôte, allons, cède-moi l'outre.*

Le Chœur

Strophe 3

Lançant de beaux regards,
dans toute sa beauté, il sort de sa demeure,
< > qui nous aime[41] *?*
Les torches brûlent pour toi ; elle n'attend que
515 *ta peau, la tendre fiancée*[42]*,*
à l'intérieur de l'antre humide de rosée.
Et elles ont plus d'une couleur, les couronnes
qui, bientôt, viendront épouser les contours de ta tête!

Troisième épisode

Ulysse

Cyclope, écoute! J'ai une longue pratique
520 de ce Bacchos, que je t'ai donné à boire.

Le Cyclope
Ce Bacchos, qui c'est ? Le tient-on pour un dieu ?

Ulysse
Oui, le plus puissant pour donner du charme à la vie humaine.

Le Cyclope
En tout cas, je le rote avec bien du plaisir.

Ulysse
Tel est ce dieu : il ne nuit à aucun mortel.

Le Cyclope
525 Mais un dieu, comment peut-il se plaire à loger dans une outre ?

Ulysse
Où qu'on le mette, il est à son aise.

Le Cyclope
Aux dieux, il ne sied pas d'avoir le corps pris dans des peaux[43] !

Ulysse
Qu'importe, s'il sait te charmer ! Mais peut-être trouves-tu la peau amère ?

Le Cyclope
J'exècre l'outre. Mais cette boisson-là, je l'aime.

Ulysse
530 Reste donc ici, bois, et prends du bon temps, Cyclope.

Le Cyclope
Ne dois-je pas donner de ce breuvage à mes frères ?

Ulysse
Non. En le gardant pour toi, tu n'en paraîtras que plus respectable.

Le Cyclope
Mais en le donnant à mes amis, je serai plus utile.

Ulysse
La fête aime les coups et la querelle où l'on s'insulte.

Le Cyclope

535 J'ai beau être ivre, personne ne me toucherait.

Ulysse

Mon cher, quand on a bu, il faut rester chez soi.

Le Cyclope

Bien sot qui, ayant bu, n'aime pas la fête.

Ulysse

Sage qui, étant ivre, reste dans sa maison !

Le Cyclope

Que faire, Silène ? Rester, est-ce ton avis ?

Silène

540 Oui. Qu'as-tu à faire d'autres buveurs, Cyclope ?

Ulysse

C'est vrai, il y a l'épais tapis de ce gazon en fleurs...

Silène

Et il est bon de boire à la chaleur du soleil.
Couche-toi donc, pose-moi ce flanc à terre.

Le Cyclope

Voilà !
545 Mais pourquoi poses-tu le cratère dans mon dos ?

Silène

De peur qu'en passant, quelqu'un ne le renverse.

Le Cyclope

Boire
à la dérobée, oui, voilà ce que tu veux. Dépose-le au milieu.
Mais toi, mon hôte, dis-moi de quel nom il faut t'appeler.

Ulysse

Personne[44]. Quelle grâce me feras-tu, dont j'aurai à te louer ?

Le Cyclope

550 C'est toi que je mangerai en dernier, après tous tes compagnons[45].

SILÈNE

Il est beau, vraiment, le privilège que tu accordes à ton hôte, Cyclope !

LE CYCLOPE

Eh toi[46], que fais-tu ? Tu bois le vin en cachette ?

SILÈNE

Non, c'est lui qui m'a donné un baiser, pour mes beaux yeux !

LE CYCLOPE

Tu t'en repentiras, d'aimer le vin : lui ne t'aime pas.

SILÈNE

555 Si, par Zeus : il dit qu'il est épris de moi, à cause de ma beauté.

LE CYCLOPE

Verse, remplis la coupe, et donne-la seulement !

SILÈNE

Comment est le mélange ? Voyons, examinons la chose.

LE CYCLOPE

Tu vas le gâter[47]. Donne-le comme ça.

SILÈNE

Non, par Zeus, je veux d'abord
te voir prendre une couronne[a], et le goûter encore une fois.

LE CYCLOPE

560 Cet échanson, une canaille !

SILÈNE

Non, par Zeus, mais ce vin, un régal !
Mais il faut t'essuyer la bouche, pour qu'on te donne à boire.

LE CYCLOPE

Voilà : mes lèvres sont propres, comme les poils de ma barbe.

---

a. Les Grecs avaient coutume de porter des couronnes de feuillage lors des banquets, comme le montrent de nombreuses peintures de vases.

Silène

Pose donc ton coude d'un geste gracieux, et puis vide la coupe,
comme tu me vois boire, et comme... tu ne me vois plus!

Le Cyclope

565 Ah! Ah! que fais-tu?

Silène

J'ai bu d'un trait, avec bien du plaisir.

Le Cyclope

Prends-la toi-même, mon hôte, et sois mon échanson.

Ulysse

Il est vrai qu'en matière de vigne, ma main s'y connaît.

Le Cyclope

Eh bien, verse donc!

Ulysse

Je verse, tais-toi seulement.

Le Cyclope

Ton ordre est difficile à suivre, pour qui boit beaucoup.

Ulysse

570 Voilà : prends, vide, et ne laisse rien!
Il faut en absorbant le breuvage expirer en même temps que lui.

Le Cyclope

Misère, quelle sagesse dans le bois de vigne!

Ulysse

Si, après un copieux festin, tu en absorbes copieusement,
en arrosant ta panse jusqu'à plus soif, il te plongera dans le sommeil,
575 mais si tu laisses la moindre goutte, Bacchos te dessèchera!

Le Cyclope

Hourra!
Quel mal j'ai eu à émerger! Volupté sans mélange!
Je crois voir le ciel qui, confondu

avec la terre, s'en va à la dérive ; je contemple le trône de Zeus,
580 et toute la sainte majesté des dieux.
Non, je ne vous embrasserai pas ! – Ce sont les Grâces[a] qui cherchent à me séduire.
Suffit ! Avec ce Ganymède-là, je jouirai d'un repos
plus doux qu'avec les Grâces. J'ai plus de plaisir
avec les jeunes garçons qu'avec l'engeance des femmes.

Silène

585 Tu veux dire que je suis le Ganymède chéri de Zeus, Cyclope ?

Le Cyclope

Oui, par Zeus, et je t'enlève au sol de Dardanos[b] !

Silène

Je suis perdu, mes enfants ! Il va m'arriver d'horribles malheurs.

Le Cyclope

Tu critiques ton amant, et tu fais le délicat, parce qu'il a bu ?

Silène

Hélas ! Je vais voir bientôt un vin des plus amers !

Le Cyclope entraîne Silène dans la grotte.

Ulysse

590 Allons, fils de Dionysos, nobles enfants,
voilà notre homme dans la grotte. Livré au sommeil,
il va bientôt, de son infâme gosier, vomir des morceaux de chair.

---

a. Polyphème, dans son ivresse, assimile plaisamment les Satyres aux Grâces et Silène à Ganymède, jeune héros troyen dont la beauté avait frappé Zeus, qui l'avait enlevé pour l'établir dans l'Olympe comme échanson des dieux.

b. Le texte des manuscrits dit exactement « t'enlever à Dardanos ». Dardanos était, d'après l'*Iliade* (XX, 216, 219-235), l'arrière-grand-père de Ganymède et le fondateur de la ville de Dardania, en Troade. Il est également souvent considéré comme le fondateur de Troie (« la cité de Dardanos » est une périphrase utilisée par les tragiques pour désigner Troie).

Le tison, à l'intérieur de l'antre, souffle[48] de la fumée ;
il est prêt, et il ne reste plus qu'à brûler
595 l'œil du Cyclope. Mais vois à te montrer un homme.

Le chœur

Nous aurons la fermeté du roc et de l'acier.
Mais entre dans la maison, avant que notre père n'ait subi un sort
inévitable. Ici, tout est prêt pour ton plan.

Ulysse

Héphaïstos, seigneur de l'Etna, de ce méchant voisin
600 brûle l'œil brillant ; d'un coup, d'un seul, délivre-t'en !
Et toi, rejeton de la sombre Nuit, Sommeil,
avec une force sans mélange, abats-toi sur la bête haïe des dieux.
Après les illustres travaux de Troie,
ne faites pas périr Ulysse, avec ses marins,
605 sous les coups d'un homme qui n'a aucun souci des dieux ni des mortels !
Ou alors, il faut tenir la fortune pour un dieu,
et la puissance des dieux pour inférieure à la fortune.

Il entre dans la grotte.

Troisième stasimon

Le chœur

L'étau va se resserrer
avec force sur la nuque
610 *du mangeur d'hôtes. Le feu, dans un instant,*
va lui détruire la prunelle, séjour de la lumière.
Déjà, le tison carbonisé
615 *est caché sous la cendre, l'immense rejet*
de l'arbre. Que Maron s'avance, qu'il accomplisse son œuvre,
et qu'au Cyclope en délire
il arrache son œil, afin qu'il ait bu pour son malheur.
620 *Moi, c'est le porteur de lierre, Bromios*
désiré, que j'aspire à revoir,

en quittant le Cyclope et son désert.
Mais arriverai-je jusque-là ?

<small>Ulysse sort de la grotte.</small>

Exodos

Ulysse

Par les dieux, silence, bêtes ! Restez tranquilles,
625 motus et bouche cousue. Défense à quiconque de souffler,
de battre des cils ou de se racler le gosier :
évitons de réveiller le fléau, avant que, de l'œil
du Cyclope, la vue ait été extirpée par le feu.

Le chœur

Nous nous taisons, ravalant l'air dans nos mâchoires.

Ulysse

630 Eh bien, à vous de porter les deux mains au tison.
Entrez. Il est ardent à souhait.

Le chœur

N'est-ce pas à toi de poster ceux qui doivent, les premiers,
munis du pieu brûlé, incendier l'œil lumineux
du Cyclope, afin que nous ayons part au succès ?

Demi-chœur A[a]

635 Nous, nous nous trouvons trop loin de la porte
pour pousser le feu dans son œil.

Demi-chœur B[b]

Et nous, nous sommes devenus boiteux, à l'instant !

Demi-chœur A

Il vous est arrivé la même chose qu'à moi. Nous étions là, immobiles, et nous nous sommes luxé le pied, je ne sais comment !

---

a. Le chef d'un demi-chœur.
b. Le chef de l'autre demi-chœur.

Ulysse

640 Immobiles, et vous vous êtes luxé le pied ?

Demi-chœur A

Oui ! Et nos yeux !
Ils sont pleins de poussière ou de cendre, venues je ne sais
 d'où !

Ulysse

Des lâches, voilà ce qu'ils sont, et comme alliés, zéro !

Le chœur

Avoir pitié de son dos et de son échine,
et ne pas vouloir cracher ses dents
645 sous les coups, est-ce là de la lâcheté ?
Mais je connais une incantation d'Orphée, très efficace,
pour que, de lui-même, le tison se dirige vers son crâne,
et embrase le fils de la Terre, avec son œil unique.

Ulysse

Depuis longtemps, je savais bien que telle était ta nature ;
650 aujourd'hui, j'en ai la certitude ! Force m'est de recourir
à mes propres amis. Mais si ton bras est impuissant,
donne au moins la cadence, et que tes appels cadencés
me gagnent le courage de mes amis.

Ulysse entre dans la grotte.

Le chœur

D'accord. Car c'est aux frais du Carien que nous cour-
 rons le risque[a].
655 Et qu'à la cadence de nos appels, le Cyclope se consume
 dans la fumée !
Ohé ! Ohé ! Poussez
bravement, du zèle ! Incendiez le sourcil
de la bête mangeuse d'hôtes,
enfumez, ho, brûlez, ho,
660 *le pâtre de l'Etna.*

---

a. Locution proverbiale qui signifie qu'on ne prend aucun risque soi-même, qu'on court le danger par personne interposée. L'expression s'expliquerait par le fait que les Cariens étaient souvent employés comme mercenaires, et chargés, à ce titre, d'assumer pour autrui les risques de la guerre.

*Tourne, tire, mais gare qu'exaspéré par la douleur
il ne se livre sur toi à quelque folie.*

LE CYCLOPE (*de l'intérieur de la grotte*)

Malheur, on nous a carbonisé la lumière de l'œil.

LE CHŒUR

Superbe, le péan ! Chante-le-moi encore, Cyclope !

LE CYCLOPE

665 Malheur, encore une fois ! Comme on m'a outragé ! Je suis mort !
Mais ne croyez pas que vous vous enfuirez de cette grotte
le cœur joyeux, vauriens ! Posté sur ce seuil
escarpé, je vais y appliquer mes mains.
Le Cyclope apparaît[49].

LE CHŒUR

Quels sont ces cris, Cyclope ?

LE CYCLOPE

Je suis mort !

LE CHŒUR

670 Pour sûr, tu es vilain à voir.

LE CYCLOPE

Ajoute surtout, bien misérable !

LE CHŒUR

Tu étais ivre, et tu as culbuté au milieu des braises ?

LE CYCLOPE

Personne m'a perdu.

LE CHŒUR

Donc, nul ne t'a fait du tort[50].

LE CYCLOPE

Personne a aveuglé mon œil.

LE CHŒUR

Donc, tu n'es pas aveugle.

LE CYCLOPE

Toi, vraiment...[51].

LE CHŒUR
Et comment se pourrait-il que personne t'aveugle ?

LE CYCLOPE
675 Tu te moques. Mais ce Personne, où est-il ?

LE CHŒUR
Nulle part, Cyclope.

LE CYCLOPE
C'est l'étranger, sache-le bien, qui m'a perdu,
l'infâme : il m'a donné ce breuvage, et m'a noyé.

LE CHŒUR
Redoutable est le vin ; c'est un lourd adversaire.

LE CYCLOPE
Par les dieux, ont-ils fui, ou restent-ils dans la maison ?

LE CHŒUR
680 Ils sont là, tapis en silence dans l'ombre
de la grotte.

LE CYCLOPE
De quel côté ?

LE CHŒUR
À ta droite.

LE CYCLOPE
Où ?

LE CHŒUR
Tout contre le roc.
Tu les as ?

LE CYCLOPE
Les malheurs, oui, en cascade ! Je me suis cogné
et brisé le crâne !

LE CHŒUR
Et ils sont en train de te filer entre les mains.

LE CYCLOPE
685 Par ici ? Tu as dit par ici ?

LE CHŒUR

Non, par là, je te dis !

LE CYCLOPE

Par où donc ?

LE CHŒUR

Fais le tour, là, vers la gauche.

LE CYCLOPE

Hélas, on se moque de moi ! Vous me raillez dans mon malheur !

LE CHŒUR

Plus maintenant ! Le voici, devant toi !

LE CYCLOPE

Ah, scélérat, où donc es-tu ?

ULYSSE

Loin de toi,
690 je tiens sous bonne garde la personne d'Ulysse ici présent.

LE CYCLOPE

Que dis-tu ? Tu as changé de nom et m'en dis un nouveau.

ULYSSE

Celui-là même que m'a donné mon père : Ulysse.
Il fallait que tu paies pour ce repas impie.
Le bel exploit, vraiment, d'avoir incendié Troie,
695 si je n'avais vengé sur toi le meurtre de mes compagnons !

LE CYCLOPE

Hélas ! C'est l'antique oracle qui s'accomplit[52] !
J'aurais l'œil aveuglé par ta main, disait-il,
à ton retour de Troie. Mais toi aussi,
il a prédit que tu paierais pour ce forfait,
700 en étant ballotté sur la mer pendant de longues années.

ULYSSE

Malheur à toi ! D'ailleurs, c'est chose faite !
Moi, je m'en vais au rivage, pour lancer mon navire
sur la mer de Sicile, en direction de ma patrie.

Le Cyclope

Oh non ! Je vais arracher des morceaux à ce roc,
705 et t'écraser, toi et ton équipage [53].
Je monterai sur la falaise, tout aveugle que je suis,
en y grimpant à travers cette caverne à deux issues [54].

Le chœur

Et nous, embarqués sur le navire d'Ulysse,
nous serons, à l'avenir, les esclaves de Bacchos.

Postface

L'honneur perdu et retrouvé d'Euripide

Pour mes amis de Barcelone

I. Paradoxes temporels

Il y a un paradoxe dans le destin d'Euripide. De son vivant il n'obtint le premier prix au concours tragique que quatre fois, sa cinquième victoire fut posthume. Pourtant, immédiatement après sa mort, en 405, la triade des poètes tragiques d'Athènes, Eschyle, Sophocle et Euripide, est constituée une fois pour toutes : c'est ce que prouvent les *Grenouilles* d'Aristophane. Sans doute Euripide perd-il encore ce concours-là qu'organise Dionysos en personne. Mais, s'il est classé troisième, l'*agôn* véritable a eu lieu entre Eschyle et lui, et Aristophane n'a cessé de montrer, dans cette pièce et dans beaucoup d'autres, combien il était lui-même influencé par les mots, les mythes et les thèmes d'Euripide.

L'existence de cette triade est officialisée lorsque l'homme politique athénien Lycurgue, le premier des néo-classiques, fait voter vers 330 que la cité accorderait un chœur à tout chorège volontaire qui entendrait faire rejouer une trilogie d'Eschyle, de Sophocle ou d'Euripide. Au IVe siècle – il n'est pour s'en convaincre que de lire Démosthène ou la *Poétique* d'Aristote, Euripide est le grand vainqueur de cet *agôn* posthume, et cela est plus vrai encore à l'époque hellénistique. Cela apparaît statistiquement dans les papyrus littéraires retrouvés en Égypte. Les chances de retrouver complète une tragédie d'Euripide sont plus fortes que celles de retrouver une pièce des deux autres tragiques[1]. Le destin posthume d'Euripide est parallèle à celui de Ménandre. Cela est vrai au niveau des images qui s'inspirent très souvent du troisième tragique[2] comme au niveau des textes, d'Alexandre à Rome. Sénèque s'inspire d'Euripide plus que de ses prédécesseurs[3]. Ce sont des citations d'Euripide qui viennent aux lèvres des acteurs de la « grande » histoire. Quelques vers d'Euripide cités par son compagnon Cleitos poussèrent Alexandre au meurtre[4]. Cette supériorité d'Euripide se manifeste à l'époque romaine, décisive, dès lors qu'il s'agit de transmettre, de façon écrasante. Un simple fait en témoigne. Euripide a bénéficié, comme ses prédécesseurs, d'une édition anthologique à l'époque d'Hadrien. Mais tandis que les lecteurs du grand public romain n'avaient droit qu'à sept pièces d'Eschyle et de Sophocle, celles-là mêmes qui nous sont conservées, l'auteur du choix accorda dix pièces à Euripide[5], dont l'une, le *Rhésos*, n'est très probablement pas d'Euripide. La dernière pièce de ce choix, rien moins que les *Bacchantes*, devait du reste se perdre au passage. Mais, fait unique dans notre tradition, nous avons conservé, par un ou plusieurs intermé-

---

1. Les fragments sur papyrus récemment retrouvés et qui sont fort nombreux sont publiés par C. Austin, *Nova fragmenta Euripidea in papyris reperta*, Berlin, De Gruyter, 1968. Un premier fragment a été publié dans la collection des Universités de France, Les Belles Lettres, en 1998 par F. Jouan et H. Van Loon.
2. Voir en dernier lieu le catalogue de l'exposition de Lipari : *Da Eschilo a Menandro. Due Secoli di teatro Greco, attraverso i reperti archeologici liparesi*, Lipari, 1987.
3. C'est par son intermédiaire, et par celui d'Ovide, que la tradition de l'*Hécube* et des *Troyennes* d'Euripide sera reprise par Dante, *Enfer*, XXX, 16-18.
4. Voir A. Aymard, « Sur quelques vers d'Euripide qui poussèrent Alexandre au meurtre » (1949), *Études d'histoire ancienne*, Paris, 1967, p. 51-72 ; il s'agit des v. 693-698 d'*Andromaque* qui dénoncent le culte des généraux en chef.
5. Dans l'ordre : *Hécube*, *Oreste*, les *Phéniciennes*, *Hippolyte*, *Médée*, *Alceste*, *Andromaque*, le *Rhésos*, les *Troyennes*, les *Bacchantes*.

diaires [1], un manuscrit qui fut « translittéré » de l'onciale à la minuscule, vers 1175, pour le compte d'Eustathe, archevêque de Thessalonique et érudit illustre, auteur notamment d'un énorme commentaire d'Homère. À côté des *Travaux* d'Hésiode, de trois pièces d'Eschyle et de six pièces de Sophocle, ce manuscrit ne comprenait pas moins de dix-huit pièces d'Euripide, soit toutes celles de l'anthologie de l'époque d'Hadrien, à l'exception des *Troyennes*, mais y compris les *Bacchantes*, et un drame satyrique, le *Cyclope*, le seul qui nous ait été transmis intégralement [2]. Ce manuscrit qui nous est parvenu sous une forme dédoublée représente, bien sûr, une part de hasard, mais le moins qu'on puisse dire est que le hasard a été aidé par le goût, un goût qui s'est transmis d'Athènes à Alexandrie, à Byzance, à Pergame, à Rome, à Thessalonique enfin. La Renaissance fut aussi la renaissance d'Euripide. Euripide a plus marqué les auteurs tragiques qu'Eschyle ou que Sophocle. Le romanesque tragique de Shakespeare ou de Calderón lui doit beaucoup, indirectement il est vrai, et aussi beaucoup, mais directement, le tragique de Racine (*Andromaque*, *Iphigénie*, *Phèdre*) et celui de Goethe. Et que dire, à une époque beaucoup plus proche de nous, de Giraudoux : le jardinier de l'*Électre* procède en fil direct du mari paysan de la fille d'Agamemnon, dans la pièce d'Euripide. Quand Sartre s'inspire de la légende des Atrides et Anouilh de celle des Labdacides, dans *Les Mouches* et *Antigone*, inévitablement ils « euripidisent » Eschyle et Sophocle, comme il serait facile de le montrer.

Et pourtant l'offensive contre Euripide a été lancée. Elle a une date et un lieu : le tout début du XIXe siècle et la philologie romantique des Allemands. Disciple avoué de celui qu'il appelait « notre immortel Winckelmann », voyant dans Sophocle l'incarnation de la « noble simplicité » qu'avait exalté son maître, voire de la « sérénité céleste », August Schlegel voyait dans Euripide un maître du « drame bourgeois », expression qu'on peut, encore aujourd'hui, lire à son

---

1. On trouvera un état des discussions dans la notice de F. Jouan à l'édition d'*Iphigénie à Aulis* de la collection des Universités de France, Les Belles Lettres, 1983, p. 52-55.
2. Nous devons donc à ce manuscrit, outre le *Cyclope* et les *Bacchantes*, *Électre*, les *Héraclides*, *Héraclès*, *Hippolyte*, *Ion*, *Iphigénie à Aulis*, *Iphigénie en Tauride*, les *Phéniciennes*.

sujet[1]. Goethe protesta contre ce jugement sur lequel il revint à plusieurs reprises, ainsi dans une « conversation » avec Eckermann, le 28 mars 1827 :

> Schlegel, dit-il, est juste pour Eschyle et Sophocle ; mais ce n'est pas tant, je crois, pour être convaincu de leur mérite extraordinaire que parce qu'il est de tradition chez les philologues de les placer très haut l'un et l'autre. Au fond, la petite personne de Schlegel ne parvient pas à comprendre et à dignement apprécier des génies d'une telle envergure. Si cela était, il devrait être juste aussi avec Euripide et l'apprécier tout autrement qu'il ne le fait. Mais il sait que les philologues n'ont pas Euripide en très haute estime, et par conséquent il n'est pas médiocrement satisfait, et s'appuyant sur de si hautes autorités, de se jeter ignoblement sur ce glorieux ancien et de lui faire la leçon[2].

Le jugement de Schlegel ne faisait en réalité que refléter une opinion moyenne qui pouvait, bien entendu, s'appuyer sur ce que disait Aristophane. Aussi le retrouve-t-on un peu partout. Mais si cette thématique a encore aujourd'hui un poids réel, c'est qu'elle a été puissamment reprise en compte par Nietzsche, dans le livre qu'il dédia en 1871 au grand restaurateur du mythe, à Richard Wagner[3]. Pour Nietzsche, et l'argumentation est parfois reprise dans un sens positif, Euripide est l'homme qui a transformé le mythe en histoire et en philosophie :

---

1. A. Schlegel, *Cours de littérature dramatique*, trad. Mme Necker de Saussure, I, Paris-Genève, 1814, p. 264-287 ; pour un emploi contemporain de la notion de « drame bourgeois », cf. F. Jouan, *loc. cit.*, p. 108, n. 2, qui parle à propos de l'*Iphigénie* d'« une peinture d'intimité familiale plus bourgeoise qu'héroïque ».
2. *Conversations de Goethe avec Eckermann*, trad. J. Chuzeville, Paris, Gallimard, 1988, p. 504 ; voir aussi, par exemple, à la date du 1er mai 1825 (*ibid.*, p. 490) et la note du 22 novembre 1831 in *Tagebücher* (Zürich-Stuttgart, Artemis Verlag, 1964, p. 579), résumant un entretien avec Eckermann ; dans son *Journal d'Italie*, Goethe, auteur d'une *Iphigénie*, s'identifiait dans son rapport à ses prédécesseurs à Euripide dans sa relation avec les siens (*ibid.*, p. 171-172, 7 octobre 1786).
3. Je cite *La Naissance de la tragédie* dans sa traduction de G. Bianquis, Paris, Gallimard, 1949.

> Qu'as-tu voulu faire criminel Euripide, en obligeant ce mourant [le mythe] à t'obéir une dernière fois ? Il est mort sous ta main brutale [1].

Certes, Nietzsche était conscient que le « mythe », au sens où, avec les romantiques, il emploie ce mot, et qui implique une sorte de prise directe du poète sur les forces obscures de l'univers, était en quelque sorte mourant au Ve siècle mais, avec la tragédie d'Eschyle et de Sophocle, « il se redresse une dernière fois comme un héros blessé et sa force débordante, jointe au calme et à la sagesse du mourant, brille dans ses yeux d'une ultime et puissante flamme ». Avec Euripide au contraire, nous sommes entrés dans l'ère du « mythe simulé et masqué ». Nietzsche va jusqu'à faire d'Euripide un ancêtre des « Luciens railleurs » de l'Antiquité et reproche assez singulièrement à l'auteur des *Bacchantes* d'avoir méconnu Dionysos [2]. Plus profondément, et sur ce point encore il est rejoint par nombre de modernes [3], Nietzsche fait d'Euripide un précurseur de Ménandre et cite le poète comique Philémon (IVe siècle av. J.-C.) qui fit dire à un de ses personnages qu'il se pendrait volontiers, s'il était sûr qu'il y a une vie outre-tombe parce que ce serait pour lui l'occasion de rencontrer Euripide [4]. Et, lorsque Satyros, biographe d'Euripide d'époque hellénistique, explique que les traits caractéristiques de la comédie « nouvelle » – enlèvements de jeunes filles, substitutions d'enfants, reconnaissances par le moyen d'anneaux ou de colliers – « ont été poussés à leur maximum par Euripide, il s'est trouvé un moderne pour suggérer, sans d'ailleurs écrire une absurdité, qu'il fallait corriger le texte et lire au lieu

---

1. *La Naissance de la tragédie, op. cit.*, p. 58. Le thème d'Euripide responsable de la mort du mythe, qui est largement antérieur à Nietzsche, n'a cessé depuis lors d'être repris. Pour un exemple très récent, cf. U. Albini, « L'*Ifigenia in Tauride* e la fine del mito », *La Parola del Passato*, 38 (1983), p. 105-112.
2. F. Nietzsche, *ibid.*, p. 58-59.
3. Voir B. Knox, « Euripidean Comedy », *Mélanges F. Ferguson* (1970), repris dans *Word and Action. Essays on the Ancient Theatre*, Baltimore-Londres, Johns Hopkins UP, 1979, p. 250-274.
4. Fr. 130 (Kock) ; cette citation fournit sa conclusion à l'étude de Knox.

d'Euripide, Ménandre[1] ». Il y a là un paradoxe fondamental sur lequel il me faut revenir. La tradition biographique antique, qui dérive de Satyros, fait naître Euripide le jour même de la bataille de Salamine, en 480[2]. Cela permettait de jouer admirablement sur les dates. En ce même jour de 480, sous l'archontat de Calliadès, Eschyle combattait, Sophocle, né en 496 ou 495, chantait le péan, Euripide naissait. Le « marbre de Paros », célèbre inscription hellénistique qui donne la chronologie politique et culturelle d'Athènes, fournit une date moins parfaite : Euripide serait né cinq ans avant Salamine, dix ans après Sophocle. Il est pratiquement certain qu'il mourut, à Pella en Macédoine, en 407-406, quelques mois avant Sophocle qui célébra le deuil de son rival aux Dionysies du printemps de 406, en paraissant à la tête de son chœur sans les couronnes d'usage. Le moins qu'on puisse dire est que cet espace biographique ne coïncide pas avec la « décadence » de la cité, quelle que soit la date où l'on fasse commencer cette décadence, mot propice à toutes les perversions intellectuelles. Euripide n'est pas un contemporain de Ménandre, ce n'est pas même un contemporain de Xénophon ou de Platon. C'est un contemporain d'Hérodote qui vécut une quinzaine d'années de plus que l'historien d'Halicarnasse. Il est par conséquent nettement l'aîné de Thucydide. Certes, tous les genres littéraires n'ont pas vécu au même rythme, mais avant de parler de décadence, n'oublions pas qu'Euripide n'a pas connu la chute d'Athènes, tout au plus, la défaite de l'expédition de Sicile, et la crise de 411. Certes son œuvre donne prise à la tentation chronologique. Dans un livre étonnant, rédigé en 1939, mais publié seulement en 1962, le savant belge Roger Goossens a écrit une des histoires les plus vraisemblables d'Athènes que je connaisse[3]. D'année en année, depuis la critique de la tyrannie dans les

---

1. D.L. Page, *Actors Interpolations in Greek Tragedy*, Oxford University Press, 1939, p. 220 ; l'argument de Page est qu'on peut dire que c'est Euripide qui a inauguré cette thématique, mais celui qui l'a portée à son maximum ne peut guère être que Ménandre.
2. On trouvera le texte et la traduction de la *Vie et généalogie d'Euripide*, anonyme, au tome I de l'édition des Belles Lettres, CUF.
3. R. Goossens, *Euripide et Athènes*, Bruxelles, Palais des Académies, 1962.

Péliades, en 455, tragédie contemporaine de la mort d'Eschyle, jusqu'à la mort d'Euripide, en Macédoine, pendant les années ultimes du drame inauguré en 431, la guerre du Péloponnèse, on suit l'évolution du poète, réagissant à chaque tournant de la cité, sachant tour à tour exalter l'empire et se rallier aux modérés, saluer même dans *Électre*, en 413, la « république des paysans », des *autourgoi*, de ceux qui cultivent eux-mêmes leurs champs, et à qui Phormisios, en 403, proposera de réserver les droits politiques [1]. On suit cette évolution, ou du moins on croit la suivre, car la construction de Goossens est ce que Platon appelait dans le *Timée* un « mythe vraisemblable ». Parmi les tragédies conservées, huit seulement sont datées de façon précise par la tradition antique : l'*Alceste* de 438, la *Médée* en 431, l'*Hippolyte* en 429, les *Troyennes* de 415, l'*Hélène* de 412, l'*Oreste* en 408, l'*Iphigénie à Aulis* et les *Bacchantes* de la fin de la vie du poète, exilé en Macédoine, mais n'en écrivant pas moins pour le public d'Athènes. Déjà cette simple liste offre matière à réflexion. Les *Troyennes*, longue plainte contre les désastres de la guerre, troisième pièce d'une trilogie qui n'obtint que le second rang, ne sont pas représentées à un moment que nous dirions « tragique » de l'histoire d'Athènes, mais quelques semaines avant que la flotte athénienne ne cingle en direction de la Sicile.

Quiconque a examiné d'un peu près les raisons qui sont données de dater telle ou telle pièce de façon précise sait que l'argumentation est fragile et peut toujours se retourner. *Électre*, par exemple, serait de 413. Mais quand, à la fin de la pièce, les Dioscures, Castor et Pollux, décrivent aux vers 1346-1347 une flotte voguant vers la mer de Sicile, s'agit-il obligatoirement de l'expédition athénienne, et non pas de celle de 415, mais de celle, commandée par Démosthène et qui vint, en 413, au secours de la première [2] ? Et quand, un peu auparavant dans la pièce, aux vers 1278-1283, les mêmes Dioscures résument le sujet d'*Hélène* qui fut représentée en 412, est-ce forcément une anticipation ? Le cas du *Rhésos* est beaucoup plus troublant encore. Roger

---

1. Lysias, XXXIV, argument de Denys d'Halicarnasse.
2. Thucydide, VI, 20, 2.

Goossens montre avec beaucoup de force de conviction[1] que cette pièce, qu'il date de *circa* 425 et qui raconte, d'après le chant X de l'*Iliade*, les malheurs d'un roi thrace venu au secours de Troie, s'inscrit à merveille dans les rapports entre Athènes et le roi des Odryses (Thraces), Sitalcès, qui fut l'allié d'Athènes entre 431 et 424. Malheureusement, pour l'immense majorité des experts, le *Rhésos* n'est pas une œuvre authentique d'Euripide, il est même probablement le seul exemple que nous possédions d'une tragédie du IVe siècle. Le lecteur doit en tout cas le savoir : en de telles matières, la précision, selon le mot d'Henri Marrou, s'obtient aux dépens de la certitude.

Reste pourtant cette donnée qu'on ne peut écarter : on peut effectivement écrire, à partir d'Euripide, une histoire politique et sociale d'Athènes, chose fort difficile à partir d'Eschyle et tout à fait impossible à partir de Sophocle. Le paradoxe biographique d'Euripide n'en est que plus éclatant, car la tradition de cette biographie qui est, répétons-le, hellénistique et romaine, va entièrement à l'encontre de tout ce que nous savons, ou croyons savoir, de la vie d'Eschyle et de celle de Sophocle. Eschyle, né vers 525, mort en 456-455 en Sicile, éphèbe au moment de la réforme de Clisthène (507-506), « lorsqu'il sentit l'approche de sa fin, lui qui avait gagné tant de gloire par sa poésie et qui avait combattu sur mer à l'Artémision et à Salamine, oublia tout cela, et écrivit simplement son nom, son patronyme et le nom de sa cité, ajoutant qu'il attestait comme témoins de sa valeur la baie de Marathon et les Mèdes qui y avaient débarqué[2] ». Ce que dit en l'espèce Pausanias est en effet pleinement corroboré par l'épitaphe métrique qui aurait figuré sur la tombe d'Eschyle à Géla[3]. Tout cela nous montre qu'entre les deux traditions politiques et aussi historiographiques qui s'affronteront à Athènes, celle des hoplites, de Marathon, de Miltiade et de Cimon, celle des marins, de Thémistocle, d'Éphialte et de Périclès[4], le vieil Eschyle, ou ceux qui parlèrent en son nom, choisit la

---
1. *Euripide et Athènes, op. cit.*, p. 231-293.
2. Pausanias, I, 14, 5.
3. *Vie d'Eschyle*, 10.
4. Sur ces deux traditions, voir mon livre, *Le Chasseur noir*, Paris, La Découverte, 3e éd., 1991, notamment p. 125-150 et 381-407.

première, bien qu'il ait exalté dans les *Perses* (v. 472) la seconde.

Il est à peine besoin de rappeler que la vie de Sophocle fut hautement publique et politique. Il est hellénotame, c'est-à-dire intendant du trésor de l'Empire athénien en 443, stratège en 440 aux côtés de Périclès, et Aristophane le grammairien expliquait cette élection par le succès d'*Antigone* représentée l'année précédente[1]. Il est *proboulos*, un des responsables suprêmes du pouvoir à la suite du coup d'État qui, après le désastre de Sicile, devait aboutir à l'éphémère régime oligarchique de 411. Et pourtant, si nous n'avions pas ces détails biographiques, il serait, répétons-le, extrêmement difficile d'interpréter Eschyle à la lumière de l'histoire politique d'Athènes, et tout à fait impossible de lire Sophocle à cette lumière. C'est là dire qu'ils nous sont à peu près inutiles pour l'interprétation des œuvres. *L'Orestie* d'Eschyle peut ainsi être interprétée tout aussi bien comme une apologie de l'Aréopage, ce tribunal suprême d'Athènes qu'Éphialte, prédécesseur de Périclès à la tête du parti démocratique, avait privé de ses privilèges politiques, que comme une approbation de la réforme et une invitation à limiter l'Aréopage à ses fonctions judiciaires[2]. On peut trouver dans la pièce posthume de Sophocle, *Œdipe à Colone*, une apologie de l'Athènes des marins, et une illustration de l'Athènes des hoplites dans *Philoctète* qui est de 409. Quant aux interprétations directement politiques d'*Ajax* ou d'*Antigone*, elles n'ont généralement convaincu que leurs auteurs[3]. Certes la cité, la *polis*, est suprêmement présente chez Eschyle et chez Sophocle, mais la cité comme symbole et comme type idéal. La *polis* est pré-

---

1. Premier argument d'*Antigone*.
2. Ainsi fait encore, par exemple, le dernier biographe d'Éphialte, ce grand inconnu de l'histoire ; cf. L. Piccirilli, *Efialte*, Gênes, Il Melangolo, 1988, p. 41-42.
3. On trouvera un bilan de ce type de discussions en ce qui concerne l'*Antigone* de Sophocle dans la lucide brochure de W. Rösler, *Polis und Tragödie, Funktionsgeschichtliche betrachtungen zu einer antiken Literaturgattung*, Constance, Universitätsverlag, 1980. Le destin politique posthume d'*Antigone* qu'aborde aussi W. Rösler est une autre question que traite de façon fondamentale G. Steiner, *Les Antigones*, trad. P. Blanchard, Paris, Gallimard, 1986.

sente chez Euripide dans le quotidien de ses débats et de ses crises, même s'il s'agit de débats et de crises fictifs. Or la traduction biographique, aidée par le témoignage venimeux d'Aristophane, essaie au contraire de nous montrer en Euripide non un citoyen mais un homme privé. Il est, selon la *Vie* qui nous a été conservée, et qui est très peu fiable, le fils d'un petit commerçant (*kapèlos*)[1] et d'une marchande de légumes. Il est si peu un digne citoyen d'Athènes qu'il quitte la cité pour Magnésie, où il reçoit la proxénie et l'*atéleia*, l'exemption fiscale. De là il se rend en Macédoine à la cour d'Archélaos où il meurt dévoré par des chiens. Comment, entre sa jeunesse athénienne et son exil terminal, eut-il le temps d'écrire quatre-vingt-douze drames ? Son biographe ne le dit pas. Il se contente de quelques détails qui ne concernent encore une fois que l'homme privé. Il fait aménager une grotte à Salamine où il s'isole. Deux fois il se marie et deux fois sa femme le ridiculise. Il est enterré en Macédoine, et seule son épitaphe, rédigée par Thucydide ou par le musicien Timothée, le rattache à sa patrie, la Grèce de la Grèce, Athènes. Bien entendu, il ne faut pas prendre à la lettre cette biographie bien que son principal auteur, Satyros, ait aussi été celui d'Eschyle et de Sophocle. Elle est une interprétation qui en annonce d'autres, et singulièrement celle de Nietzsche. C'est en particulier de cette tradition biographique que dérive l'amitié prétendue de Socrate et d'Euripide qui fera elle aussi réfléchir l'auteur de *Zarathoustra*. Euripide, dit-il, n'écrivait ses tragédies que pour deux spectateurs, Euripide lui-même et Socrate, autre destructeur du mythe[2].

II. *Le quotidien et le romanesque*

On peut, je crois, parler de romanesque, quand un homme ordinaire, un personnage auquel vous et moi pouvons nous identifier, même s'il porte un nom illustre

---

[1]. La mise au point de L. Méridier, au tome I de l'édition de la CUF, p. II-XI, traite de ces problèmes et montre les contradictions de la tradition.
[2]. F. Nietzsche, *La Naissance de la tragédie, op. cit.*, p. 58-62.

– Œdipe, Agamemnon, Médée, Hippolyte –, est installé dans un paysage et un temps de légende : ainsi Hélène, transportée de Troie dans une Égypte plus étrangère encore, ainsi Ion, né dans une grotte de l'Acropole et devenu balayeur du temple de Delphes, éponyme des Ioniens [1]. Mais la relation entre le héros et le monde des merveilles, comme entre le quotidien et le romanesque, est une relation réversible, le héros est tantôt dans un monde, tantôt dans l'autre, tantôt c'est lui qui porte le signe du merveilleux, tantôt c'est l'espace dans lequel il se meut. On pourrait multiplier les exemples. Quoi de plus étrange que le dénouement d'*Oreste*, « plutôt comique », disait Aristophane de Byzance dans son « argument ». Oreste et sa sœur Électre sont condamnés à mort par l'assemblée d'Argos pour le meurtre de Clytemnestre et d'Égisthe, ils prennent Hermione en otage, et périraient si ne survenait Apollon flanqué d'Hélène tout récemment admise au rang des dieux. Le dieu invite Ménélas à se choisir une autre épouse, Oreste à épouser son otage Hermione et Pylade à devenir l'époux d'Électre, comme le dit Oreste, au vers 1670, « Tout cela finit bien ». Il reste bien sûr au fils d'Agamemnon à se rendre à Athènes au tribunal de la colline d'Arès, mais tout est joué, Oreste est à l'avance proclamé vainqueur.

Romanesque et quotidienneté, je répète ces deux mots qui me paraissent plus appropriés que ceux de drame bourgeois. Aristophane a été indigné, ou a feint de l'être, à l'idée qu'un roi, fils d'Héraclès, Téléphe, puisse être plus crasseux que les crasseux, que Philoctète lui-même [2]. La guenille de Téléphe est dans une sorte de « décrochez-moi ça », où elle avoisine les haillons de Thyeste et ceux d'Ino. Électre met le couvert chez son mari le laboureur, les enfants de Médée, avant de connaître le destin que l'on sait, rentrent du gymnase, et dans *Iphigénie à Aulis* le messager évoque gentiment la source limpide où Clytemnestre, accompagnée de la fille et du bébé Oreste, se rafraî-

---

1. Sur le sens de la pièce, cf. N. Loraux, « Créuse autochtone », in *Les Enfants d'Athéna. Idées athéniennes sur la citoyenneté et la division des sexes*, Paris, Maspero, 1981, p. 197-253.
2. *Acharniens*, 410-449.

chit les pieds[1]. Tout cela faisait proprement horreur à Nietzsche :

> Grâce à lui [Euripide], l'homme de la rue a passé des gradins à la scène, le miroir qui ne reflétait naguère qu'une image tracée à traits grands et hardis montre maintenant cette fidélité minutieuse qui reproduit scrupuleusement jusqu'aux difformités de la nature[2].

Qu'il y ait innovation n'est pas douteux, mais dans quelles limites ? Euripide a-t-il tué le mythe que contemple, avec l'œil du citoyen, le poète tragique ? Ne faisons pas du mythe une abstraction[3], ne faisons pas non plus de la pensée « mythique » ou « sauvage », un ensemble homogène qui s'opposerait en bloc à la pensée rationnelle et à son essor triomphant à Milet, à Élée et à Athènes. Parlons plutôt de légende héroïque telle qu'elle s'exprime dans les poèmes homériques, bien entendu, mais aussi dans cette source capitale et disparue que furent les *Chants cypriens* de Stasinos[4] ou encore, plus près des temps euripidéens, chez l'aristocrate Pindare.

Les auteurs tragiques font venir sur la scène de la cité ces personnages héroïques, après quoi ils les brisent, comme la cité avait brisé les rois et les tyrans[5]. Le quotidien d'Euripide pousse simplement ce mouvement plus loin encore, le radicalisant. Gardons-nous de parler de dépolitisation, même si l'époque hellénistique et les temps romains ont compris les choses ainsi, ce qu'il faudrait du reste démontrer plus avant. La cité chez Eschyle et chez Sophocle se présentait sous une double forme : cité uni-

---

1. *Électre*, 73-75 ; *Médée*, 46 ; *Iphigénie à Aulis*, 420-422. La mention des pieds de Clytemnestre et de sa fille a manifestement choqué certains traducteurs, ainsi Henri Berguin qui les fait disparaître de sa version du v. 421.
2. F. Nietzsche, *La Naissance de la tragédie, op. cit.*, p. 59-60.
3. Contre cette tentation, le livre de Marcel Detienne, *L'Invention de la mythologie* (Paris, Gallimard, 1981), même si je ne suis pas d'accord avec toutes ses affirmations, a fourni un contre-poison utile.
4. Cf. F. Jouan, *Euripide et les légendes des Chants cypriens*, Paris, Les Belles Lettres, 1966 ; voir aussi Rachel Aelion, *Quelques Grands Mythes héroïques dans l'œuvre d'Euripide*, Paris, Les Belles Lettres, 1986.
5. Je résume ici des thèmes qui sont développés dans *Mythe et tragédie* I et II, Paris, Maspero-La Découverte, 1972-1986.

fiée, unanime dont Athènes offre le modèle, ainsi Argos dans les *Suppliantes* d'Eschyle, l'Athènes de Thésée dans l'*Œdipe à Colone*, accueillante à l'exilé maudit. Certes le tribunal humain qui sera l'Aréopage n'est pas unanime pour absoudre Oreste dans les *Euménides* : il faudra l'intervention d'Athéna pour assurer le salut du fils-meurtrier de Clytemnestre, mais Athéna est l'éponyme de la cité et son vote est décisif au sens étymologique du terme. L'autre forme est celle de la cité divisée, atteinte dans ses racines mêmes par la *stasis*. Argos peut l'incarner comme il pouvait incarner la cité unanime, ainsi dans *Agamemnon* où Clytemnestre et Égisthe incarnent un pouvoir tyrannique meurtrier du roi légitime. Mais la cité perverse par excellence est la plus proche voisine et ennemie d'Athènes, Thèbes siège du malheur et de la subversion labdacides. Reste que, chez Eschyle et Sophocle, le *dèmos* unanime ou divisé demeure une abstraction. Hémon dit à Créon : « Ton regard est terrible pour l'homme du peuple [1] », mais cet homme du peuple, ce simple citoyen, on ne le verra pas. Le garde d'*Antigone*, personnage dont le comique a bien été interprété par Jean Anouilh dans sa propre pièce, ne se comporte pas en citoyen, même très modeste, mais dans un rapport de dépendance servile ou quasi servile à l'égard de Créon. Il rejoint ainsi, dans le comique, l'ancienne nourrice d'Oreste, dans les *Choéphores* d'Eschyle.

La cité d'Euripide est beaucoup plus complexe. Certes, le poète respecte un certain nombre de conventions. Il ne s'en prend jamais *directement* à Athènes. La cité parfaite, celle dont les Athéniens s'offraient, pendant les années de guerre, l'image idéale dans le rituel de l'oraison funèbre, est présente chez le troisième tragique, ainsi dans les *Héraclides* et plus encore dans les *Suppliantes* qui ne sont autres qu'une oraison funèbre athénienne mise en tragédie sous une forme à peine distanciée [2].

Cela étant rappelé, il n'est pratiquement aucune institution de la cité classique qui ne soit, chez Euripide, sub-

---

1. *Antigone*, 690.
2. La démonstration a été faite par Nicole Loraux, *L'Invention d'Athènes. Histoire de l'oraison funèbre dans la « cité classique »*, La Haye-Berlin-Paris, Mouton, 1981, p. 107-109.

vertie de l'intérieur. Il en est ainsi, par exemple, du sacrifice. La mort des hommes n'est pas seulement, chez Euripide, un sacrifice corrompu, elle prend la forme du sacrifice humain fondateur et sauveur, ainsi sous des formes diverses, dans les *Héraclides*, les *Suppliantes*, *Iphigénie à Aulis*, l'*Érechthée*, les *Phéniciennes*, où le sacrifice est volontaire, dans les *Troyennes*, *Iphigénie en Tauride*, *Hécube*, où il est contraint et forcé. On a pu faire graviter toute une interprétation d'Euripide autour du thème de l'« ironie rituelle », de l'interrogation, auquel est soumis le sacrifice fondateur[1].

Insistons sur le cas d'*Hécube*, non seulement parce que de la mort de Polyxène Euripide fait un spectacle inoubliablement esthétique, mais parce que dans cette pièce où l'héroïne, une reine barbare qui se venge du meurtre d'un enfant, ce Polydore dont le fantôme apparaît au début de la pièce, dans une démarche voltigeante, mais parce que la subversion y atteint ce qui fait le fondement même de la cité, la loi, le *nomos*[2] :

> Certes, nous sommes esclaves et impuissantes ; mais les
> dieux sont puissants, et, plus puissante qu'eux,
> la Loi. Car c'est la loi qui nous fait croire aux dieux et
> vivre selon la partition du juste et de l'injuste.
> Si, t'ayant été remise, la loi est détruite,
> Si aucun châtiment ne frappe ceux qui tuent leurs hôtes,
> ou qui osent piller les sanctuaires des dieux,
> il n'y a plus rien chez les hommes qui soit équitable[3].

Tel est en effet l'univers dans lequel vit et se métamorphose Hécube, univers où l'échange généralisé du meurtre remplace la norme légale. Cette subversion des valeurs de la cité correspond assez bien à celle que décrit

---

1. Hélène P. Foley, *Ritual Irony, Poetry and Sacrifice in Euripides*, Ithaca-Londres, Cornell University Press, 1985.
2. Voir la belle analyse de Martha C. Nussbaum, *The Fragility of Goodness. Luck and Ethics in Greek Tragedy and Philosophy*, Cambridge, Cambridge University Press, 1986, p. 397-421.
3. Je cite la traduction d'*Hécube*, 798-805, par N. Loraux et F. Rey, qui fut représentée au théâtre de Gennevilliers, avec Maria Casarès dans le rôle d'Hécube, à partir du 16 février 1988. La préface de N. Loraux à cette traduction m'a été également très utile.

Thucydide dans ses célèbres réflexions sur les désastres de Corcyre[1].

La cité, ce sont aussi des débats et des pratiques politiques. Ces débats et ces pratiques, objets de la dérision de l'ancienne comédie qui fait de la vie politique une cuisine où seules les femmes sont expertes, sont absents des tragédies de Sophocle et d'Eschyle. Certes on débat, dans *Ajax*, de la sépulture à donner ou à refuser au héros suicidé, mais ce ne sont pas des factions politiques qui s'affrontent. Face à Agamemnon et Ménélas, Ulysse incarne une orthodoxie civique très générale. Dans les *Phéniciennes* d'Euripide, qui passent pour être une de ses dernières œuvres, et qui rebrassent les thèmes des *Sept contre Thèbes* d'Eschyle et d'*Antigone* de Sophocle, mais avec un Œdipe et une Jocaste qui survivent longuement, et à Thèbes, à la révélation de leur malheur, l'affrontement, l'*agôn* verbal qui oppose Étéocle à Polynice, met aux prises un oligarque, proche des tyrans, Étéocle, et un démocrate, Polynice, qui est aussi un envahisseur[2].

Dans *Oreste*, qui est de 408, le messager fait un compte rendu de l'assemblée d'Argos, chargée de trancher le sort d'Oreste et d'Électre. Le récit fait ouvertement référence à celui des *Suppliantes* d'Eschyle évoquant une assemblée unanime[3]. Cinq orateurs se succèdent et s'affrontent dont le dernier est Oreste lui-même. L'un d'entre eux, un démagogue, traité de faux citoyen[4], est identifié par le scholiaste à l'agitateur Cléophon. Il est bon de noter qu'*aucun* récit *historique* d'une assemblée d'Athènes ne met en scène – c'est le cas de le dire – un aussi grand nombre d'orateurs.

Mieux, une des lacunes de l'historiographie classique grecque, et sur ce point le contraste avec l'historiographie romaine est saisissant, *est que nous n'avons aucun récit de*

---

1. Thucydide, III, 81-84.
2. Voir l'analyse de R. Goossens, *Euripide et Athènes*, *op. cit.*, p. 602-609; sur le débat proprement militaire, dans les *Phéniciennes*, cf. Yvon Garlan, « De la poliorcétique dans les *Phéniciennes* d'Euripide », *Revue des études anciennes*, 68 (1966), p. 269-277.
3. *Oreste*, 886-956; la référence aux *Suppliantes* se trouve aux v. 872-873.
4. *Ibid.*, 904.

campagne électorale. À nous en tenir à Thucydide ou Xénophon, nous ne saurions même pas s'il y a effectivement campagne électorale. Seuls les débats autour de l'ostracisme fournissent quelques indications, du reste assez maigres. Cette lacune est partiellement comblée par le seul Euripide. La seule campagne électorale que nous connaissions est, en effet, celle d'Agamemnon pour devenir stratège en chef des Achéens, et c'est Ménélas qui rappelle à son frère son comportement d'alors :

> Te rappelles-tu l'époque où tu brûlais de commander aux Grecs, dans la campagne contre Ilion. À t'entendre, tu n'y tenais pas, mais au fond du cœur, tu en avais le désir. Que tu étais humble, alors ! Tu serrais toutes les mains ; ta porte était toujours ouverte à tout citoyen qui voulait te voir ; à tous – au besoin malgré eux – tu donnais un prétexte à t'adresser la parole, chacun à son tour ; toute ta conduite mendiait cet honneur proposé à l'ambition de tous. Mais lorsque tu tins le pouvoir, ah ! tu changeas d'attitude. Tes amis de la veille ne trouvèrent plus en toi l'ami des jours passés ; c'était une affaire que de t'aborder, et, renfermé chez toi, tu te faisais rare[1].

C'est ici un héros qui parle et ramène brutalement un autre héros, son frère, sur la scène démocratique. Mais lisons *Médée*, qui est de 431. C'est une nourrice qui est là, en quelque sorte, le porte-parole d'Euripide[2]. Elle ouvre la pièce, en racontant les malheurs qu'a entraînés pour Médée l'expédition des Argonautes, non telle que l'avait exaltée Pindare dans la *Quatrième Pythique*, mais littéralement à l'irréel et au négatif :

> Plût aux dieux que le navire Argô n'eût pas volé par-delà les Symplégades bleu sombre vers la terre de Colchide, que, dans les vallons du Pélion, le pin ne fût jamais tombé sous la hache et n'eût armé de rames les mains des héros valeureux qui allèrent chercher pour Pélias la Toison toute d'or ! Ma maîtresse Médée n'eût pas fait voile vers les tours du pays d'Iôlcos, le cœur blessé d'amour pour

---

1. *Iphigénie à Aulis*, 337-345, trad. H. Berguin.
2. Voir l'analyse de Pietro Pucci, *The Violence of Pity in Euripides'Medea*, Ithaca-Londres, Cornell University Press, 1980, p. 45-50. Pucci parle à bon droit d'un « regret monumental ».

> Jason. Elle n'eût pas persuadé aux filles de Pélias d'assassiner leur père et n'habiterait pas ici en cette terre de Corinthe avec son mari et ses enfants [1].

La nourrice qui nous raconte tout cela est à la fois une femme, comme Médée elle-même, et une esclave.

En posant cette équation, je ne peux pas ne pas aborder une question essentielle. Comment le monde tragique d'Euripide se définit-il en tant que monde social ? La société athénienne se définit à la fois comme société de classes – riches et pauvres –, comme société de classes d'âge – jeunes, adultes et vieillards –, comme société d'ordres – il y a des citoyens, des métèques et des esclaves –, comme société masculine – les femmes sont à la fois dans la cité et hors de la cité –, comme société grecque face au monde barbare.

Chez les prédécesseurs d'Euripide on peut dire en gros qu'il existe un monde héroïque, celui-là même qui risque d'être atteint par le retournement, la péripétie tragique. Au-dessus de ce monde il y a celui des Dieux qui sont partie à l'action comme Athéna dans les *Euménides* ou dans *Ajax,* ou même qui constituent l'essentiel des personnages dans le cas unique de *Prométhée*. À l'écart du monde héroïque, à l'épreuve du destin, il y a l'ensemble des devins qui communique directement avec les dieux. À l'écart aussi des héros il y a les messagers, tous anonymes à l'exception du messager menteur des *Trachiniennes*, Lichas, qui périra à la fin de la pièce ; il y a enfin le petit monde des serviteurs et des esclaves : la nourrice des *Choéphores*, le garde d'*Antigone*, l'un et l'autre à la lisière du comique. C'est à propos de ces personnages, mais aussi à propos de Tirésias d'*Antigone* qu'intervient la question de l'argent, toujours sous forme de corruption réelle ou supposée. Le seul commerçant de tout l'univers tragique – Euripide compris – est le (faux) *emporos* du *Philoctète*, à l'extrême fin de la carrière de Sophocle. Ces mondes communiquent-ils entre eux ? Oui et non. Les femmes, en particulier, sont menacées d'être réduites en esclavage, ainsi Tecmesse, Cassandre. Prométhée est un dieu artisan, seul de son espèce, et devenu esclave. Le

---

1. *Médée* I-II, trad. G. Duclos.

thème des *Suppliantes* d'Eschyle est celui de l'intégration de métèques dans la cité d'Argos. C'est aussi le sujet d'*Œdipe à Colone*. Reste que personne ne risque de confondre une princesse comme Cassandre, fût-elle de surcroît devineresse, avec une esclave née comme telle.

Ce qui se passe chez Euripide est tout différent et beaucoup plus complexe. Les cent dix personnages[1] que comporte – si l'on défalque le *Cyclope*, drame satyrique, et le *Rhésos*, ces pièces forment, entre les dieux qui sont nombreux et les humbles, un ensemble socialement beaucoup plus différencié.

Voyons le monde modeste et indispensable – pour faire communiquer le dedans et le dehors – des messagers. Chez Eschyle, qu'il s'agisse du messager des *Perses* ou de celui des *Sept contre Thèbes*, le messager est transparent : nous ne savons pas si celui qui raconte Salamine s'est battu à Salamine. Chez Euripide, le messager des *Suppliantes* est un prisonnier évadé, celui de l'*Oreste*, vieux serviteur de la famille, tout comme le berger de l'*Œdipe roi* est également un rustique qui a assisté à l'*ecclésia* d'Argos, donc, en toute logique, un citoyen. Le messager des *Bacchantes* est un bouvier qui a conduit ses bœufs à la montagne[2]. Dans les *Grenouilles*, Euripide fait valoir, contre Eschyle, qu'il a « démocratisé » la scène :

> Dès les premiers vers, je ne laissais rien en marge de l'action, mais je faisais parler et la femme et l'esclave tout autant, et le maître et la fille et la vieille le cas échéant[3].

Prenons *Médée*. C'est la nourrice qui dénonce le pouvoir des tyrans et fait une profession de foi égalitaire, démocratique : « Être habitué à vivre dans l'égalité vaut mieux[4] ». Le monde des esclaves communique avec le

---

1. Cette précision ne doit pas faire illusion. Quelques figurants se laissent difficilement décompter, et il est un certain nombre de personnages, comme Athéna ou Thésée, qui apparaissent dans plusieurs pièces.
2. *Suppliantes*, 636-638 ; *Oreste*, 866-868 ; *Bacchantes*, 677-679 ; le messager d'*Iphigénie en Tauride* (236) est lui aussi un bouvier.
3. *Grenouilles*, 948-950, trad. H. Van Daele légèrement modifiée ; le caractère « démocratique » de cette innovation est affirmé, contre Eschyle qui estime que cela mérite la peine de mort, au v. 952.
4. *Médée*, 122.

monde héroïque. L'esclave-vieillard d'*Iphigénie à Aulis*, qui, comme d'autres de ses pairs dans *Ion* ou dans *Hélène*, annonce effectivement le type, le masque de la comédie nouvelle, revendique sa condition d'esclave [1], tout en discutant sur un pied d'égalité avec Agamemnon et Achille. Il y a, entre les diverses catégories, des interférences qui stupéfient le lecteur habitué à Eschyle et à Sophocle, et dont les comédies d'Aristophane montrent qu'elles ont stupéfié les auditeurs d'Euripide.

Le cas le plus frappant, le plus souligné par la critique, est évidemment celui des femmes [2]. Aristophane a fait d'Euripide un misogyne contre lequel les femmes se coalisent dans le secret des Thesmophories. Des modernes comme Gilbert Murray en ont fait « an aggressive champion of women [3] », et Murray précise même que les suffragettes britanniques récitaient volontiers des extraits de *Médée*. Elles auraient eu plus de difficulté avec *Alceste* où l'on voit au contraire une femme périr – provisoirement – pour assurer une durée normale de vie à son époux. Il y a, bien entendu, dans ces accusations comme dans ces revendications, maldonne. La femme tragique précède Euripide. La Clytemnestre d'Eschyle envahit le domaine masculin du pouvoir, ce qui la voue à la mort. L'Antigone de Sophocle, contrairement à sa sœur Ismène, oublie à un tel point qu'elle est femme qu'elle ne prononce à aucun moment le mot grec qui désigne la femme, *gynè*, ou un mot qui en dérive [4]. Dans le célèbre plaidoyer de Médée pour les femmes, que l'on pourrait comparer au plaidoyer de Shylock pour les juifs, sans faire de Sha-

---

1. *Iphigénie à Aulis*, 858.
2. On peut se référer constamment au livre déjà cité de Nicole Loraux, *Les Enfants d'Athéna*. Parmi les travaux très récents, outre la thèse encore inédite (Paris VIII, 1987) de Geneviève Hoffmann, celle de Pierre Brulé, *La Fille d'Athènes* (Paris, Les Belles Lettres, 1988), et celle, norvégienne, de Synnøve des Bouvrie, *Women in Greek Tragedy, an Anthropological Approach* (University of Tromsø, 1987).
3. *Euripides and his Age*, nouv. éd., Oxford, Oxford University Press, 1965 (la première édition est de 1918), p. 14 ; c'est à cette même page que j'emprunte aussi le détail que je mentionne ensuite.
4. J'emprunte cette remarque à S. Benardete dans le grand commentaire qu'il a donné de la pièce de Sophocle, « A reading of Sophocles Antigone », I, *Interpretation*, 4 (1975), p. 157.

kespeare un ennemi de l'antisémitisme, Euripide n'a garde d'oublier de lier le destin des femmes et celui de la richesse :

> De tout ce qui a vie et pensée, nous sommes, nous autres femmes, la créature la plus misérable. D'abord il nous faut gaspiller de l'argent pour acheter un époux et donner un maître à notre corps, ce dernier mal pire encore que l'autre [1].

Il est d'autres femmes extrêmes : Phèdre, Hécube... Entre femmes et barbares, étrangers, exclus de toutes sortes, le rapport est facile à établir.

Entre Grecs et barbares aussi, c'est, a-t-on pu souligner, « la fin des différences [2] ». Le monde des citoyens les plus modestes côtoie celui des seigneurs héroïques. Le mari d'Électre est un *autourgos*, un paysan qui cultive son champ et se trouve ainsi le gendre inattendu d'Agamemnon assassiné. Quant au monde des classes d'âge, et notamment des catégories juvéniles, il attend encore son explorateur-anthropologue [3]. Il aura à déterminer, entreprise difficile, ce qui est héritage d'anciens rites d'initiation : ainsi le héros de l'*Ion* [4], et, sans doute, ce jeune chasseur, Hippolyte, et ce qui est cliché nouveau, annonçant les masques de la comédie nouvelle.

La société euripidéenne du spectacle est une société à interférences multiples, avec des mouvements de bas en haut comme de haut en bas, une société où les mondes ne cessent d'être renversés, ce qui est le signe du comique. Aussi le comique euripidéen n'est-il pas limité comme dans les tragédies d'Eschyle et de Sophocle à une seule catégorie de personnages. Il n'est pas non plus limité au seul drame satyrique, le *Cyclope*, ou à *Alceste* qui, en 438, en tint lieu. Le comique est partout, même dans les *Bac-*

---

1. *Médée*, 230-234, je modifie légèrement la traduction de G. Duclos.
2. Suzanne Saïd, « Grecs et barbares dans les tragédies d'Euripide », *Ktèma* 9 (1984, publié en 1988), p. 27-53.
3. Ou plutôt il attendait : en octobre 1998 a été soutenue sur ce sujet la thèse d'Helena Patrikiov (EHESS).
4. Sur lequel voir l'article de Marie-Hélène Giraud, « Les oiseaux dans l'*Ion* d'Euripide », *Revue de philologie*, 61, (1987), p. 83-94.

chantes, avec les deux grotesques vieillards, Tirésias et Cadmos, qui jouent tout à la fois les raisonneurs sentencieux et les jeunes gens en proie à Dionysos. Même la vengeance d'Hécube, aveuglant Polymestor et tuant ses deux fils, a une dimension comique. C'est la vengeance d'une reine, devenue esclave, et châtiant avec des ruses d'esclave un roi barbare. Monde renversé, monde comique, et pourtant tragique quand même. Il y a comique, dit Aristote, quand « les personnages qui sont dans la fable les pires ennemis, comme Oreste et Égisthe, s'en vont après être devenus finalement amis, et il n'y a personne qui soit tué, personne qui tue ». Ce n'est pas tout à fait ainsi que se termine *Oreste*, mais presque, comme nous l'avons vu, et pourtant le même Aristote proclame, quelques lignes plus haut, qu'Euripide, quoiqu'on puisse reprocher à « l'économie » de ses œuvres, est « le plus tragique des poètes [1] ».

III. *La mimèsis, l'écriture et le théâtre*

J'ai raisonné jusqu'à présent comme si l'on pouvait, sur la mer de la littérature grecque, distinguer trois mondes insulaires, ceux d'Eschyle, de Sophocle et d'Euripide, dont les deux premiers formeraient un ensemble relativement homogène, face à l'innovateur Euripide. C'est ainsi que raisonnait Nietzsche, mais les choses sont évidemment plus complexes.

La *mimèsis* [2], l'imitation, que les modernes appellent parfois l'intertextualité, est une des lois fondamentales de la littérature grecque. Cela commence avec Homère, avec le poète de l'*Odyssée* à tout le moins, P. Pucci a démontré par le menu dans un livre récent que l'*Odyssée* était tout entière une lecture de l'*Iliade* [3]. On ne peut remonter plus haut,

---

1. *Poétique* 1453a 26-35.
2. Je ne cherche pas ici à explorer les diverses significations de la *mimèsis* aristotélicienne, ce qui a été fait de façon très approfondie par P. Ricœur, *Temps et récit*, I, Paris, Le Seuil, 1983, p. 85-129.
3. P. Pucci, *Odusseus polutropos. Intertextual Readings in the Odyssey and the Iliad*, Ithaca-Londres, Cornell University Press, 1987 ; on lira aussi avec plaisir et profit Françoise Frontisi-Ducroux, *La Cithare d'Achille*, Rome, Ateneo, 1986.

mais il est clair que l'innocence poétique d'Homère n'a jamais existé que dans l'imagination de Vico, de Rousseau et de leur innombrable postérité. Dans la tragédie, cette loi de la *mimèsis* est à ce point fondamentale que nous ne pouvons vraiment comprendre une tragédie antique que lorsque nous possédons les modèles avec lesquels elle a rivalisé. Ainsi ont raisonné, parfois, les professeurs de l'époque impériale qui nous ont conservé les trois tragédies dont Électre est le personnage principal. Qui n'a rêvé de lire autrement que par le sec résumé qu'en donne Dion de Pruse [1] le *Philoctète* d'Eschyle et celui d'Euripide, qui précédèrent celui de Sophocle? Goethe rêva de les reconstituer [2].

Dans le cas d'Euripide, comme du reste le suggère Aristophane, le vrai dialogue n'est pas avec Sophocle, mais avec Eschyle. L'exemple typique, bien analysé récemment par Simon Goldhill [3], est celui des signes de la reconnaissance d'Oreste par sa sœur Électre. Chez Eschyle il s'agit de signes qui permettent effectivement à la jeune fille de deviner la présence de son frère : une boucle de chevelure, la marque d'un pied jumeau du sien, un vêtement que tissa jadis Électre pour son frère [4]. Chez Euripide, c'est un vieillard, personnage à demi comique qui présente ces mêmes signes. Mais chacun d'entre eux est tour à tour ridiculisé : « Examine ces cheveux ; approche-les des tiens et vois s'ils sont de la même couleur que la boucle coupée. D'habitude les enfants qui sont d'un même sang par leur père ont physiquement beaucoup de ressemblance. » La réponse d'Électre est, si l'on veut, celle du bon sens rationaliste. Comment pourrait-on confondre la chevelure d'un homme entraîné à la palestre et celle d'une femme dont on nous a, de surcroît, dit auparavant (vers 85) qu'elle avait

---

1. Discours 52 et 59.
2. C'est ce qu'il dit à Eckermann le 31 janvier 1827. Tous les matériaux d'un tel travail sont rassemblés dans le livre de G. Avezzu, *Il ferimento e il rito. La storia di Filottete sulla scena attica*, Bari, Adriatica Editrice, 1988.
3. *Reading Greek Tragedy*, Cambridge, Cambridge University Press, 1986, p. 247-253, qui cite naturellement quelques-uns de ses nombreux prédécesseurs.
4. *Choéphores*, 167-234 ; la scène parallèle se trouve dans l'*Électre* d'Euripide, 520-546. Dans l'*Électre* de Sophocle les allusions à la scène d'Eschyle existent, mais de façon beaucoup plus dissimulée.

une chevelure sordide. Comment confondre le pied d'un homme et celui d'une femme, et comment Électre se souviendrait-elle d'une étoffe qu'elle aurait tissée dans sa jeunesse, pour un enfant qui aurait depuis singulièrement grandi ? Nous avons déjà rencontré ces chapelets de potentialités négatives. Admettons qu'Électre se conduise ici en fille des Lumières du Ve siècle, en bonne élève des sophistes qui se refuse à prendre au sérieux des signes dépourvus de valeur. Après quoi Oreste et Pylade rentrent en scène et le vieillard lui indique cette fois un signe de reconnaissance (*symbolon*) qui la persuade (576-577) : un signe plus ancien dans la littérature que ceux qu'avait énumérés Eschyle, celui-là même qui avait permis, au chant XIX de l'*Odyssée*, à la nourrice Euryclée de reconnaître Ulysse, la cicatrice laissée par une blessure subie à la chasse. Il ne s'agit donc pas seulement de se moquer d'Eschyle, mais de se moquer aussi de ceux qui le raillent, en un mot de rappeler, par un effet de distanciation, que nous sommes au théâtre, ce qui implique des conventions : d'une façon ou d'une autre, il faut que la reconnaissance se fasse. La vraisemblance importe peu, ou même pas du tout.

Cette remarque sur la *mimèsis* euripidéenne et ce qu'elle a de tout à fait spécifique – on ne pourrait bâtir un raisonnement analogue sur les rapports entre Sophocle et Eschyle – me conduit à poser deux questions fondamentales.

La première est celle de la façon, à vrai dire assez nouvelle, dont Euripide connaissait ses prédécesseurs. Il me paraît évident qu'il les *lisait*. L'affirmation peut paraître aussi évidente que banale. Elle ne l'est pas autant qu'on pourrait le croire. Eschyle est mort l'année même où Euripide fit représenter sa première trilogie. Cela ne l'empêcha nullement de *voir* et de mémoriser des tragédies d'Eschyle, puisque le poète remporta nombre de victoires après sa mort[1], et que c'est peut-être une trilogie de son père que fit représenter en 431 Euphorion, fils d'Eschyle, qui l'emporta cette année, tant sur Sophocle que sur Euripide qui avait fait représenter *Médée*[2]. Mais,

---

1. *Vie d'Eschyle*, 12.
2. Argument d'Aristophane à *Médée*. La *Souda* signale, s.v. *Euphorion* que celui-ci avait vaincu quatre fois avec des œuvres de son père, mais qu'il écrivit aussi des œuvres propres.

toute révérence due à l'oralité de la tragédie, objet d'âpres débats [1], reste que nous sommes, dans ce dernier tiers du Ve siècle, au moment où Athènes bascule dans la culture écrite, que l'anglais appelle *literacy*, et, de même que l'on peut « lire dans Thucydide [2] », Euripide est un des grands témoins de cette transformation. Rassemblons quelques petits faits qui ne l'ont pas toujours été. Nous savons qu'Euripide possédait une bibliothèque [3]. Il est même, à en croire Athénée, après Pisistrate, qui n'était pas exactement une personne privée, le premier Athénien dont on ait jamais dit cela. Nous savons aussi par son biographe anonyme qui cite Hermippos, un Alexandrin du IIIe siècle av. J.-C. que, à sa mort, Denys l'Ancien, tyran de Syracuse, « envoya un talent à ses héritiers pour acquérir sa lyre, sa tablette à écrire et son poinçon, et qu'à la vue de ses objets, il les fit déposer en offrande, par ceux qui les apportaient, dans le sanctuaire des Muses, après y avoir fait inscrire son nom et celui d'Euripide [4] ». Si l'anecdote n'a pas été inventée pour trouver un précédent au musée d'Alexandrie, Euripide est le premier poète dont on ait jamais gardé les instruments de travail, à la fois la lyre et le poinçon.

Dans le débat qui l'oppose à Eschyle dans les *Grenouilles*, et auquel il faut toujours revenir, il se vante d'avoir filtré, ce que nous appellerions la substantifique moelle de livres (943). Il est le premier personnage de théâtre qui se réclame de sources écrites. Enfin, toujours

---

1. Point de vue extrémiste chez E.A. Havelock, « The oral composition of Greek drama », dans son recueil, *The Literate Revolution in Greece*, Princeton, Princeton University Press, 1982, p. 261-313, beaucoup plus mesuré in Ch. Segal, « Tragédie, oralité, écriture », *La Musique du Sphinx*, Paris, La Découverte, 1987, p. 263-298 et, du même, « Vérité, tragédie et écriture », in M. Detienne (éd.), *Les Savoirs de l'écriture en Grèce ancienne*, Lille, PUL, 1988, p. 330-358.
2. Voir sous ce titre l'article de Raymond Weil, *Mélanges Claire Préaux*, Bruxelles, Éditions de l'université de Bruxelles, 1975, p. 162-168. La question de la lecture, et non seulement de l'écriture, vient d'être renouvelée par le livre de Jasper Svenbro, *Phrasikleia. Anthropologie de la lecture en Grèce ancienne*, Paris, La Découverte, 1988. Il y est maintes fois fait allusion à Euripide (voir à l'index).
3. Athénée, I, 3a.
4. *Vie et généalogie d'Euripide*, 80.

dans les *Grenouilles* (52-53), quand Dionysos narre son voyage vers Athènes, sur un des vaisseaux de la flotte victorieuse aux Arginuses, il raconte qu'il lisait « à part soi » l'*Andromède* d'Euripide, ce qui lui donna le désir soudain de récupérer chez Hadès le poète tragique. Cette lecture d'*Andromède* est-elle, comme le dit Havelock [1], la première allusion explicite que nous ayons au fait de lire à titre privé ? On peut en discuter [2]. Il s'agit, en tout cas, de la première allusion explicite que nous ayons d'une pièce de théâtre transformée en œuvre pour bibliothèque.

Or, dans l'œuvre même d'Euripide, l'écriture joue un rôle infiniment plus important que dans celles d'Eschyle et de Sophocle. Ce n'est pas du tout qu'elle y soit absente. Si le message chez Eschyle est lumineux (le feu d'*Agamemnon*) ou oral, le messager des *Sept contre Thèbes* décrit les *inscriptions* qui figurent sur les boucliers ennemis. Dans les *Trachiniennes* de Sophocle, Héraclès a laissé à domicile « une vieille tablette, qui porte inscrite des consignes qu'il ne s'était jamais encore décidé à vous donner telles [3] », une sorte de testament. Chez Sophocle comme chez Eschyle, ou chez Pindare, l'écriture est l'objet de métaphores. Ainsi, toujours dans les *Trachiniennes*, Déjanire évoque l'instruction *orale* que lui a laissée le centaure Nessos : « Je l'ai retenue aussi fidèlement qu'une inscription gravée sur tablette de bronze, que l'eau n'efface pas » (682-683). L'écriture et le bronze (par opposition à l'argile), garanties de durée.

Avec Euripide il s'agit de tout autre chose. L'écriture descend, si je puis dire, sur la scène. Cela est vrai, au sens le plus matériel du mot, dans le célèbre fragment de *Thésée* où l'on voit un analphabète décrire de l'extérieur la forme des lettres du nom même du héros athénien [4]. Cela

---

1. « The Preliteracy of the Greeks », dans *The Literate Revolution in Greece*, *op. cit.*, n. 68 p. 204.
2. Platon fait-il œuvre d'historien, quand il met dans la bouche de Socrate (*Phédon*, 98b) la célèbre autobiographie intellectuelle dans laquelle le philosophe raconte son expérience avec le livre d'Anaxagore ? On peut aussi en discuter.
3. *Trachiniennes*, 157-158, trad. Mazon.
4. Il s'agit du fragment n° 385 Nauck, cité par Athénée, X, 454b-c.

est vrai des messages écrits qui se multiplient dans l'œuvre d'Euripide.

Ainsi dans *Iphigénie en Tauride*, c'est une lettre écrite pour le compte de la prêtresse d'Artémis (elle-même illettrée)[1] qui marque le tournant de la pièce, le début de la reconnaissance entre Oreste et sa sœur. Cela est vrai d'*Iphigénie à Aulis*, où un message véridique, écrit par Agamemnon, succède à un message mensonger, adressé à Clytemnestre par ce même Agamemnon et qui provoquera la funeste venue de la princesse[2].

Cela est vrai, suprêmement, d'une scène capitale d'*Hippolyte*[3]. Phèdre morte lance contre Hippolyte une double accusation, celle que porte son propre cadavre, et celle que formule une lettre mensongère que lit silencieusement Thésée[4]. « Elle crie, cette tablette, elle crie des horreurs » (877), et Thésée d'évoquer le chant (*mélos*) qui s'élève de ces lignes. Texte d'autant plus étonnant là où il est situé, car Thésée accuse précisément en Hippolyte un intellectuel orphique, « grisé dans la fumée des grimoires » (954). C'est le mensonge écrit qui emporte la persuasion, et la réponse orale et véridique d'Hippolyte qui échoue à convaincre son père. Comment ne pas voir là le signe d'une profonde réflexion d'Euripide sur la signification de la lecture et de l'écriture ?

Mais où donc une tablette peut-elle « crier », si ce n'est précisément au théâtre, ce lieu où un texte écrit, celui qu'Euripide avait tracé de son poinçon sur sa tablette, devient un texte oral ? C'est là ce qui me conduit à la seconde et dernière question que me suggère la réflexion sur la *mimèsis* d'Euripide, réflexion sur le théâtre, dans le théâtre, comme théâtre.

---

1. La lettre a été écrite par un prisonnier étranger que devait sacrifier Iphigénie (584-585). La prêtresse en connaît le contenu qu'elle a inspiré et l'expose à Oreste et Pylade, sans le lire à proprement parler (759-765).
2. *Iphigénie à Aulis*, 34-35, 107-112.
3. *Hippolyte*, 856 *sq*. La scène est brillamment analysée par Ch. Segal ; cf. *La Musique du Sphinx*, *op. cit.*, p. 289-291.
4. Sur cette lecture silencieuse, voir J. Svenbro, *Phrasikleia…*, *op. cit.*, p. 178-206.

Il est classique de constater que la tragédie grecque se meut, au contraire de la comédie, dans un monde séparé de celui des spectateurs. En règle générale l'acteur tragique ne s'adresse pas aux citoyens rassemblés dans le théâtre, tout se passe comme dans une bulle. Au contraire, la comédie suppose un jeu constant [1] entre la cité sur scène et la cité sur les gradins. Cela est vrai, bien sûr, au moment de la parabase, quand le coryphée se tourne vers les spectateurs, et, au nom du poète, leur fait la leçon : les allusions fusent et sont un des ressorts du comique. Dans la comédie nouvelle du IVe siècle, il n'y a plus de parabase, mais le principe d'une mise en cause directe des spectateurs demeure. Aux premiers vers du *Dyscolos* de Ménandre, Pan demande aux spectateurs de bien vouloir admettre qu'ils sont à Phylè, en Attique. Il est non moins classique, et depuis l'Antiquité, d'admettre qu'Euripide a fait, dans une certaine mesure, exception, qu'il lui arrive d'introduire hors de propos des maximes et des idées qui, par-delà les acteurs et le chœur, s'adressent directement aux spectateurs, il est même accusé d'avoir parfois déteint sur Sophocle [2].

Avec la lucidité que donne la haine, Nietzsche avait parlé de cette « tendance fondamentale d'Euripide à établir une corrélation entre l'œuvre d'art et son public [3] ».

Qu'en est-il au juste ? David Bain a tenté de mettre en cause ces résultats et de défendre l'orthodoxie tragique d'Euripide. Mais il n'y est pas parvenu complètement [4]. S'il est vrai qu'Euripide ne franchit pas une certaine limite, il s'en approche d'aussi près qu'il est possible. Dans les prologues, par exemple, où un dieu expose les

---

1. Sur cette constance, cf. G.A. Chapman, « Some notes on dramatic illusion in Aristophanes », *American Journal of Philology*, 104 (1983), p. 1-23.
2. Les deux références les plus claires sont Pollux IV, 111, et Scholies de Sophocle, *Œdipe roi*, 264 ; on les trouvera commentées et discutées, avec d'autres, dans l'article de D. Bain, « Audience address in Greek Tragedy », *Classical Quaterly* n.s. 25 (1975), p. 13-25 ; voir aussi, du même D. Bain, *Actors and Audience : a Study of Asides and Related Conventions*, Oxford, Oxford University Press, 1977.
3. F. Nietzsche, *La Naissance de la tragédie, op. cit.*, p. 61.
4. Voir l'article et le livre cités *supra*, et les remarques, avec lesquelles je suis d'accord, de S. Goldhill, *Reading Greek Tragedy, op. cit.*, p. 274-279.

conditions dans lesquelles va s'engager l'action. Ainsi Poséidon, au début des *Troyennes* : « Cette malheureuse ici, si quelqu'un veut la regarder, c'est Hécube : elle est étendue devant la porte. Que de larmes verse-t-elle ! Aussi quels sont ses malheurs [1] ! » Le scholiaste de ces vers censura Euripide pour n'avoir pas donné immédiatement la parole à Hécube. Mais, précisément, ce démarrage indirect fait partie de l'apport personnel du troisième tragique. La fin de plus d'une tragédie est une transition qui permet aux spectateurs de passer du temps tragique au temps quotidien. C'est peut-être sous l'influence d'Euripide que Sophocle écrivit le dernier vers d'*Œdipe à Colone*, que l'on a pu traduire ainsi : « L'histoire ici se clôt définitivement [2]. » *Andromaque, Alceste, Médée, Hélène,* les *Bacchantes* se terminent par une réflexion du coryphée sur l'inattendu de l'action : « Tel a été le dénouement de ce drame (ou de cette action). » Le poète joue visiblement sur le vocabulaire du théâtre, et sur celui du récit à une voix. Mieux, dans trois pièces, *Iphigénie en Tauride*, les *Phéniciennes, Oreste,* l'action se termine par un appel du coryphée pour que « la victoire couronne son front », c'est-à-dire pour que le poète reçoive le premier prix. On est là aux origines de la demande d'applaudissements qui termine les pièces de la comédie nouvelle.

On jugera tout cela discret, et on ne trouvera pas dans le théâtre grec, même chez Euripide, ce jeu constant entre la scène et l'histoire qui caractérise le théâtre élisabéthain, à l'opposé du théâtre classique français [3]. À une exception, peut-être, celle de la seule pièce attique dont le héros soit le dieu du théâtre, Dionysos, les *Bacchantes*.

Étonnante pièce dont un chrétien tira, au Bas-Empire, assez de vers pour écrire une tragédie du Christ souffrant, le *Christus patiens* ; étonnante pièce qui a été interprétée aussi bien comme un témoignage du laïcisme agressif

---

1. *Troyennes*, 36-38 ; je corrige quelque peu la traduction de G. Duclos.
2. J'ai relevé dans *Œdipe à Colone* un certain nombre d'allusions précises à la mise en scène de la pièce. Voir mon étude « Œdipe entre deux cités », in J.-P. Vernant et P. Vidal-Naquet, *Mythe et tragédie* II, *op. cit.*, p. 175-211, particulièrement p. 210-211.
3. À l'exception naturellement de l'*Illusion comique* de Corneille.

d'Euripide que comme la preuve de sa conversion à la religion de Dionysos, à la « religion des bonnes femmes[1] ».

Je suis pour ma part tenté d'y voir, par-delà le témoignage capital sur le culte de Dionysos, la pièce la plus réflexive d'Euripide, celle où la pratique de l'art théâtral est mise en question[2]. Quand on lit ou quand on voit, par exemple, la scène célèbre où Penthée se déguise en femme (827-844), comment ne pas songer à ce magasin aux accessoires évoqué par Aristophane dans les *Acharniens* et où Euripide décroche la guenille du roi Télèphe[3]. Et quel plus beau commentaire de l'illusion théâtrale existe que ces scènes où le palais de Penthée est tour à tour victime d'un séisme (586-593), puis parfaitement paisible ? C'est bien comme spectateur, *théatès* (829), que Penthée désire observer les Ménades. Il sera, et nous avec lui, au *théâtre*.

Il est un accessoire théâtral qui est caractéristique de la tragédie grecque, et c'est évidemment le masque (en grec *prosôpon*). Le mot *prosôpon* signifie d'abord le visage, le regard. C'est dans ce sens et dans ce sens seulement qu'il est employé par Eschyle et Sophocle. Jamais n'apparaît le sens de masque. Ici encore l'exception s'appelle Euripide[4]. Dans le *Cyclope*, où l'on aperçoit le « masque chauve »[5] de Silène, mais aussi dans les *Bacchantes*. Quand Agavé

---

1. *Sic*. Wilamowitz dans son commentaire de l'*Héraclès furieux*, I, p. 379 : « On ne peut méconnaître plus complètement Euripide qu'en voyant dans les *Bacchantes* une conversion à la religion des bonnes femmes. » Je cite d'après Goossens, lui-même partisan de la « conversion », *Euripide et Athènes, op. cit.*, p. 758, n. 9.
2. Je m'inspire ici principalement de Ch. Segal, *Dionysiac Poetics and Euripides' Bacchae*, Princeton, Princeton University Press, 1982, p. 215-271 et de J.-P. Vernant, « Le Dionysos masqué des *Bacchantes* d'Euripide », in *Mythe et tragédie* II, *op. cit.*, p. 237-270.
3. Cf. *supra*, p. 303.
4. J'emprunte ces quelques données, avec son autorisation dont je la remercie, à la thèse d'État inédite (soutenue en 1987 à Paris IV) de Françoise Frontisi-Ducroux, « Prosôpon. Valeurs grecques du masque et du visage ».
5. Au v. 227, qu'on a voulu parfois corriger en remplaçant un « visage chauve » que l'on n'a pas su interpréter – G. Duclos parle de « tête chauve » et L. Méridier de « face chauve », ce qui n'a pas beaucoup de sens – par un « front chauve » (*métôphon* au lieu de *prosôpon*). Tout devient clair en traduisant *prosôpon* par masque.

revient sur scène après son exploit meurtrier du Cithéron, il est clair que le *prosôpon* qu'elle tient dans les bras (1277) n'est ni une tête de lion, comme elle le croit d'abord, ni celle d'un homme, son fils, comme elle le réalise sous l'interrogatoire de Cadmos, mais le *masque* que portait l'acteur qui jouait le rôle de Penthée, et quand le chœur salue Dionysos au moment où il va envelopper Penthée « dans un filet de mort », on peut admettre qu'il n'agit ni avec « le sourire aux lèvres » ni « avec un air souriant[1] », mais « avec le masque souriant » qui était caractéristique des représentations du dieu. Ce personnage qui ne pâlit pas, dont « rien ne peut altérer la couleur lie-de-vin de ses joues[2] », c'est le dieu au masque rouge que tant de vases attiques nous ont fait connaître.

Ultime réflexion d'un grand homme de théâtre sur son art, les *Bacchantes* sont un dernier témoignage de cette exploration des extrêmes qui est caractéristique de son art, un dernier effort pour représenter et comprendre cette folie humaine que, une vingtaine d'années auparavant, il avait déjà tenté de mettre en scène dans l'*Héraclès*[3]. De l'extrême de la raison à l'extrême de la folie, Euripide a su faire jouer toutes les tentations.

Pierre VIDAL-NAQUET

---

1. Telles sont les traductions, respectivement par G. Duclos et par H. Grégoire, CUF, du v. 1021.
2. Ici encore je corrige les traductions françaises les plus usuelles du v. 438.
3. Les manuscrits appellent cette pièce comme je le fais ici. Les modernes l'appellent souvent, sous l'influence de l'*Hercules furens* de Sénèque, l'*Héraclès furieux*.

NOTES COMPLÉMENTAIRES

ANDROMAQUE

1. Sur cette mort cruelle d'Astyanax, redoutée par Andromaque dans l'*Iliade* XXIV, 734-735, voir dans ce même volume les *Troyennes*, 709-779 et 1118-1250, où elle est décidée et exécutée par les Grecs.
2. Le singulier tranche avec les précédents verbes au pluriel, et il n'est guère possible de décider s'il désigne Hermione ou Ménélas ; aussi certains ont-ils modifié l'ordre des vers et placé après le v. 69 le v. 73 mentionnant Ménélas. Nous n'avons pas cru devoir suivre sur ce point l'édition Diggle.
3. Lieu commun de la pensée grecque, exprimé tant en vers (Eschyle, *Agamemnon*, 928-929 ; Sophocle, *Trachiniennes*, 1-3, etc.) qu'en prose : cf. le fameux dialogue entre Solon et Crésus dans Hérodote I, 32, 5-48.
4. Si les homérismes abondent dans ce passage, Euripide s'écarte ici de la tradition homérique : dans l'*Iliade* en effet, le cadavre d'Hector est traîné vers les bateaux grecs puis autour de la tombe de Patrocle (respectivement en XXII, 464-465 et XXIV, 15-16).
5. Comme dans les *Choéphores* d'Eschyle (539), où l'on a une expression très proche (*akos tomaion*) associant le mot « remède » à l'idée de « couper », la tournure *akos temein* peut renvoyer aussi bien au procédé chirurgical de l'incision qui, avec la cautérisation, constitue l'une des deux méthodes fondamentales de la chirurgie hippocratique, qu'à la cueillette des simples que les médecins employaient dans la confection de leurs remèdes et à laquelle les tragiques font également allusion : cf. par exemple le titre de la pièce perdue de Sophocle, *Rhizotomoi* (*Les Cueilleuses de racines*).

6. Des raisons métriques ont amené les éditeurs à adopter une correction fondée par ailleurs sur une scholie. Mais la leçon des manuscrits, « la force saura te convaincre », donne un sens plus riche, avec une reconnaissance du droit du plus fort que certains épisodes fameux illustreront (on pense au dialogue des Athéniens et des Méliens au livre V de Thucydide).
7. Le présent d'Hermione ressemble au passé d'Andromaque, et entre les deux débuts de tirade (cf. *supra*, 2) certains mots se font écho, qui soulignent cette ressemblance et accentuent la déchéance tragique d'Andromaque.
8. Ce vers a surpris les éditeurs, car cette « réponse » que la reine fait au chœur suggère logiquement que celui-ci lui ait adressé la parole ; pour résoudre cette difficulté, certains suppriment ce vers (Diggle notamment), d'autres supposent une lacune à la fin des paroles du chœur, c'est-à-dire après le v. 146. Mais on peut penser que l'arrogance d'Hermione est telle que, si elle s'arroge d'emblée le droit à la parole, elle le dénie aux autres et suppose les intentions du chœur sans lui laisser le temps de les exprimer : cf. sur ce point le commentaire de Bollack.
9. Ce type de phrases à portée généralisante débutant par un adjectif suivi de la tournure *ti chrèma* se rencontre fréquemment chez Euripide : cf. 727 et 957.
10. Début d'un débat fortement influencé par la rhétorique judiciaire bien connue de l'auditoire d'Euripide.
11. Ce vers présente en lui-même et par rapport au vers précédent des changements de sujets fort abrupts ; faut-il penser que le raisonnement par l'absurde auquel se livre ici Andromaque prenne un tour si elliptique ? En tout cas le sens se laisse percevoir : cf. déjà les scholies.
12. Cette image de la barque que remorque un plus gros bateau intervient de façon contrastée aux deux temps forts d'*Héraclès furieux* : au v. 631, Héraclès « remorque » ses enfants qu'il a sauvés de la mort ; au v. 1424, c'est Héraclès lui-même qui, après son coup de folie, est « remorqué » par son ami Thésée. Elle est par ailleurs l'une des nombreuses images maritimes dans *Andromaque*, cf. 554-555 et 855.
13. Idée reprise aux v. 955-956.
14. Même tournure ironique dans les *Bacchantes*, 655.
15. Cette menace est sur le point d'être mise à exécution par le tyran Lycos pour faire périr les membres de la famille

NOTES COMPLÉMENTAIRES 325

d'Héraclès, mais ceux-ci quittent l'autel de Zeus où ils s'étaient réfugiés : cf. *Héraclès furieux*, 240-246.
16. Parmi les femmes-vipères, on pense bien entendu à Clytemnestre : cf. Eschyle, *Choéphores*, 249, 992.
17. Cette violente attaque que lance Andromaque contre la fausse gloire et contre la vanité du paraître (cf. la présence, dans les dix premiers vers de sa tirade, de quatre mots de la famille de *doxa*) est reprise à son compte par Pélée : ici (320) comme là (704), l'image de « l'enflure » évoque joliment les réputations surfaites.
18. Expression similaire, mais sans négation, quand Achille s'adresse à Iphigénie qui consent à se sacrifier pour le salut des Grecs : « J'envie la Grèce de t'avoir à elle, je t'envie d'être à la Grèce » (*Iphigénie à Aulis*, 1406, trad. F. Jouan).
19. Ce jugement sévère sur les femmes, fréquemment énoncé dans l'œuvre d'Euripide, remonte en fait à Sémonide d'Amorgos qui, au VIIe siècle, écrivit en dix portraits une violente charge antiféminine.
20. Le coryphée vient de reprocher à Andromaque d'avoir trop parlé pour une femme s'adressant à des hommes, comme il lui reprochera plus loin de lancer trop d'invectives contre celles qui partagent la même nature qu'elle, c'est-à-dire cette fois contre les femmes (cf. 954) ; au v. 365, s'il est clair qu'on a affaire à la métaphore de l'archer et à l'assimilation bien connue de la parole et du trait, le sens du verbe composé *ektoxeuô* est débattu : sans supposer une lacune avant le v. 365 (*contra* Diggle), nous comprenons le verbe comme signifiant « vider son carquois », le génitif qui l'accompagne étant un génitif d'éloignement.
21. Ce vers rapproche et associe deux notions bien différentes, celle du « tirage au sort », développée du reste dans les vers suivants, et celle du « choix », qui ont en commun de déboucher sur la même « amertume » : quoi que fasse Andromaque, elle est de toute façon perdante.
22. Vers que certains suppriment (Diggle) ou déplacent ; il semble qu'Andromaque, loin de s'abandonner à déplorer sa misère présente, la mette, pourrait-on dire, en perspective et l'envisage dans la séquence de tous les malheurs qu'elle a subis. Il n'en reste pas moins que le verbe *exikmadzô*, qui exprime l'idée de « faire sortir l'humidité, d'assécher », est d'interprétation difficile.
23. Raccourci saisissant entre les deux moments du meurtre d'Hector, sa mort proprement dite d'un coup de javeline

et l'outrage infligé à son cadavre traîné derrière le char d'Achille (*Iliade*, XXII, 367 et 395-404), à moins qu'Euripide ne fasse ici allusion à une autre tradition, selon laquelle Hector serait mort d'avoir été ainsi traîné (cf. Sophocle, *Ajax*, 1030-1031).

24. Allusion probable à ce vers dans Héliodore, *Éthiopiques*, II, 16, 4. Ce vers, mais aussi le sacrifice qu'elle fait de sa vie pour sauver celle de son enfant et le tendre duo qu'ils chantent sur le chemin de la mort, permettent d'apprécier le parti pris de Chateaubriand, qui, pour exalter la femme chrétienne – l'Andromaque de Racine –, déprécie les autres figures d'Andromaque; le cas est particulièrement net pour l'Andromaque d'Euripide, à laquelle il attribue « un caractère à la fois rampant et ambitieux, qui détruit le caractère maternel » (*Génie du christianisme*, II, II, 6).

25. Comparer la scène analogue dans *Héraclès furieux*, 319-320.

26. On peut être tenté par la correction adoptée par Diggle, qui ferait dire à Andromaque : « Je te tiens »; mais si l'on conserve la leçon des manuscrits, Ménélas se mettrait alors en avant, ce qui est bien conforme à son caractère : il est tout content de sa ruse.

27. Ménélas « brandit en avant » la mort de l'enfant, comme Néoptolème « brandit en avant » le bouclier pour se protéger (1130) : le même verbe est employé de manière métaphorique et au sens propre.

28. C'est la fameuse loi du talion, si souvent exprimée dans l'*Orestie* d'Eschyle, avec, comme ici, l'opposition entre les verbes « agir » et « subir », et le même emploi du préfixe « anti- » exprimant la réciprocité (cf. par exemple *Choéphores*, 309-314).

29. L'image de l'oisillon comme symbole de la fragilité est une image récurrente dans le théâtre d'Euripide : cf. par exemple *Troyennes*, 751, *Héraclès furieux*, 71-72, *Iphigénie à Aulis*, 1248; mais elle est déjà bien exploitée par Eschyle : cf. *Choéphores*, 256 et 501.

30. L'un des exemples les plus frappants de la duplicité spartiate durant la guerre du Péloponnèse est sans doute, en 424, la disparition mystérieuse des deux mille valeureux hilotes que les Spartiates proposaient d'affranchir, ce qui n'était qu'un leurre (Thucydide, IV, 80); mais on peut également évoquer le massacre, précédé d'un simulacre de jugement, des Platéens qui en 427 s'étaient rendus aux Lacédémoniens (Thucydide, III, 68).

31. Ce caractère retors, qu'Andromaque attribue aux Spartiates représentés ici par leur roi Ménélas, est reproché par le même Ménélas à son frère Agamemnon dans *Iphigénie à Aulis*, 331.
32. Deux exemples de la corruption spartiate : en 476, le roi de Sparte Léotychidas est pris en flagrant délit, dans son camp de Thessalie, « assis sur un gantelet plein d'argent » (Hérodote, VI, 72) ; en 447, un autre roi de Sparte, Pleistoianax, fils de Pausanias, est soupçonné de s'être laissé corrompre par Périclès et se voit exilé de Sparte (Thucydide, II, 21).
33. Cf. le jugement critique porté au moment de Platées (en 479) par les Athéniens, pour qui les Lacédémoniens ont coutume de dire le contraire de ce qu'ils pensent (Hérodote, IX, 54).
34. Il y a, dans cette évocation par Andromaque des Achéens en général et de Ménélas en particulier, une exagération évidente : les Achéens ne furent repoussés qu'une seule fois jusqu'à leurs vaisseaux (*Iliade*, XV, 653 *sq.*), et Ménélas, s'il n'est pas l'un des plus braves (cf. *Iliade*, XVIII, 588 : c'est un « guerrier mou »), n'est pas non plus le pleutre qu'elle décrit. Mais surtout ce mélange de combat hoplitique et naval paraît assez révélateur de l'ambiance de certains affrontements lors de la guerre du Péloponnèse : on pense notamment au début des événements de Pylos, où les Athéniens installés en Laconie agissent sur terre, tandis que les Lacédémoniens cherchent à les en déloger par mer : il y a donc là une réelle inversion de leurs talents respectifs (Thucydide, IV, 12 et 14). Ajoutons que le terme assez peu usité *chersaios* (« terrien ») se retrouve précisément chez Thucydide à propos de l'infanterie embarquée sur les vaisseaux dans le grand port de Syracuse (VII, 67, 2).
35. Ces trois derniers vers (467-470), de construction difficile, ont été jugés partiellement corrompus par certains éditeurs (ainsi Diggle).
36. Rares sont les enfants qui parlent dans les tragédies conservées ; outre les cris poussés par les fils de Médée, on ne peut guère citer que la supplication du deuxième fils d'Héraclès (*Héraclès furieux*, 988-989) et le solo d'Eumélos dans *Alceste* (393-415).
37. Le raisonnement qu'applique ici Ménélas est le même qui a conduit Ulysse à réclamer la mort d'Astyanax : cf. *Troyennes*, 721-725.

38. Dans cette image marine, Pélée s'assimile à un vent qui soufflerait de manière favorable sur le bateau en détresse qu'est alors Andromaque.
39. Andromaque tombe aux genoux de Pélée et reste agenouillée devant lui jusqu'au v. 717, comme Hermione, dans la seconde partie de la pièce, enlacera Oreste de ses bras suppliants (895). Mais ici Euripide ajoute au pathétique en montrant qu'Andromaque ne peut, de ses mains entravées, toucher le menton de Pélée et effectuer ainsi le geste habituel de la supplication.
40. Ménélas reprend ici l'idée déjà exprimée aux v. 376-377 : entre amis, les biens deviennent communs.
41. On trouve un vers presque semblable dans une scène analogue, apparentée à la comédie, dans *Iphigénie à Aulis*, 311, où Ménélas menace de son sceptre le vieux serviteur d'Agamemnon : la scène est la même, mais il y a inversion des rôles.
42. Euripide fait ici de la vertu une conséquence de l'éducation ; ailleurs (cf. par exemple *Bacchantes*, 315), il en fait une question de nature. Dans le débat sur l'inné et l'acquis qui passionne alors les sophistes, le poète ne manifeste pas toujours la même conviction.
43. Exagération manifeste, puisque dans l'*Iliade*, IV, 139-140, Ménélas est blessé à la ceinture par Pandaros, et que le sang qui s'écoule donne lieu à une superbe comparaison.
44. Image de la femme-pouliche, comme dans l'attelage conduit par Pâris : cf. 277-278.
45. La scène figure sur certains vases attiques à peu près contemporains : le péplos d'Hélène s'ouvre et laisse apparaître son sein nu ; mais ce détail ne pouvait pas non plus laisser Aristophane indifférent : cf. *Lysistrata*, 155.
46. L'insulte de Pélée est double : si l'impudeur d'Hélène l'assimile à une chienne, le comportement de Ménélas envers elle l'assimile à un chien qui « se frotte » contre son maître (cf. Stevens).
47. La médiocrité des vers 668-677 a conduit la plupart des éditeurs à les considérer comme interpolés. De plus, le v. 678 s'enchaîne très bien au v. 667, ce qui n'est pas le cas avec le v. 677.
48. Tel est le type d'argument employé par Gorgias dans son *Hélène*, pour défendre la thèse qu'Hélène a subi son acte et ne l'a pas commis ; mais c'est aussi le moyen de défense utilisé par Hélène elle-même dans son plaidoyer (cf. *Troyennes*,

940 et 1042), et vivement réfuté par Hécube (983-990) et Ménélas (1038-1039).
49. Dans le long plaidoyer qu'Euripide prête à Hélène dans les *Troyennes* (914-975), elle fait également valoir l'avantage que la Grèce a tiré de ses mésaventures ; mais ce profit n'est pas le même qu'ici : la Grèce, dit-elle, a échappé, grâce à elle, au pouvoir des Barbares (932-933).
50. Les retrouvailles d'Hélène et de Ménélas occupent une des scènes des *Troyennes* : on y voit Ménélas résolu sans doute à tuer sa femme, mais préférant que son châtiment ait lieu en Grèce et qu'il soit exécuté par ceux qui ont souffert par sa faute (874-879 ; 1055-1059) ; et Hécube, à deux reprises, le met en garde contre ses sortilèges et ses charmes (891-894 ; 1049 et 1051).
51. La situation décrite est celle de la guerre du Péloponnèse, où la gloire personnelle des stratèges prend une importance qu'elle n'avait pas lors des guerres médiques : songeons que dans les *Perses*, tragédie qui a pour thème la victoire remportée par la flotte athénienne à Salamine en 480, Eschyle ne mentionne même pas le nom de l'artisan de cette victoire, Thémistocle.
52. Début d'un passage (699-702) dont la forme – changement abrupt du singulier au pluriel – et le fond – longueur de ce jugement de portée générale – ont fait penser qu'il s'agissait peut-être d'une interpolation ; mais le v. 699 semble un démarquage du v. 975 des *Choéphores* d'Eschyle, comme il en est tant dans *Andromaque*, ce qui plaide en faveur de son authenticité.
53. Hélène, mère d'Hermione, est menacée du même traitement et dans les mêmes termes par Ménélas (*Troyennes*, 881-882).
54. À la suite de la plupart des éditeurs, nous avons adopté la leçon *Eurôpan* (en Europe), donnée notamment par l'un des deux grands manuscrits d'Euripide, de préférence au *Eurôtan* (sur l'Eurôtas) pourtant attesté dans presque tous les manuscrits.
55. Cette volte-face irrationnelle d'Hermione, due à un mélange de remords et de crainte, et qui l'amène à souhaiter mourir après avoir voulu tuer, est caractéristique de certains héros euripidéens : on pense notamment à Électre et à Oreste après le meurtre de leur mère (*Électre*, 1185 *sq.*). On sait par ailleurs l'effet dramatique que Racine sut en tirer avec son fameux : « Qui te l'a dit ? » (*Andromaque*, 1543).

56. Manifestations traditionnelles de deuil (cf. *Iliade*, XVIII, 30-31 ; Eschyle, *Choéphores*, 23-31, etc.), exagérées ici à dessein pour suggérer peut-être le manque de sincérité d'Hermione.
57. Cette strophe s'ouvre et se ferme sur une métaphore marine : ici, Hermione, abandonnée par son père, se compare à un bateau privé de rame ; plus loin (863-865), elle souhaiterait pouvoir s'éloigner de Phthie, semblable à un bateau qui réussirait sa première traversée.
58. Hermione en est réduite à envisager de se réfugier auprès de la statue de Thétis, comme le faisait Andromaque au début de la pièce, ce qui suscitait la colère de la princesse (cf. v. 253 *sq.*) ; la situation analogue des deux femmes aux deux moments de l'action souligne bien entendu la péripétie survenue entre-temps.
59. Si l'oisillon évoque la fragilité (cf. 441), l'image de l'oiseau, elle aussi fréquente chez Euripide, exprime un impossible rêve de fuite. Sur « ces envols rêvés [qui] sont autant de fuites », voir J. de Romilly, *La Modernité d'Euripide*, PUF, 1986, p. 100-101.
60. La nourrice reprend à son compte les arguments précédemment développés par Hermione : cf. 149-153.
61. Comparer les paroles qu'Iphigénie dit à son père pour le dissuader de la sacrifier : « Mon rameau de suppliante, c'est ce corps que je presse contre ton genou » (*Iphigénie à Aulis*, 1216-1217, trad. de F. Jouan).
62. D'autres femmes ont plus de bon sens qu'Hermione et interdisent l'accès de leurs maisons aux « propos séduisants des commères » : c'est ce qu'affirme Andromaque pour son propre compte dans les *Troyennes*, 651-652.
63. Les femmes sont à ce point maîtresses de vices qu'Hippolyte prétend qu'il leur faudrait la compagnie muette des bêtes sauvages ! (*Hippolyte*, 645-650).
64. La machination meurtrière d'Oreste évoque celle de Clytemnestre dans l'*Agamemnon* d'Eschyle : même usage du filet – que l'arme soit réelle ou qu'elle suggère métaphoriquement le piège ; même reconnaissance explicite de l'acte commis, l'un et l'autre montrant la main qui a agi (comparer *Agamemnon*, 1405, et *Andromaque*, 997).
65. Le terme employé par Oreste pour évoquer ses « alliés » est celui qu'on trouve dans *L'Orestie* d'Eschyle pour exprimer les liens d'hospitalité qui unissent la famille d'Oreste avec celle de Pylade (cf. *Agamemnon*, 880, et *Choéphores*, 914) : cette récurrence d'un terme rare, en relation avec

Oreste, est donc une des nombreuses allusions à Eschyle faites dans *Andromaque*.
66. Comme dans les *Choéphores*, 269 *sq.*, Oreste n'a aucun doute sur l'aide que lui apportera Apollon, avec lequel il partage la même haine pour Néoptolème (cf. ici les v. 1006-1007) ; et les faits lui donneront raison : cf. 1147-1149.
67. Souvenir probable des *Choéphores*, comme le suggère, dans les deux tragédies, la présence du même verbe *peithomai* à l'intérieur d'une phrase où l'on s'interroge sur le crédit à apporter aux oracles d'Apollon enjoignant à Oreste de tuer sa mère : chez Eschyle, Oreste envisage seulement, à titre d'hypothèse, qu'il puisse ne pas souscrire aux oracles du dieu (297-298) ; ici, le chœur s'interroge et remet en question l'existence d'un tel ordre ; dans *Électre*, 1244-1246, Euripide ira plus loin et contestera sans détour le bien-fondé de cette injonction à tuer.
68. Sur le cœur prophète, voir une expression analogue dans Eschyle, *Perses*, 10-11.
69. Pour une description admirative de certains chefs-d'œuvre à Delphes, voir *Ion*, 184-218.
70. Le récit de ce meurtre prémédité établit toute une série d'oppositions entre Néoptolème et ses agresseurs : il fait ses dévotions en pleine lumière quand les autres ourdissent leur crime dans l'ombre, il est sans arme quand les autres sont munis de couteaux acérés ; mais surtout, seul contre une multitude, il réagit en faisant front – c'est le sens de la métaphore « il va à la poupe » du v. 1120 –, quand les autres tournent le dos pour prendre la fuite (1141), avant qu'une voix divine les rappelle à l'ordre (1147-1148). Par sa longueur, ses différentes phases bien marquées, mais aussi par son vocabulaire, ce récit s'apparente à un récit de bataille.
71. Les mouvements désordonnés de Néoptolème (souvent aussi appelé Pyrrhus) en armes pour échapper aux traits sont assimilés à une pyrrhique, rapprochement que confirme la description de cette danse que donne Platon dans les *Lois* (815a) : « Elle imite les mouvements qu'on fait pour éviter tous les coups ou l'atteinte des traits, se jeter de côté, reculer, sauter en hauteur, se baisser. » La mort par lapidation dont Penthée menace l'étranger dans les *Bacchantes* suscite une image du même genre, puisqu'il y est question d'une « amère bacchanale » (357), mais le terme choisi

pour évoquer la danse (pyrrhique/bacchanale) est à chaque fois adapté au contexte.
72. Ce convoi funèbre qui entre en scène, c'est le retour dans sa terre de Néoptolème qui va pouvoir ainsi être pleuré par les siens; le transport du cadavre de Delphes à Phthie est donc justifié. Mais on apprend au v. 1240 que ce mort doit être enterré à Delphes pour rappeler à tous le meurtre scélérat dont il a été victime. Il apparaît dès lors que le transfert du corps à Phthie n'a d'autre fonction que de permettre la longue scène pathétique de déploration qui suit, comme Euripide aime à en montrer (sur la scène parallèle dans les *Troyennes*, voir *infra*, 1181).
73. Ici débute un dialogue lyrique (appelé *commos*) chanté par Pélée et le chœur qui se lamentent ensemble sur le cadavre de Néoptolème; cette séquence lyrique, qui va jusqu'au v. 1225, est encadrée par deux passages (1166-1172 et 1226-1230) de rythme anapestique, rythme souvent associé à la marche et accompagnant ici l'entrée des serviteurs portant le cadavre, puis l'apparition de Thétis.
74. Mêmes caresses au mort et même attention pitoyable à différentes parties de son corps, quand Hécube a devant elle le cadavre de son petit-fils Astyanax : cf. *Troyennes*, 1178-1180.
75. Dans les *Choéphores*, 345-371, Eschyle prête aux enfants d'Agamemnon différents vœux à l'irréel : ils souhaitent notamment qu'au lieu d'un meurtre par traîtrise il ait rencontré une mort glorieuse sous les murs de Troie; la situation est donc très proche de celle d'*Andromaque*.
76. Sur les noces de Thétis et Pélée, cf. *Iphigénie à Aulis*, 1036-1079.
77. Les indications scéniques fournies par le texte, et notamment ce passage par les airs de la divinité avant qu'elle foule le sol de Phthie, suggèrent l'emploi de la *méchanè*, sorte de grue par laquelle un personnage divin était hissé avant d'être déposé sur la partie supérieure du bâtiment de scène, ce qu'on appelle le *théologeion* (c'est-à-dire « l'endroit d'où les dieux parlent »). Dans ce rôle de *deus ex machina*, comme c'est d'ailleurs généralement le cas chez Euripide, Thétis n'intervient pas directement sur l'action en cours – que faire en effet après que son petit-fils a été assassiné à Delphes ? – mais se contente d'anoncer la suite des événements : le sort prospère d'Andromaque en terre de Molossie et le destin divin de Pélée auprès d'elle.

78. Réminiscence homérique : les divinités marines – Poséidon, Néréides – voient la mer s'écarter devant elles : cf. *Iliade*, XIII, 29 et XVIII, 66-67.
79. Euripide suit ici une tradition qui remonte à l'*Éthiopide* d'Arctinos, selon laquelle Thétis aurait enterré son fils Achille à Leukè, « l'île blanche ».
80. On trouve à la fin de quatre autres pièces d'Euripide (*Alceste*, *Médée*, *Hélène* et les *Bacchantes*) la même conclusion, qui constitue, selon le mot de J. de Romilly (*L'Évolution du pathétique d'Eschyle à Euripide*, Les Belles Lettres, 1980, p. 107), « le triste credo de l'univers euripidéen ».

Hécube

1. Le procédé scénique qui consiste à faire apparaître un mort, plusieurs fois utilisé par Eschyle, fait surtout allusion à l'usage qu'en avait fait Sophocle dans sa propre *Polyxène*, où l'ombre d'Achille venait exiger le sacrifice de la jeune fille. La substitution de Polydore à Achille obéit à une nécessité dramatique, puisqu'elle permet à Euripide d'annoncer la structure en diptyque de sa tragédie. Mais elle est aussi signifiante en ce sens qu'elle place d'emblée l'action dans la perspective troyenne, dans le camp des victimes.
2. Que l'autel soit édifié par les dieux, ou pour les dieux, le meurtre de Priam à cet endroit précis accuse les dieux pour le moins de non-assistance.
3. Scène inspirée de celle des *Perses* d'Eschyle où la reine, asiatique elle aussi, raconte le rêve qui lui donne à craindre pour le sort de son fils. On sait d'autre part que raconter son rêve à la lumière du jour peut avoir un effet conjuratoire : le rêve qui est d'origine chtonienne peut se dissiper à la lumière du jour.
4. La *parodos* prend ici, exceptionnellement, la forme d'un récit, alors qu'elle est traditionnellement de forme lyrique.
5. Le terme *doxai*, qui est le verbe technique pour désigner l'avis du peuple dans les décrets de l'*ekklèsia*, donne à tout ce récit une valeur référentielle.
6. Euripide introduit les deux chefs athéniens pour renforcer l'effet référentiel de ce passage, et interroger l'idéologie athénienne, son ressassement héroïque, avec son corollaire, la misogynie. Ce débat « démocratique », qui tourne au combat entre la lance et le lit (combat évidemment très inégal), autour du sacrifice d'une vierge, est ironique,

comme le laissait prévoir la comparaison initiale de la séance avec une mer déchaînée.
7. La figure homérique d'Ulysse-aux-mille-tours (*polutropos*), spécialiste de la ruse et du stratagème, le prédisposait à incarner le démagogue, dénoncé violemment par Euripide (aussi bien que par Thucydide, Aristophane, et plus tard Platon, etc.) comme l'une des plaies de la démocratie. La charge contre Ulysse et le rôle capital qu'il joue dans la décision de l'assemblée discréditent et celle-ci et le camp grec.
8. *Kommos*, texte chanté. Euripide recourt souvent à cette introduction de parties chantées dans les épisodes. Celle-ci présente la particularité de succéder à une *parodos* parlée, ce qui inverse le schéma attendu.
9. Exemple rare d'*agôn* à trois personnages : Hécube, Ulysse et Polyxène. La structure en est remarquable, et significative. On sait que dans l'*agôn* celui qui parle en seconde position est toujours le vainqueur. Si Hécube est impuissante à faire valoir son point de vue et ne peut empêcher l'égorgement de sa fille, Polyxène, qui prend sa relève et parle après Ulysse, est la figure victorieuse ; non pas dans les faits, puisque le sacrifice *doit* avoir lieu (ne serait-ce que parce qu'il est prescrit par la légende), mais moralement, en le convertissant en sacrifice volontaire : les Grecs ne font alors qu'exécuter sa propre volonté. Ils n'imposent pas, finalement, leur loi.
10. Nouvelle diatribe, directe cette fois, contre les démagogues.
11. Sur ce passage qui fait défendre par Ulysse les valeurs aristocratiques qui sont un des fondements de la cité, cf. notice introductive, p. 120. Compte tenu du contexte (il faut un sacrifice humain pour pratiquer ces valeurs, alors que la jeune Troyenne les pratiquera naturellement) et des v. 316-317 qui évoquent le risque d'une lâcheté générale si l'appât de l'honneur n'existe pas, ce texte est difficilement lisible comme une apologie de la cité grecque.
12. La tirade d'Ulysse s'achève sur la citation du *topos* de la supériorité des Grecs sur les Barbares, que tout le contexte désigne comme une parodie. D'autant plus que la lettre même de ce *topos*, tel qu'il figure ici, est contredite par le contexte. Comme si les Troyens ne savaient pas reconnaître leurs amis, ni pratiquer la « belle mort » ! La pièce se chargera bientôt de lui infliger un démenti éclatant. Ulysse ressasse un thème défraîchi, vidé de toute

réalité, et qu'il brandit comme une menace, signifiant par là son impuissance effective.
13. Au-delà de sa référence au texte homérique qui situait aux limites occidentales les portes de l'Hadès, et du contexte précis qui fera mourir en Europe les Troyennes exilées, la formule elliptique et brutale qui conclut ce *stasimon* définit l'Europe comme *la* résidence d'Hadès. Telle est en effet l'une des questions que pose la guerre de Troie revisitée par Euripide. L'Asie des *Troyennes* est le pays de la « vraie » vie, de la grande famille heureuse des Priamides, de l'opulence et des bonheurs domestiques, tandis que l'Europe grecque est celui de la guerre, de la mort à l'infini (la guerre n'a pas suffi : il faut encore un sacrifice humain offert aux exigences d'un mort). La civilisation n'est peut-être pas dans le camp qui s'en targue, leçon que les *Troyennes* feront entendre sans équivoque.
14. La question du divin est une de celles que pose avec le plus d'insistance l'œuvre d'Euripide, et elle est le plus souvent, comme ici, liée à la question du mal. Devant l'immensité du malheur, et d'un malheur que rien ne justifie, les personnages d'Euripide doutent de l'existence des dieux.
15. Selon le scoliaste, ce geste est un hommage au courage, celui que l'on avait pour les vainqueurs des jeux.
16. La question soulevée par Hécube de l'importance relative de la nature et de l'éducation est l'une des plus discutées dans le théâtre d'Euripide (cf. introduction générale, p. 25), comme elle l'est à son époque et résonnera dans l'œuvre de Platon. Soulevée en particulier par les sophistes, elle ne pouvait manquer d'être cruciale pour une culture très imprégnée de ses modèles aristocratiques et pénétrée en même temps de la confiance dans les pouvoirs du *logos*.
17. S'agit-il du bain rituel qui précède le mariage ou de celui qui constitue la toilette funèbre ? Comme le signifie le vers suivant, Hécube relève le statut ambigu de ce sacrifice qui est assimilé à un mariage, de cette immolation-défloration.
18. Trait d'ironie tragique : Hécube remporte la palme du malheur ! Toute cette scène est d'ailleurs écrite à la limite du tragique et du comique, comme si la surenchère du malheur excédait tout *pathos* et ne pouvait plus se dire que dans la dérision, au bord de la folie.
19. Cette supplication fait écho à celle qu'Hécube adressait à Ulysse pour sauver Polyxène : pour la seconde fois, le

sort d'un de ses enfants la contraint de s'en remettre à l'un de ses vainqueurs. Mais, comme l'a montré sa longue hésitation, elle sait qu'elle a échoué et qu'elle doit cette fois réussir à tout prix. Elle tente d'abord de plaider le droit, le *nomos* qui départage le bien et le mal et qui peut seul réguler le monde, *nomos* dont elle fait Agamemnon dépositaire. Mais quand celui-ci se détourne au v. 812 et lui oppose par son silence une fin de non-recevoir, elle comprend que la *peithô* (la Persuasion) « règne seule sur les humains », que c'est donc son ultime ressource. Ce qu'on a lu souvent comme une dégradation de la figure d'Hécube est en fait une prise de conscience amère de la dégradation du pouvoir et de son exercice.

20. On ne peut qu'entendre ici un écho du célèbre vers de Pindare, « Le *nomos*, roi de tous les êtres, mortels et immortels », vers qui faisait déjà à Athènes l'objet de discussions (cf., par exemple, *Gorgias*, 484b). Mais en faisant du *nomos* la condition de possibilité de la croyance au divin, dans un contexte qui dénonce son impuissance à départager le juste d'avec l'injuste, Hécube n'a plus la confiance sereine de Pindare. Le temps de la tragédie, qui est celui de l'urgence du mal, est aussi celui de l'éloignement du divin (cf. introduction générale, p. 28).

21. Scéniquement, l'apparition de Polymestor aveuglé, les prunelles en sang, ne peut qu'évoquer l'*Œdipe roi* de Sophocle, mais symboliquement elle ne peut se lire qu'en contraste avec elle. L'automutilation d'Œdipe sanctionne sa reconnaissance (*anagnôrisis*) d'une faute commise malgré lui, la mutilation de Polymestor que lui infligent avec les mêmes agrafes Hécube et ses femmes sanctionne un crime délibéré et dénié. Le geste d'Œdipe reconnaît et rétablit l'ordre divin, celui d'Hécube, dans un monde strictement humain, assume une improbable *dikè*, en refusant de laisser le crime impuni. Sa justice immanente, inhumaine de fait, déchaîne à son tour la sauvagerie de Polymestor.

22. Agamemnon met un terme au déchaînement sauvage et rétablit l'ordre grec du *logos*.

23. Motif récurrent chez Euripide, le plus souvent dans la bouche des femmes, qui déplorent et dénoncent la duplicité introduite par la maîtrise du *logos* et la virtuosité rhétorique.

Les Troyennes

1. Comme dans *Alceste*, *Hippolyte*, *Ion*, les *Bacchantes*, Euripide confie le prologue à une figure divine : omniscients par définition, les dieux sont le mieux à même de délivrer les informations nécessaires à l'intelligence de l'action. Partie prenante, d'autre part, ils contribuent à l'engager. Le prologue des *Troyennes* est pourtant singulier : si le monologue de Poséidon joue son rôle d'exposition, le dialogue qui suit entre Athéna et lui n'a aucun rapport dramatique avec la tragédie, puisqu'il annonce la destruction de la flotte grecque à son retour de Troie (ce qui fit le sujet de l'*Odyssée*). Il fonctionne donc plutôt comme une mise en perspective. Le sort tragique des Troyens trouvera un contrepoint dans la ruine à venir des Grecs, punis de leurs exactions. Le spectateur est donc convié, comme il le sera au cours même de la pièce qui anticipe, par exemple, le châtiment d'Agamemnon, à intégrer ces données à celles de la représentation.

2. Les remparts de Troie, pièce maîtresse du décor, d'où les Grecs précipiteront Astyanax et qui s'effondreront au dénouement, justifient la présence et le rôle tutélaire de Poséidon, qui revendique leur fondation. L'*Iliade* faisait de lui, au contraire, un allié des Grecs.

3. L'évocation du cheval de Troie ne figure pas dand l'*Iliade*, mais dans l'*Odyssée*, VIII, dans la bouche de l'aède Démodocos, et dans les épopées plus tardives qui racontent précisément la chute de Troie.

4. *Erèmos*, « vide », « désert », « désolé », « abandonné », terme qui reviendra aux v. 26, 97, 564 et 603, sans que l'on ait toujours réussi à en proposer une traduction unique, fonctionne comme un leitmotiv, et renvoie à l'idée d'une guerre radicale qui anéantit tout effort de construction humaine, de civilisation et réduit l'être humain à une déshérence qui remet en question sa survie même en tant que tel.

5. Poséidon, tout dieu qu'il est, se fait ici le premier porte-parole du scepticisme religieux qui résonnera avec insistance dans la pièce. La mort de Priam manifeste évidemment l'impuissance de Zeus à jouer son rôle protecteur, ou une ingratitude qui ne le grandit pas davantage, puisqu'elle demeurera injustifiée.

6. *Asmenoi*, le même terme reviendra au v. 1264, dans la bouche de Talthybios. La joie des Grecs tout à leur impa-

tience du retour, offre un double contraste avec la tragédie des Troyens dont ils sont les auteurs indifférents, et la réalité de ce qui les attend. Ce contraste « dramatiquement ironique » encadre ainsi la pièce.

7. Ce vers introduit un nouveau leitmotiv : celui d'une guerre offensive, qui fait de la guerre de Troie la matrice des expéditions punitives d'Athènes à la fin du Ve siècle, et conteste évidemment leur légitimité.

8. Poséidon authentifie donc ce qu'Étéocle, dans les *Sept contre Thèbes*, énonçait comme un propos rapporté : « Les dieux, dit-on, abandonnent une cité quand elle a été prise » (217-218).

9. Sceptique en matière religieuse, Poséidon l'est aussi en matière mythique. Comme Hécube, il doute de la naissance miraculeuse d'Hélène, et l'appelle « fille de Tyndare », tandis que le chœur, plus naïf, la désignera comme la fille de Zeus.

10. Cette question est à la fois une didascalie (Poséidon passe en revue les éléments du décor et s'arrête sur le corps étendu d'Hécube) et une façon de remarquer l'innovation scénique que constitue la présence du personnage principal au prologue.

11. Il s'agit, pour Poséidon-Euripide, de préciser le contexte et les données de cette remise en jeu d'Hécube, une dizaine d'années environ après la tragédie qui portait son nom et qui se situait également après la chute de Troie (cf. notice introductive, p. 179).

12. Poséidon s'adresse à la cité en la personnifiant, ce qui sera une constante du traitement de Troie dans la pièce, et contribue beaucoup à la dramatisation de sa destruction. On remarque d'autre part qu'Athéna est ici désignée comme seule coupable de cette destruction. Le coup de théâtre qui la fait entrer en scène sur ces mots en est d'autant plus puissant.

13. On a essayé de restituer la forme très alambiquée de la première réplique d'Athéna, où se signifient à la fois la gêne du personnage venu risquer une démarche saugrenue, son caractère capricieux et infantile et la rupture de ton, tout à fait caractéristique d'Euripide, qui oppose à un monologue nourri de compassion tragique ce dialogue inspiré des scènes homériques où l'on voit des dieux très anthropomorphiques comploter le destin des humains au plus près de leurs intérêts et de leurs humeurs.

14. La monodie d'Hécube, qui constitue le troisième volet du prologue, contraste violemment, par son caractère lyrique, avec le dialogue qui précède et entame le long thrène des Troyennes qui fait l'unité de la pièce (120-121). Son efficacité scénique tient aussi au fait que le chant surgit tout à coup de ce qui n'était qu'un corps inanimé, qu'il le redresse peu à peu et convoque enfin sur la scène les femmes du chœur attirées par ses plaintes. La tragédie semble ainsi naître du chant d'Hécube.
15. La métaphore navale sous-tend toute cette strophe. La vie est figurée comme une navigation, le faste des ancêtres comme une voile, les mouvements d'Hécube, se roulant sur le sol comme le roulis d'un navire oscillant sur sa coque.
16. Comme plus tard, au premier *stasimon*, le texte se désigne lui-même comme inaugurant un nouveau genre poétique, celui du malheur (cf. notice introductive).
17. La *parodos* (entrée du chœur) se présente d'abord sous la forme d'un *kommos* (dialogue chanté) entre le chœur et Hécube, avant l'ode lyrique proprement dite, à partir du v. 197. Elle fait d'autre part entrer le chœur en deux groupes successifs, le premier convoquant le second à sortir au v. 166.
18. Nouvelle personnification de Troie (cf. 780, 905, 913, 1277-1278, 1331).
19. Tout ce dialogue, jusqu'au v. 307, fait alterner les trimètres iambiques (vers du dialogue tragique) de Talthybios avec les vers lyriques d'Hécube, indices de son émotion.
20. Ulysse, le héros homérique de l'ingéniosité (*polutropos*), est l'une des figures les plus dégradées chez Euripide, chez qui il incarne la mauvaise foi, l'habileté sans scrupule, la parole manipulatrice du démagogue, tel qu'il sévit à Athènes à la fin du Ve siècle.
21. Nouvelle indication didascalique et remarque d'un effet scénique et d'un leitmotiv. Le thème du feu, depuis le rêve d'Hécube portant un tison en son sein, jusqu'à l'embrasement spectaculaire du dénouement, en passant par la scène qui s'annonce ici de Cassandre brandissant des torches enflammées, hante la tragédie. La question de Talthybios souligne et désamorce à la fois le coup de théâtre. Il le souligne en anticipant l'entrée spectaculaire de Cassandre, il le désamorce en le mésinterprétant, non sans comique, puisque l'éventualité d'un suicide collectif

par le feu lui apparaît comme un mauvais coup pour les Grecs et une menace pour lui! On pense ici aux réactions du garde dans l'*Antigone* de Sophocle.
22. La « scène » de Cassandre est évidemment une récriture de celle de l'*Agamemnon* d'Eschyle. Très proche dans sa structure, elle fait se succéder une phase de transe et une phase de lucidité marquée par un retour au trimètre iambique et signalée comme non « délirante » par Cassandre elle-même. Mais la teneur en est très différente. La « folie bachique » de la Cassandre d'Euripide qui joue la scène de ses noces avec Agamemnon et convertit sa terreur en hallucination hystérique est un véritable accès de folie, comme Euripide en a plusieurs fois mis en scène (*Héraclès furieux*, *Oreste*), témoignant ainsi de sa familiarité avec les connaissances médicales de son époque. Son retour à la lucidité, consacré à donner sa version de la guerre de Troie, permet à Euripide de faire entendre, avec une solennité « prophétique », sa condamnation de l'impérialisme.
23. Cette formule sera reprise presque mot pour mot par Clytemnestre dans *Iphigénie à Aulis*, au v. 1170 (« Nous achetons le plus odieux en le payant du plus précieux »), pour désigner, dans l'un comme dans l'autre cas, le troc scandaleux d'Hélène contre Iphigénie, mais aussi, puisque l'usage du neutre pluriel fait entendre, au-delà des noms propres, une vérité générale, le sacrifice des biens essentiels (toutes les valeurs de l'*oikia*, de la maison, de la *philia*, de ce qui unit) aux forces de la destruction et de l'*echthra*, de la haine.
24. Ici est le point essentiel : pour Cassandre, il n'est de « belle mort » que pour défendre le sol et la cité ancestraux. Et le sacrifice qu'ont dû faire les assaillants de leurs joies domestiques et de leurs rituels funèbres entérine la faute majeure de leur entreprise, et, au-delà, la méprise qui règle les valeurs fondamentales de leur civilisation.
25. Texte décisif et paradoxal. Le paradoxe, au sens propre du terme, tient évidemment au renversement de l'évaluation de la guerre de Troie, où l'on ne peut manquer de voir l'influence des sophistes, dont l'éloge paradoxal (cf. l'*Éloge d'Hélène* de Gorgias, par exemple) était l'un des exercices fréquents. Mais la portée du texte d'Euripide ne peut pas être réduite à un exercice d'école. La contestation de la guerre offensive, voire impérialiste, l'insistance sur le sort fait aux femmes, la méfiance à l'égard de l'idéologie auto-

célébratrice de la cité grecque sont des motifs assez récurrents dans son théâtre pour que l'on entende ici une déclaration véritable, qui est manifestement l'une des raisons d'être de cette scène dramaturgiquement très puissante.

26. Les prophéties de Cassandre reprennent les étapes de l'*Odyssée* : Charybde (XII, 101*sq*., 235 *sq*.) ; le Cyclope (IX) ; Circé (X, 233 *sq*.) ; le naufrage (V, 313 *sq*.) ; les Lotophages (IX, 83 *sq*.) ; les Vaches du Soleil (XII, 262 *sq*., 394 *sq*.) et la *Nekuia* (XI). Cette prophétie, dont chacun – et pour cause – pouvait vérifier la justesse, accrédite, s'il en était besoin, le fait que Cassandre est en pleine possesion de ses moyens.

27. Le texte d'Euripide reprend de très près celui d'Eschyle (*Agamemnon*, 1264 *sq*.), mais sa Cassandre ne se révolte pas contre le dieu qui l'a trahie, puisqu'elle trouve dans son sort l'occasion de faire justice pour les siens.

28. Variation sur les tâches dégradantes de l'esclavage imposé à une captive de guerre de condition noble ou royale, dont le théâtre d'Euripide offre de nombreux exemples et dont la scène matricielle est évidemment celle des adieux d'Hector et d'Andromaque au chant VI de l'*Iliade*, et en particulier aux v. 454 *sq*. qui évoquent, dans la bouche d'Hector, le sort à venir d'Andromaque.

29. La formule est à première vue énigmatique, mais elle s'éclaire si on la met en relation avec la figure de Dionysos, telle qu'elle apparaît surtout dans les dernières œuvres d'Euripide. Dans les *Phéniciennes*, en effet, comme dans les *Bacchantes*, Dionysos est évoqué comme le dieu de l'harmonie, de la réconciliation, l'ennemi résolu de la discrimination (des sexes, des classes sociales, des peuples), l'anti-Arès, le principe de l'être-avec. Sous le signe bachique s'effectuent la communauté des dieux, celle des mortels « possédés » comme Cassandre avec eux, et sa participation au savoir prophétique.

30. Vérité gnomique de la tragédie grecque.

31. Sur l'importance emblématique de ces vers, cf. la notice introductive.

32. Le terme grec *eiresia* est une métaphore : il désigne au sens propre le battement des rames et ici, au sens figuré, le halètement de la poitrine – ce qui est un hapax en ce sens.

33. L'usage voulait que l'on accrochât aux temples les dépouilles prises aux ennemis.

34. Tout le duo qui suit, en trimètres rompus, est caractéristique des œuvres tardives d'Euripide, et traduit un paroxysme de douleur.
35. Texte altéré, ce qui rend incertaines et la répartition des vers et leur signification exacte.
36. Avec cet usage métaphorique du mot « tours », Hécube fait du destin de Troie la figure du destin de l'humanité, et fait résonner la sentence au-delà de son propre cas ; aussi le spectateur peut-il y entendre une préfiguration de ce qui attend les Grecs, alors même qu'ils semblent au comble de la réussite (le *ta dokounta* du vers suivant sonne donc comme un avertissement sur son caractère illusoire).
37. Cette tirade d'Andromaque résonne comme un écho à la fois des plaintes de Médée sur le blâme dont les femmes sont injustement victimes et de la leçon de conjugalité administrée par le même personnage dans la tragédie qu'Euripide lui a déjà consacrée.
38. Texte caractéristique du « féminisme » d'Euripide, dont le théâtre épouse souvent le point de vue des femmes, ce qui lui valut, entre autres, les sarcasmes virulents d'Aristophane. Qu'il s'agisse de la misogynie qui s'exprime dans le *psogos gunaikôn* (le « blâme des femmes »), de l'obligation qui leur est faite de se tenir à l'intérieur de la maison, de leur situation conjugale, ou du sacrifice que l'on fait trop aisément de leurs enfants, les femmes d'Euripide accusent le sort qui leur est fait, sort d'autant plus injuste qu'elles se révèlent souvent plus courageuses, plus soucieuses de l'intérêt public, plus lucides et plus justes que les hommes qui les entourent.
39. Le texte est une citation du célèbre passage de l'*Iliade*, VI, 429 *sq.*
40. Formule très proche de celle d'Hippolyte, évoquant son inexpérience amoureuse. Hécube, elle, souligne ainsi la différence entre les Grecs, peuple navigateur, et les Troyens plus sédentaires. Mais elle souligne aussi, comme Hippolyte, l'importance des récits et des représentations plastiques. L'œuvre d'Euripide est ainsi émaillée de réflexions sur l'art.
41. « Digression » traduit le terme technique *ekbainein*, qui pointe le caractère rhétorique de l'échange qui s'achève et le retour à l'action dramatique.
42. Ce *stasimon* reprend le motif de la destruction de Troie, en l'inscrivant dans la perspective plus ample d'un destin funeste. Ainsi se fait jour le soupçon d'une malveillance

divine, qui ne cessera de se développer jusqu'au dénouement de la pièce.

43. La prière d'Hécube, parodiée par Aristophane dans les *Nuées* (264-266) et dans les *Grenouilles* (892-894), a été entendue comme la profession de foi d'Euripide, nourri d'influences philosophiques « modernistes » (identification de Zeus à l'Éther, conception héraclitéenne de l'ordre naturel, ou bien identification inspirée d'Anaxagore du principe universel avec le *Nous*-l'Esprit). Euripide s'amuse d'ailleurs à anticiper les réactions de ses contemporains au v. 889, qui dit la surprise de Ménélas.

44. Allusion au célèbre jeu de mots sur le nom d'Hélène : *helenas helandras heleptolis* (« qui prend les navires, qui prend les hommes, qui prend les cités »), aux v. 689-90 de l'*Agamemnon* d'Eschyle.

45. La traduction de *outô dè* par « c'est donc vrai » tente de rendre compte de l'insistance amère de la formule qui introduit la question : l'effondrement de Troie, évoqué une troisième fois, est cette fois attribué à la trahison de Zeus.

46. Le rapprochement étymologique d'*aithèr* (l'« éther », partie la plus haute, éclatante de l'air) et du verbe *aithô* (« brûler »), l'opposition entre *epibebôs* (« monté ») et *katelusen* (« a renversé ») soulignent le divorce définitif entre un Zeus qui a renoncé à son séjour troyen pour l'éclat de sa résidence céleste et sa cité qu'il a abandonnée aux ravages maléfiques du feu dont il est le maître et dont il se réserve l'éclat purificateur (cf. *phloga* et *katalampomenan*, dans la strophe qui précède).

47. Le terme *pitulos*, qui dit au sens littéral le battement de la rame frappant l'eau en cadence, rend le vers grec beaucoup plus recherché et évocateur que sa traduction. Faute d'avoir pu rendre l'image en français, on perd aussi son écho au v. 1236, où *pitulos* désignera cette fois les coups réguliers dont les femmes se frappent la poitrine. Tout au long de la tragédie, le vocabulaire marin, propre aux Grecs, est utilisé métaphoriquement par les Troyennes.

48. Talthybios prend sur lui les soins qui incombent normalement aux proches du mort, marquant ainsi sa proximité avec les Troyennes, proximité dont le texte a noté constamment les nuances et la progression.

49. Nouvelle et dernière mention de cette poésie tragique dont Euripide se réclame.

Le Cyclope

1. Né des amours adultères de Zeus et de la mortelle Sémélé, Dionysos fut frappé de folie par Héra, qui, par jalousie, le contraignit à de longues errances à travers l'Égypte et la Syrie (cf. Apollodore, III, 5, 1; Nonnos, *Dionysiaques*, XXXII, 98-150). Euripide est le premier auteur à mentionner cet épisode de la folie de Dionysos, mais la manière allusive dont il en traite donne à penser que la légende était bien connue de son public.
2. Il s'agit des Nymphes du mont Nysa – lieu mythique diversement situé par les Anciens –, que la plupart des auteurs grecs et latins donnent pour nourrices à Dionysos (voir par exemple : Homère, *Iliade*, VI, 132-133, *Hymne homérique à Dionysos II* [= Hymne 26], 3-5; Ovide, *Métamorphoses*, III, 314).
3. L'un des Géants qui, selon la version la plus courante – connue d'Euripide qui s'y réfère dans *Ion* (209-210) et dans *Héraclès furieux* (908) –, est tué par Athéna.
4. La légende de l'enlèvement de Dionysos par des pirates tyrrhéniens est longuement racontée dans l'*Hymne homérique à Dionysos I* (= Hymne 7), 6 *sq.*, et avec des détails différents par Apollodore, III, 5, 3. L'introduction des Satyres dans l'épisode, qui semble être une invention d'Euripide, vise à expliquer leur présence en Sicile, au pays de Polyphème, avec lequel ils n'ont originellement rien à voir.
5. Autre interprétation possible : « le gouvernail double ». Nous privilégions le sens de « navire », bien attesté pour *doru* (cf. 19); l'expression *doru euthunein* se rencontre également chez Eschyle, *Perses*, 411 et au v. 1611 de l'*Hélène*. Le sens donné ici à l'adjectif *amphêrês*, « à doubles rames » (littéralement « muni de rames des deux côtés »), qui est suggéré par une glose d'Hésychius (Schmidt *a* 3936), est conforté par le rapprochement avec l'expression *diplaisi kôpais* au v. 468. Nous faisons de *doru* le complément de *labôn* et de *euthunein*.
6. Euripide se souvient ici du début du chant IX de l'*Odyssée* : c'est en effet au large du cap Malée qu'Ulysse, de retour de Troie et sur le point de regagner enfin sa patrie, est détourné de sa route par un vent du nord qui le porte jusqu'à la côte d'Afrique du nord, chez le peuple des Lotophages. Le remplacement du Borée par un vent

d'est est rendu nécessaire par la localisation en Sicile du pays des Cyclopes (voir note suivante).

7. Cette localisation du pays des Cyclopes sur la côte est de la Sicile ne vient pas d'Homère, qui ne donne ici aucune précision géographique. Euripide n'en est sans doute pas l'inventeur, et pourrait l'avoir reprise du *Cyclope* d'Épicharme. Elle correspond en tout cas à une tradition bien attestée chez les auteurs grecs (cf. Thucydide, VI, 2, 1 ; Strabon, I, 2, 9).

8. L'œil unique des Cyclopes, qui n'est pas expressément évoqué par Homère – bien que ce trait soit impliqué par la ruse d'Ulysse –, est mentionné pour la première fois dans la *Théogonie* d'Hésiode (143). Euripide semble parfois oublier cette caractéristique du physique de Polyphème, et parle de ses yeux (cf. 463, 470, 511, 611). Ce pluriel, s'il ne s'agit pas d'un simple pluriel poétique, doit être mis en relation avec les témoignages iconographiques, qui représentent fréquemment le Cyclope avec deux, voire trois yeux, mais rarement avec un œil unique (voir *LIMC*, O. Touchefeu-Meynier, art. « Kyklops »). Sur un cratère daté de la fin du Ve siècle, qui illustre la scène de l'aveuglement du Cyclope, et dont le rapport avec le drame d'Euripide est évident, l'œil « unique » de Polyphème, situé au milieu de son front, se surajoute à deux yeux normaux, qui sont fermés.

9. L'anthropophagie des Cyclopes n'est pas mentionnée par Homère au début du chant IX de l'*Odyssée*. Elle ne se révèle que dans le cours de l'épisode cyclopique, lorsque les compagnons d'Ulysse l'éprouvent à leurs dépens. Euripide, lui, comme il le fait généralement dans ses prologues, livre dès le début de sa pièce tous les éléments nécessaires à sa compréhension.

10. Ce thème de la captivité et de l'asservissement des Satyres est un *topos* du drame satyrique. Le contraste souligné par Silène entre les tâches serviles imposées par le Cyclope et le bonheur de la vie menée auprès de Dionysos parodie le thème tragique de la déchéance des reines et des princesses troyennes devenues captives de guerre (cf. *Andromaque*, 164-167 ; *Hécube*, 354-366).

11. Le mot grec est *sikinnis* qui, d'après le témoignage des auteurs grecs (voir en particulier Aristoxène de Tarente, fr. 104 et 106 Wehrli ; Lucien, *De la danse*, 22, 26 ; Athénée, *Deipnosophistes*, 630bc), désigne la danse caractéristique du drame satyrique. Il s'agit, semble-t-il, d'une danse

rapide (Athénée, 630d, la compare à cet égard à la pyrrhique), consistant en gambades énergiques (cf. *Cyclope*, 221), accompagnées de bonds sur chaque jambe et de gestes des bras et des mains (voir F. Brommer, *Satyrspiele...*, 2ᵉ éd., Berlin, 1959, ill. 1, 6, 7, 11, etc.).

12. Ce manteau de bouc, dans lequel il paraît difficile de voir simplement le « pagne » – *perizôma* – qui constitue le costume théâtral des Satyres (voir par exemple le vase Pronomos), est le vêtement caractéristique des bergers (cf. par exemple *Odyssée*, XIV, 530; Théocrite, *Idylles*, 5, 1-10 et 7, 13-16).

13. Diggle adopte, à la suite de V. Schmidt (« Zu Euripides Kyklops, 120 und 707 », *Maia*, 27, 1975, p. 291-292), la correction du *nomades* des manuscrits en *monades*. Pas plus dans l'*Odyssée* que dans le *Cyclope* d'Euripide, les Cyclopes ne sont imaginés comme nomades. L'adjectif *monades* s'applique bien, en revanche, à la vie solitaire et étrangère à toute forme d'organisation collective que leur attribue déjà Homère (*Odyssée*, IX, 112-115).

14. Cf. *Odyssée*, IX, 175-176. C'est pour satisfaire sa curiosité sur ce point qu'Ulysse, chez Homère, décide d'aller à la rencontre des Cyclopes.

15. Ce Cyclope chasseur (voir aussi 247-249) est une innovation d'Euripide par rapport à Homère.

16. Nous proposons sous réserve cette traduction, fondée sur le texte des manuscrits. L'enchaînement des v. 146-147 a paru abrupt à la plupart des éditeurs. Diggle suppose l'existence d'une lacune après le v. 146; d'autres, à l'instar d'Ussher, adoptent, au lieu du *naí* initial, la lecture *nâi* (du verbe *naô*, « couler », qui s'emploie à propos de l'eau).

17. Ce saut du cap Leucade dans la mer représente, dans la tradition grecque, le suicide des amants désespérés. C'est ainsi, par exemple, que Sappho, amante malheureuse de Phaon, se serait précipitée dans les flots du haut du cap Leucade, d'après la légende dont Ovide se fait l'écho dans les *Héroïdes* (XV, 172). Il y a peut-être une allusion plus précise à l'amant « ivre d'amour » – *methuôn erôti* – d'un fragment d'Anacréon (Page, *PMG*, 376), qui s'inflige le même sort : Silène est ivre, lui aussi – *methustheis* –, mais de vin !

18. Les attaques contre Hélène, la femme débauchée tenue pour responsable de la guerre de Troie, sont constantes dans la tragédie grecque, et en particulier dans le théâtre d'Euripide (voir *Andromaque*, 229, 626-631 ; *Hécube*, 265-

266, 269-270; *Troyennes*, 876-882, *Iphigénie en Tauride*, 525; *Électre*, 213-214, etc.), la seule exception étant l'*Hélène*, dans laquelle le poète, à la suite de Gorgias, réhabilite son personnage. Le comique vient de ce que cette condamnation, dont Polyphème se fait l'écho un peu plus loin (cf. 280-281), est prononcée ici par les Satyres, qui imaginent pour la coupable un châtiment conforme à leurs propres penchants.

19. Évocation plaisante de Pâris et de son costume oriental, riche et bigarré. Les hommes grecs ne portaient ni pantalons ni colliers, et les termes employés ici par le chœur sont fortement péjoratifs : le mot *thulakoi*, dont Aristophane (*Guêpes*, 1087) use également pour désigner le large pantalon des Perses, signifie littéralement « sacs », et *kloios* s'applique à un carcan pour les prisonniers, et à un collier de chien. Le passage est représentatif d'une certaine vision de l'Orient, comme symbole de mollesse et de luxe, qui s'est répandue en Grèce au Ve siècle, à la suite des guerres médiques.

20. Euripide s'est peut-être souvenu ici d'un passage de Pratinas (Athénée, 14, 617cd = Page, *PMG*, 708) : « *tis ho thorubos hode; ti tade ta choreumata; / tis hubris emolen epi Dionusiada polupataga thumelan* » ; « Quel est ce vacarme ? Que sont ces danses ? Quel est ce débridement qui a assailli, de son fracas retentissant, l'autel de Dionysos ? »

21. Cette remarque des Satyres donne à penser qu'une partie au moins de l'action du *Cyclope* est censée se passer la nuit. Mais le « déjeuner » (*ariston*) dont il est question au vers suivant illustre la liberté avec laquelle Euripide use du temps dans l'ensemble de sa pièce.

22. Cf. *Odyssée*, IX, 252-255. Cette question conventionnelle à propos des nouveaux arrivants se poursuit avec l'interrogation sur leur identité, aux v. 275-276.

23. Le mot grec *kreanomos* désigne exactement, dans le vocabulaire du sacrifice, « celui qui distribue les parts de viande ». L'horreur que constituent, en elles-mêmes, les pratiques anthropophagiques de Polyphème, est redoublée, dans le *Cyclope*, par la description de son repas comme une parodie de sacrifice (voir aussi v. 334 : *thuô*; v. 365 : *thusian*; v. 395 : *sphageia*). Alors que le Cyclope de l'*Odyssée*, à l'instar du lion auquel il est comparé (IX, 292-293), dévore ses victimes crues, celui d'Euripide, par un raffinement qui n'en fait que davantage ressortir sa sauvagerie, les fait cuire en distinguant, conformément

aux règles en usage dans le sacrifice, parties à rôtir et parties à faire bouillir (cf. également 358-360).
24. Conformément aux pratiques grecques, Silène garantit son serment par une invocation à différentes divinités. L'énumération commence en bonne logique par Poséidon, le père de Polyphème, dont le nom entraîne à sa suite celui de plusieurs divinités du monde marin (Triton, Nérée, Calypso, les Néréides), pour s'achever par « la race des poissons tout entière », avec un souci d'exhaustivité qui parodie l'habitude des Grecs de terminer leurs serments par un appel à « tous les dieux ».
25. L'idée, sous-jacente à ce passage, que la guerre de Troie devait être le prélude à la conquête de la Grèce, est un anachronisme qui repose sur l'assimilation, fréquente dans la littérature grecque, de la guerre de Troie avec les guerres médiques.
26. La dernière éruption de l'Etna avait eu lieu en 425 av. J.-C. (Thucydide, III, 116).
27. Le respect dû aux suppliants et les règles de l'hospitalité sont déjà invoqués par Ulysse dans l'*Odyssée* (IX, 266-271). Non content de les bafouer, Polyphème les tourne délibérément en dérision quand il annonce à Ulysse (*Odyssée*, IX, 369-370, *Cyclope*, 549-551) que son présent d'hospitalité sera d'être mangé le dernier, ou encore que ses cadeaux seront le feu et le chaudron dans lequel il va le mettre à bouillir (*Cyclope*, 342-344).
28. L'idéal de vie prôné par Polyphème, qui conjugue matérialisme, athéisme, autarcie et mépris des lois, est une caricature de certaines idées contemporaines, et en particulier des critiques développées par les sophistes à l'encontre de la religion traditionnelle, déjà fustigées par Aristophane dans les *Nuées* à travers la figure de Socrate (cf. 247-248, 252-253, 365-367). Le rejet des lois et la revendication du plaisir individuel peuvent être rapprochés des thèses de Calliclès dans le *Gorgias* de Platon. Il va de soi qu'Euripide, bien que critique à l'égard de certains aspects de la religion de son temps, ne reprend pas à son compte la « philosophie » du Cyclope, et l'on pourrait multiplier les citations qui, dans le reste de son œuvre, contredisent telle ou telle de ses assertions (voir en particulier fr. 20 N² : « ne fais pas mention de la richesse ; je ne l'admire pas comme un dieu, elle que même le pire des hommes acquiert facilement »). Sur les idées religieuses d'Euripide, on peut consulter F. Chapouthier, « Euripide et l'accueil du

divin », *Entretiens sur l'Antiquité classique*, I, Vandœuvres-Genève, p. 205-237 ; W.K.C. Guthrie, *A History of Greek Philosophy*, Cambridge, 1969, III, p. 228-234.

29. Même plaisanterie triviale chez Aristophane, par exemple *Nuées*, 293-295 et 386-391.
30. L'exigence de parallélisme métrique entre la strophe et l'antistrophe conduit les éditeurs à supposer l'existence d'une lacune d'un vers après le v. 374.
31. L'ordre des vers donné par les manuscrits pour ce passage bouleverse l'enchaînement logique des gestes effectués par Polyphème. Diggle, après Paley, place le v. 392 après le v. 385 (d'autres éditeurs le rejettent après le v. 395).
32. Vers difficile et de sens peu sûr. L'adjectif *Aitnaia*, qui signifie littéralement « de l'Etna », peut se référer soit au lieu d'origine de ces vases à égorger, soit à leur taille gigantesque.
33. Ces vers sont diversement compris et corrigés par les éditeurs. Notre traduction suit le texte de Diggle, avec la correction, proposée par Wilamowitz, de *tini* en *th'heni* au v. 398, à l'exception de la lacune supposée après le v. 399, qui ne nous paraît pas nécessaire à la compréhension de l'ensemble.
34. Pour ce passage, voir *Odyssée*, IX, 288-290.
35. Naïades est une correction de Casaubon (début du XVIIe siècle) adoptée par la quasi-totalité des éditeurs à la place des Danaïdes mentionnées par les manuscrits, lesquelles n'ont rien à voir avec les Satyres.
36. Vers manifestement altérés dans le texte des manuscrits, où ils présentent des irrégularités métriques et une faute de syntaxe (absence de liaison au v. 440). Notre traduction tient compte des corrections suivantes : *ton d'*(Heath) à la place de *tond'* et *kat'au phagein* (Nauck) à la place de *kataphagein*. Le chœur retourne plaisamment le motif de l'anthropophagie de Polyphème et regrette de ne pouvoir, à son tour, dévorer le monstre. D'autres admettent, avec les corrections métriques qui s'imposent, le *kataphugein* du *Par. Gr.* 2887, et comprennent que les Satyres se plaignent de ne pouvoir fuir le Cyclope, ou de n'avoir pas de refuge pour leur « cher siphon ».
37. Version simplifiée de la comparaison du chant IX de l'*Odyssée* (v. 383-386).
38. Le verbe employé par Ulysse est *kuklôsô*, dont le rapprochement avec le nom du Cyclope, au début du vers sui-

vant, produit un jeu de mots impossible à rendre en français.
39. Diggle, à la suite d'un certain nombre d'éditeurs, attribue à un interpolateur ces vers qui répètent inutilement les précédents, et offrent une image d'Ulysse qui n'est pas en conformité avec celle qui s'impose dans le reste de la pièce.
40. Cette indication scénique provient du texte des manuscrits, sans que l'on puisse savoir si elle remonte à Euripide lui-même. Sur ce point, voir O. Taplin, « Did Greek dramatists write stage instructions? », *Proceedings of the Cambridge Philological Society*, 203 (n.s. 23), 1977, p. 121-132.
41. Vers considéré comme incomplet pour des raisons métriques, et diversement interprété. Nous comprenons les mots *tis philei hêmas* comme une question prêtée par les Satyres à Polyphème. Autre interprétation possible, « on nous aime », avec un *tis* indéfini, en attribuant ces mots aux Satyres, qui devineraient là les projets érotiques du Cyclope à leur égard.
42. Traduction conjecturale d'un texte corrompu (voir Diggle, *Maia*, 24, 1972, p. 345-346 ; Stinton, *JHS*, 97, 1977, p. 138-139). Dans cette parodie d'épithalame, le chœur se réfère au rituel du mariage pour évoquer à mots couverts le sort qui attend Polyphème.
43. Voir la note 12, p. 346.
44. La ruse du faux nom, qui est attendue des spectateurs et prépare le quiproquo final entre le Cyclope et les Satyres (v. 672-675), est introduite ici de manière assez artificielle. Le poète comique Cratinos semble s'être déjà amusé de ce morceau de bravoure lorsqu'il fait dire à Ulysse (fr. 141) : « demande-moi immédiatement mon nom ».
45. Cf. *Odyssée*, IX, 369-370 et la note 27, p. 348.
46. En grec, *houtos*, qui est peut-être un écho plaisant au *Outin*, « Personne », du v. 549.
47. Le complément du verbe n'étant pas exprimé, on peut également comprendre « tu vas me faire mourir », « tu veux ma mort ». Mais Euripide semble faire écho à un passage du *Cyclope* d'Aristias (fr. 4) : « tu as gâté le vin en y versant de l'eau ».
48. Le *ôthei* des manuscrits peut difficilement être conservé pour des raisons syntaxiques (succession de deux verbes conjugués sans liaison entre eux). Nous traduisons ici le participe *pneôn*, suggéré par Diggle dans ses « Marginalia Euripidea », *PCPhS*, 195 (n.s. 15), 1969, p. 34.

49. Il est possible que l'acteur ait changé de masque avant de réapparaître à l'entrée de la grotte (cf. O. Hense, *Die Modificirung der Maske in der Griechischen Tragödie*, 2ᵉ éd., Freiburg, 1905, p. 15-16). Mais la mutilation de Polyphème peut n'avoir été rendue « visible » que par la force suggestive des mots, comme c'est souvent le cas dans le théâtre grec.
50. Cf. *Odyssée*, IX, 408-414, où le quiproquo, plus subtilement développé, et essentiel à l'action, prive Polyphème du secours de ses frères.
51. Le texte grec (*hôs dê su*) n'a pas de sens en lui-même. Il faut ou bien sous-entendre un verbe tel que *legeis*, ou supposer, comme le fait Diggle (« Notes on the *Cyclops* of Euripides », *Classical Quarterly*, 65 (n.s. 21), 1971, p. 49-50), que la phrase du Cyclope est interrompue par la question du Coryphée, et que ce verbe est le *skôpteis* du vers suivant.
52. Cf. *Odyssée*, IX, 507-512. Le châtiment d'Ulysse, chez Homère, n'est pas mentionné comme faisant partie de la prophétie, mais il est l'objet de la prière que Polyphème adresse à son père Poséidon pour lui demander de le venger (528-535).
53. Cf. *Odyssée*, IX, 481-482 et 537-540. Pour des raisons scéniques évidentes, et à la différence du récit odysséen, le Cyclope projette dans un futur extérieur au drame la mise à exécution de sa menace.
54. Cette précision, donnée ici pour la première fois, dote la caverne d'une issue postérieure, symétrique de celle qui est vue des spectateurs, sur le devant de la *skènè*. Le caractère étonnamment allusif de l'expression invite à y voir un écho au v. 19 du *Philoctète* de Sophocle, où il est question du « gîte à double entrée » qui sert d'abri au héros. Dans les deux passages, c'est le même adjectif – *amphitrês* – qui est employé, fait d'autant plus significatif qu'on n'en connaît pas d'autre occurrence dans la littérature grecque. La date de la représentation du *Philoctète* – 409 av. J.-C. – fournirait ainsi un *terminus post quem* pour celle du *Cyclope*.

Chronologie

534 av. J.-C.	Premier concours tragique aux Grandes Dionysies
526-525 (?)	Naissance d'Eschyle
508-507	Réforme de Clisthène
496-495	Naissance de Sophocle
494	Prise de Milet par les Perses
493-492	*Prise de Milet* de Phrynichos
490	Première guerre médique : Marathon
485	Premier concours comique aux Grandes Dionysies
484 (?)	Naissance d'Euripide Date de la première victoire d'Eschyle
480	Seconde guerre médique : Salamine
479	Bataille de Platées
476	Les *Phéniciennes* de Phrynichos
472	Les *Perses* d'Eschyle
470 (?)	Naissance de Socrate
468	*Triptolème* de Sophocle
467	Les *Sept contre Thèbes* d'Eschyle
463	Les *Suppliantes*
458	L'*Orestie*
456	Mort d'Eschyle
455	Premier concours dramatique d'Euripide : Les *Péliades*
449	Institution d'un prix pour le meilleur acteur
445	Naissance d'Aristophane
442	*Antigone* de Sophocle
441	Première victoire d'Euripide

438	*Alceste* d'Euripide (2ᵉ prix pour la tétralogie)
431	*Médée* d'Euripide (3ᵉ prix pour la tétralogie)
431-404	Guerre du Péloponnèse
430-428 (?)	*Œdipe roi* de Sophocle
	Les *Héraclides* d'Euripide
429	Mort de Périclès
428	*Hippolyte* d'Euripide (1ᵉʳ prix)
425	Les *Acharniens* d'Aristophane
424 (?)	*Andromaque* d'Euripide
424	Les *Cavaliers* d'Aristophane
	Hécube d'Euripide
423	Les *Nuées* d'Aristophane
422	Les *Guêpes* d'Aristophane
421	Paix de Nicias : fin de la guerre de Dix-Ans
	La *Paix* d'Aristophane
entre 423 et 415	Les *Suppliantes* d'Euripide
	Héraclès furieux d'Euripide
entre 420 et 412	*Électre* d'Euripide
415-413	Expédition de Sicile
415	Les *Troyennes* d'Euripide (2ᵉ prix)
414	Les *Oiseaux* d'Aristophane
autour de 413 (?)	*Iphigénie en Tauride* d'Euripide
	? *Électre* de Sophocle
412	*Hélène* d'Euripide
	? *Cyclope* d'Euripide
411	Révolution oligarchique des Quatre Cents
	Lysistrata et *Thesmophories* d'Aristophane
409	*Philoctète* de Sophocle
	Les *Phéniciennes* d'Euripide
408	*Oreste* d'Euripide
406	Bataille des Arginuses
406-405	Mort d'Euripide, puis mort de Sophocle
405	Représentation posthume des *Bacchantes* et d'*Iphigénie à Aulis* (1ᵉʳ prix)
	Les *Grenouilles* d'Aristophane
404	Chute d'Athènes et paix entre Athènes et Sparte
	Révolution oligarchique des Trente Tyrans
404-403	Guerre civile et restauration de la démocratie

401	Représentation posthume de l'*Œdipe à Colone* de Sophocle
399	Mort de Socrate
393-392	L'*Assemblée des femmes* d'Aristophane
388	*Ploutos* d'Aristophane
386	La reprise de tragédies anciennes est introduite aux Grandes Dionysies
386 (?)-380 (?)	Mort d'Aristophane
384	Naissance d'Aristote et de Démosthène
367	Aristote entre à l'Académie
358	Construction du théâtre d'Épidaure
347	Mort de Platon
342-341	Naissance de Ménandre

Orientation bibliographique

ÉTUDES GÉNÉRALES SUR LA TRAGÉDIE

Aristote, *Poétique*, texte, traduction, notes par R. Dupont-Roc et J. Lallot, Paris, Seuil, 1980.
Baldry H.C., *Le Théâtre tragique des Grecs*, trad. fr. de J.-P. Darmon, Paris, F. Maspero, 1975.
Coulet C., *Le Théâtre grec*, Paris, Nathan, 1996.
Demont P., Lebeau A., *Introduction au théâtre antique*, Paris, Le Livre de Poche, 1996.
Easterling P. (éd.), *The Cambridge Companion to Greek Tragedy*, Cambridge, Cambridge UP, 1997.
Goldhill S., *Reading Greek Tragedy*, Cambridge, Cambridge UP, 1986.
Green J.R., Handley E., *Images of the Greek Theater*, Austin, Texas UP, 1995.
Herington J., *Poetry into Drama. Early Tragedy and the Greek Poetic Tradition*, Berkeley, California UP, 1985.
Jones J. (éd.), *On Aristotle and Greek Tragedy*, Londres, Chatto and Windus, 1962.
Lesky A., *Greek Tragedy*, Londres, Ernest Benn Ltd, 1965.
Meier C., *De la tragédie grecque comme art politique*, Paris, Les Belles Lettres, 1991.
Nietzsche F., *La Naissance de la tragédie* , trad. fr. de M. Haar, Ph. Lacoue-Labarthe & J.-L. Nancy, in *Œuvres philosophiques complètes*, t. I, Paris, Gallimard, 1977.
Romilly J. de, *L'Évolution du pathétique d'Eschyle à Euripide*, Paris, PUF, 1961.
Romilly J. de, *La Tragédie grecque*, 2ᵉ éd., Paris, PUF, 1973.
Saïd S., *La Faute tragique*, Paris, F. Maspero, 1978.

Silk M. (éd.), *Tragedy and the Tragic*, Oxford, Oxford UP, 1996.

Vernant J.-P., Vidal-Naquet P., *Mythe et tragédie en Grèce ancienne*, t. I et II, Paris, La Découverte, 1972-1986.

Études critiques sur Euripide

Aélion R., *Euripide héritier d'Eschyle*, t. I et II, Paris, Les Belles Lettres, 1983.

Barlow S.A., *The Imagery of Euripides : A Study in the Dramatic Use of Pictorial Language*, Londres, 1987.

Burian P. (éd.), *Directions in Euripidean Criticism*, Durham (North Carolina), Duke UP, 1985.

Burnett A.P., *Catastrophe survived. Euripides' plays of mixed reversal*, Oxford, Clarendon Press, 1971.

Conacher D.J., *Euripidean Drama : Myth, Theme and Structure*, Londres, Toronto UP, 1967.

Delebecque E., *Euripide et la guerre du Péloponnèse*, Paris, Klincksieck, 1951.

Di Benedetto V., *Euripide, Teatro e società*, Turin, Einaudi, 1971.

Goossens R., *Euripide et Athènes*, Bruxelles, Académie royale de Belgique, 1962.

Jouan F., *Euripide et les légendes des chants cypriens*, Paris, Les Belles Lettres, 1966.

Halleran M., *Stagecraft in Euripides*, Londres, Sidney, Croom Helm, 1985.

Reinhardt K., « La crise du sens chez Euripide », dans *Eschyle, Euripide*, trad. fr. d'E. Martineau, Paris, Éd. de Minuit, 1971.

« *Entretiens sur l'Antiquité classique* » VI (1958) : Euripide, Vandœuvres-Genève, Fondation Hardt, 1960.

Rivier A., *Essai sur le tragique d'Euripide*, 2ᵉ éd., Paris, De Boccard, 1975.

Romilly J. de, *La Modernité d'Euripide*, Paris, PUF, 1986.

Strohm H., *Euripides, Interpretationen zur dramatischen Form*, Munich, C.H. Beck, 1957 (Zetemata, 15).

Taplin O.P., *Greek Tragedy in Action*, Londres, Methuen, 1978.

Webster, T.B.L., *The Tragedies of Euripides*, Londres, Methuen, 1967.

Zuntz G., *The Political Plays of Euripides*, Manchester, Manchester UP, 1955.

ÉDITIONS COMMENTÉES DES PIÈCES D'EURIPIDE

Alceste
Dale A.M., *Euripides' Alcestis*, Oxford, Clarendon Press, 1954.
Conacher D.J., *Alcestis*, Warminster, Aris & Phillips, 1988.

Andromaque
Stevens P.T., *Euripides' Andromache*, Oxford, Clarendon Press, 1971.
Lloyd M., *Euripides' Andromache*, Warminster, Aris & Phillips, 1994.

Bacchantes
Dodds E.R., *Euripides' Bacchae*, 2ᵉ éd., Oxford, Clarendon Press, 1960.
Roux J., *Les Bacchantes d'Euripide*, 2 vol., Paris, Les Belles Lettres, 1970-1972.
Seaford R., *Euripides' Bacchae*, Warminster, Aris & Phillips, 1996.

Cyclope
Ussher, R.G., *Euripides Cyclops*, Rome, Edizioni dell'Ateneo e Bizzarri, 1978.
Seaford R., *Euripides' Cyclops*, Oxford, Clarendon Press, 1984.

Électre
Denniston J.D., *Euripides' Electra*, Oxford, Clarendon Press, 1939.
Cropp M.J., *Euripides' Electra*, Warminster, Aris & Phillips, 1988.

Hécube
Collard C., *Hecuba*, Warminster, Aris & Phillips, 1991.

Hélène
Dale A.M., *Euripides' Helen*, Oxford, Clarendon Press, 1967.
Kannicht R., *Euripides Helena*, t. I et II, Heidelberg, C. Winter, 1969.

Héraclès

Wilamowitz-Moellendorff U. von, *Euripides Herakles*, 2ᵉ éd., 2 vol., Berlin, Weidmann, 1895 (repr. 3 vol., Darmstadt, Wissenschaftliche Buchgesellschaft, 1959).

Bond G.W., *Euripides' Heracles*, Oxford, Clarendon Press, 1981.

Barlow S.A., *Euripides' Heracles*, Warminster, Aris & Phillips, 1996.

Héraclides

Wilkins J., *Heraclidae*, Oxford, Clarendon Press, 1993.

Hippolyte

Barrett W.S., *Hippolytus*, Oxford, Clarendon Press, 1964.

Halleran M.R., *Hippolytus*, Warminster, Aris & Phillips, 1995.

Ion

Owen A.S., *Euripides' Ion*, Oxford, Clarendon Press, 1939.

Lee K.H., *Euripides' Ion*, Warminster, Aris & Phillips, 1997.

Iphigénie à Aulis

England E.B., *Iphigenia at Aulis*, Londres, Macmillan, 1891.

Stockert W., *Euripides. Iphigenia in Aulis*, 2 vol., Vienne, Österreichische Akademie der Wissenschaften, 1992.

Iphigénie en Tauride

Platnauer M., *Euripides' Iphigenia in Tauris*, Oxford, Clarendon Press, 1938.

Médée

Page D.L., *Euripides' Medea*, Oxford, Clarendon Press, 1938.

Oreste

Willink C.W., *Euripides' Orestes*, Oxford, Clarendon Press, 1986.

West M.L., *Euripides' Orestes*, Warminster, Aris & Phillips, 1987.

Phéniciennes

Craik E., *Euripides, Phoenician Women*, Warminster, Aris & Phillips, 1988.

Mastronarde D.J., *Euripides Phoenissae*, Cambridge, Cambridge UP, 1994.

Suppliantes
Collard C., *Euripides' Supplices*, t. I et II, Groningen, Bouma's Boekhuis, 1975.

Troyennes
Lee K.H., *Euripides' Troades*, Londres, Macmillan, 1976.
Barlow S.A., *Euripides' Trojan Women*, Warminster, Aris & Phillips, 1986.

FRAGMENTS

Austin C., *Nova Fragmenta Euripidea in Papyris reperta*, Berlin, W. de Gruyter & Co., 1968.
Tragicorum Graecorum Fragmenta, éd. A. Nauck (Leipzig, 1888), éd. rev. et augmentée par B. Snell, Hildesheim, Olms, 1964.

INDEX

Allen J.T., Italie G.A., *A Concordance to Euripides*, Berkeley, Londres, California UP, 1954.
Collard C., *Supplementum to the Allen-Italie Concordance to Euripides*, Groningen, Bouma, 1981.

Table

Avant-propos..	7
Introduction générale, par Monique Trédé................	9
Notice introductive...	45
ANDROMAQUE, traduction par Laurence Villard..........	55
Notice introductive...	117
HÉCUBE, traduction par Claire Nancy.........................	123
Notice introductive...	179
LES TROYENNES, traduction par Claire Nancy............	185
Notice introductive...	243
LE CYCLOPE, traduction par Christine Mauduit..........	253
Postface : *L'honneur perdu et retrouvé d'Euripide*, par Pierre Vidal-Naquet..	293
Notes complémentaires...	323
Chronologie...	353
Orientation bibliographique......................................	357

DERNIÈRES PARUTIONS

AVERROÈS
  Discours décisif (bilingue) (871)
  L'Intelligence et la pensée (974)

BALZAC
  La Peau de chagrin (899)
  Le Père Goriot (826)

BARBEY D'AUREVILLY
  Une vieille maîtresse (955)

BAUDELAIRE
  Au-delà du romantisme. Écrits sur l'art (1010)

BERKELEY
  Trois Dialogues entre Hylas et Philonous (990)

BOÈCE
  Traités de théologie (876)

LE BOUDDHA
  Dhammapada (849)

BÜCHNER
  La Mort de Danton. Léonce et Léna. Woyzeck. Lenz (888)

CHRÉTIEN DE TROYES
  Perceval ou le Conte du graal (bilingue) (814)

COMTE
  Discours sur l'ensemble du positivisme (991)

DESCARTES
  Les Passions de l'âme (865)
  Lettre-préface des *Principes de la philosophie* (975)

DUMAS
  Le Comte de Monte-Cristo (1004-1009)

ÉPICTÈTE
  Manuel (797)

FABLIAUX DU MOYEN ÂGE
  (bilingue) (972)

FÉVAL
  Le Bossu (997)

FONTANE
  Cécile (1012)

GALIEN
  Traités philosophiques et logiques (876)

HEGEL
  Préface de la *Phénoménologie de l'esprit* (bilingue) (953)
  Principes de la philosophie du droit (664)

HIPPOCRATE
  L'Art de la médecine (838)

HISTOIRES D'AMOUR ET DE MORT DE LA CHINE ANCIENNE (985)

HISTOIRES EXTRAORDINAIRES ET RÉCITS FANTASTIQUES DE LA CHINE ANCIENNE (1014)

IDRÎSÎ
  La Première Géographie de l'Occident (1069)

JAMES
  L'Espèce particulière et autres nouvelles (996)

KÂMA SÛTRA (1000)

KANT
  Métaphysique des mœurs I (715)
  Métaphysique des mœurs II (716)

LAFORGUE
  Les Complaintes (897)

LESSING
  Nathan le Sage (bilingue) (994)

LE TASSE
  La Jérusalem délivrée (986)

LORRIS
  Le Roman de la Rose (bilingue) (1003)

LUCRÈCE
  De la nature (bilingue) (993)

MALLARMÉ
  Écrits sur l'art (1029)

MARLOWE
  Le Docteur Faust (bilingue) (875)

MARX & ENGELS
  Manifeste du parti communiste (1002)

MONTAIGNE
  Apologie de Raymond Sebond (1054)

MONTESQUIEU
  Lettres persanes (844)

MUSSET
  Premières Poésies (998)

NIETZSCHE
  Ainsi parlait Zarathoustra (881)
  Le Gai Savoir (718)

PLATON
  Alcibiade (987)
  Apologie de Socrate. Criton (848)
  Banquet (988)
  Cratyle (954)
  Protagoras (761)

PONGE
  Comment une figue de paroles et pourquoi (901)

RODENBACH
  Bruges-la-Morte (1011)

ROUSSEAU
  Dialogues. Le Lévite d'Éphraim (1021)

SHAKESPEARE
  Antoine et Cléopâtre (bilingue) (895)
  Le Songe d'une nuit d'été (bilingue) (891)

STENDHAL
  Le Rose et le Vert (901)

STRINDBERG
  Mademoiselle Julie. Le Pélican (970)

SWIFT
  Les Voyages de Gulliver (969)

TITE LIVE
  Histoire romaine. Les Progrès de l'hégémonie romaine (1005-1055)

THOMAS D'AQUIN
    Contre Averroès (713)
    Somme contre les Gentils (1045-1048, 4 vol. sous coffret 1049)
MIGUEL TORGA
    La Création du monde (1042)

TURGOT
    Formation et distribution des richesses (983)
WILDE
    Le Portrait de Mr. W. H. (1007)

GF-CORPUS

L'Illusion (3035)
La Justice (3050)

La Société (3041)
La Violence (3042)

GF-DOSSIER

BEAUMARCHAIS
    Le Mariage de Figaro (977)

CHATEAUBRIAND
    Mémoires d'outre-tombe, livres I à V (906)

CORNEILLE
    L'Illusion comique (951)
    Trois Discours sur le poème dramatique (1025)

DIDEROT
    Jacques le fataliste (904)

FLAUBERT
    Bouvard et Pécuchet (1063)

FONTENELLE
    Entretiens sur la pluralité des mondes (1024)

GOGOL
    Nouvelles de Pétersbourg (1018)

HUGO
    Les Châtiments (1017)
    Hernani (968)
    Ruy Blas (908)

JAMES
    Le Tour d'écrou (bilingue) (1034)

LESAGE
    Turcaret (982)

MARIVAUX
    La Double Inconstance (952)
    Les Fausses Confidences (1065)
    L'Île des esclaves (1064)
    Le Jeu de l'amour et du hasard (976)

MAUPASSANT
    Bel-Ami (1071)

MOLIÈRE
    Dom Juan (903)
    Le Misanthrope (981)
    Tartuffe (995)

MONTAIGNE
    Sans commencement et sans fin. Extraits des *Essais* (980)

MUSSET
    Les Caprices de Marianne (971)
    Lorenzaccio (1026)
    On ne badine pas avec l'amour (907)

PLAUTE
    Amphitryon (bilingue) (1015)

RACINE
    Bérénice (902)
    Iphigénie (1022)
    Les Plaideurs (999)

ROTROU
    Le Véritable Saint Genest (1052)

ROUSSEAU
    Les Rêveries du promeneur solitaire (905)

SÉNÈQUE
    Médée (992)

SOPHOCLE
    Antigone (1023)

ZOLA
    Au Bonheur des Dames (1086)

GF Flammarion

00/03/77382-III-2000 – Impr. MAURY Eurolivres, 45300 Manchecourt.
N° d'édition FG085801. – Mars 2000. – Printed in France.